南开大学经济类系列实验教材

政府会计实验教程

郭　玲　编著

中国财政经济出版社

图书在版编目（CIP）数据

政府会计实验教程／郭玲编著. —北京：中国财政经济出版社，2008. 1
（南开大学经济类系列实验教材）
ISBN 978－7－5095－0686－8

Ⅰ. 政…　Ⅱ. 郭…　Ⅲ. 预算会计－高等学校－教材　Ⅳ. F810. 6

中国版本图书馆 CIP 数据核字（2008）第 063855 号

中国财政经济出版社出版

URL：http：//www. cfeph. cn
E－mail：cfeph@ cfeph. cn

社址：北京市海淀区阜成路甲 28 号　邮政编码：100036
发行处电话：88190406　财经书店电话：64033436
北京富生印刷厂印刷　各地新华书店经销
787×1092 毫米　16 开　12. 75 印张　290 000 字
2008 年 1 月第 1 版　2008 年 1 月北京第 1 次印刷
定价：28. 00 元
ISBN 978－7－5095－0686－8/F·0556
（图书出现印装问题，本社负责调换）

编 委 会

总 序

ZONGXU

南开大学经济学科多年来一直在探讨如何适应改革开放、如何根据理论与实践的发展进行教学改革，包括教学理念与教学内容的更新、教学方式与教学方法的创新。实验教学的内容和方法是教学改革多方面的具体体现。南开大学也为经济学科实验课程教学的开设提供了重要的物质保证，在整合相关资源的基础上投资建设的实验教学中心成为经济学科各专业本科生、硕士生、博士生实验教学和实践教学的基地，是经济学科教学、科研和社会服务重要的基础支撑。

经过多年的建设与探索，南开大学经济学实验教学中心逐步建立起与学科发展和人才培养目标相适应、比较科学的实验教学体系，同时组织实验课程教师开发适合于不同专业、不同教学层次的实验课程，并在课程中广泛引入了演示法、案例法、模拟法、仿真法、棋块式沙盘规划法等教学方法。经过数年的积累，实验课程教师在教学的过程中组织学生自主研发教学软件，将科研成果注入实验教学体系，从而使科研成果与教学内容相结合，也使教学软件有了自我更新的能力。

实验课程教材内容体现了实验课程教师多年来不断研究和实践的成果，也体现了南开大学经济学科对教学改革内容的探索。目前，实验教学已经成为经济学教学的重要组成部分。当然，无论是实验课程教材体系还是实验课程教学内容，都有待于根据理论与实践的发展，以及技术手段的提升不断更新和完善。

我们期待读者与同行的意见和建议。

马君潞

2008 年 1 月于南开大学

前 言

QIANYAN

近年来，我国政府的财政管理模式发生了重大变化，从中央政府开始自上而下推动建设的“金财工程”正在使各级政府的政务管理活动全面实现“电算化”。这不仅对财政专业人才应具备的技能和素质提出了更高层次的要求，也对我们传统的财政学专业教学方法，尤其是以应用为特点的本科教学提出了新的要求。为了适应这一形势的变化，从2006年初开始，南开大学财政学系开始着手建立财政学综合实验室，对本科的专业核心课程推行实验教学。政府会计课即为第一阶段开展实验教学改革的核心课程之一。

一、实验教学的必要性

政府会计课程讲授的是政府进行会计核算和报告的基本原则、思路及方法，是一门应用性很强的财政学专业课程之一。所以，政府会计课的本科教学应在传统的教学方法基础上，更侧重于基本理论、基础知识和实际技能方法的有机结合，整个教学过程既要充分体现基础性、系统性，也更需要体现应用性的特点。

从2001年开始，财政部在考察了主要发达市场经济国家和东欧转型国家政府财政管理信息系统运行模式和建设经验的基础上，开始着手规划建立“政府财政管理信息系统”。从2002年初开始，在部分试点的基础上，国务院决定将财政部规划建立的“政府财政管理信息系统”定名为“金财工程”，把“金财工程”列为国家电子政务12个重点工程之一，并从中央政府开始自上而下地推动各级政府建设“金财工程”。“金财工程”是利用先进的信息网络技术，支撑预算管理、国库集中收付和财政经济景气预测等核心业务的政府财政综合管理信息系统。“金财工程”的建设以业务应用系统为中心，通过12个业务管理系统将政府预算管理、国库集中收付管理、政府会计核算、国有资产管理及收入管理等全部政府核心业务纳入了规范的电算化管理系统，从而实现了对财政收支进行全过程监管、提高财政资金使用效益的目标。到2006年为止，全国市级政府及部分较发达地区的县级政府都已经初步建立了“财政综合管理信息系统”，从而逐步地实现了核心业务的电算化管理。

这些在财政管理实践上发生的重大变化，不仅对财政专业人才应具备的技能和素质提出了更高层次的要求，进而也对我们传统的财政学专业教学方法，尤其是以应用为特点的本科教学提出了新的要求。以政府会计为例，近两年来随着我国政府“金财工程”的推进，全国各级政府逐步采用了政府会计软件来进行实际业务的会计核算，传统的会计分录录入、账目管理及报表编制的会计工作都已实现了电算化。这自然对政府会计课程的本科教学内容及教学方法提出新的要求。作为一门具有较强应用性的本科课程，政府会计课在教学上一方面应立足于实践，在培养学生的基础素质的同时，更注重于培养学生的实践技能。另一方面，在实际教学中具备一定的理论前瞻性。我国政府的“金财工程”建设刚刚起步，各项财政管理体制改革也正在逐步展开，还存在着很多问题和不足。在教学中，教师应在对国外和我国政府会计理论与实践研究的基础上，引导学生们在学习中培养创新意识和研究意识。

因此，对政府会计课程开展本科实验教学具有十分重要的理论意义和实践意义。通过配合使用实际的政府会计核算软件来组织实验教学，不仅能显著提高教学效率，而且通过紧密联系政府的实际业务，在很大程度上提高了学生们的学习积极性，从而显著提高教学效果。另外，学生实践技能的提升也将提高学生今后的工作能力和就业能力。

二、实验教学思路及教学方法的设计

为了使学生在理解政府会计理论的基础上能够更为熟练地掌握我国预算会计核算的相关方法，南开大学经济学院在2006年12月通过招标购置了一套预算会计核算及财务报表软件(新中大软件公司的Gsoft政务管理软件)，并在2007年度第一学期对本课程进行了教学改革——实现了实验教学。

在实验课程的建设上，我们的总体原则是：以过去的教材和教学大纲为理论基础，以软件教学为补充；丰富教学内容、增加信息量；通过紧密结合政府政务管理实务，并通过学生自我动手实践（模拟实验加社会实践），来显著地提高教学效果。具体到实验教学方法，我们通过以下四个方面来实现上述教学目标。

首先，在授课过程中，利用软件公司提供的政府用户的实际初始数据，讲授对应软件的使用，使学生们能熟悉并掌握目前该领域最新的政务管理技术及方法。以政府会计课为例，在授课中讲授完基本的政府会计处理原则及方法后，利用软件公司提供的经修订过的凭证数据，讲授实际凭证的录入方法、审核方法、账户的管理、报表的编制与生成。通过实际演示使学生们熟悉并掌握实际的政府会计处理实务。

其次，提供数据，让学生们以不同的角色使用软件来模拟处理政府各类具体的业务活动。在政府会计课中，学生可以在软件中分别扮演会计、出纳、审核及主管四种角色，按照不同的角色分别行使不同的职能，从而全面地掌握政府会计核算的整个流程。

再次，在教学内容上，除了侧重讲授我国政府会计理论及实践内容以外，还应广泛介绍国外政府会计领域最新的理论和实践。通过扩展知识体系，为学生的知识积累创造更广阔的空间，从而使学生们在更深层次上理解并认识我国政府会计体系的现状及未来的改革方向。在教学方法上，要做到实验教学与传统教学方法（如课堂讨论）相结合，探索促进学生创新思维的有力方法，增强设计性、创造性、综合性和应用性训练，要为学生的创新素质培养奠定基础。

最后，实验教学应结合社会实践，从而保证实现更为良好的教学效果。社会实践的目的是，除了使学生们进一步熟悉政府各部门的职能及业务管理实务以外，更为重要的是，使学生们能在实践中应用所学的知识和技能，在实践中发现差距和问题，并探索解决问题的方法及未来的改革方向，从而为今后的学习和工作打下良好的基础。

三、实验教学大纲

周学时	3	总学时	57	学分	3
教学类型及学时数	主讲：34 学时；实验或上机：22 学时；其他（期中测验）：1 学时。				

教学对象（本课程适合的专业和年级）：

财政学专业本科生及经济类专业本科生（二年级以上）。

预备知识：

要求学生具备一定的会计学基础和财政学理论基础。

课程在教学计划中的地位作用：

立足于实践，通过大量实验及案例教学，注重于培养学生的实践技能、创新意识和研究意识。

课程的教学目的和要求：

1. 通过学习使学生能够理解并掌握政府会计理论。

2. 通过实验教学使学生能够熟练掌握我国预算会计核算的相关方法。

3. 通过了解西方国家的政府会计体系及基金会计基础，使学生理解我国目前预算会计体系中存在的问题及未来的改革方向。

课程的基本要求：

会计课实用性强、内容较多，因此要求学生应课前预习，并按照教学安排仔细完成教学实验及其实验报告。

成绩评定方法：

本课程的考核采取平时考核与期末考核相结合的考核方式。平时考核要求学生完成 6 次实验报告；期末考核通过闭卷笔试的方式进行。课程最终成绩由平时考核成绩与期末考核成绩两部分构成，它们各自所占的比例为 30%：70%。平时成绩的构成：实验报告占 15%；期中考试占 10%；出勤占 5%。

教学内容及学时分配：

1. 第一章——讲授政府会计的概念、特点；西方国家的政府会计模式；目前我国的政府会计体系、特点及未来的改革方向（6 学时）。

2. 第二章——讲授财政总预算会计资产及负债类科目的会计核算（5 学时）。

3. 上机：熟悉政府会计软件的使用方法（1 学时）。

4. 上机：练习总预算资产、负债类记账凭证的录入、审核及记账（4 学时）。

5. 第三章——讲授财政总预算会计收入支出项目的会计处理（6 学时）。

6. 上机：练习总预算收入、支出类记账凭证的录入、审核及记账（3 学时）。

7. 第四章——讲授财政总预算会计的年终业务及会计报表（2 学时）。

8. 上机：练习月末结账——设置自动转账凭证、结账、账簿打印及报表生成（4 学时）。

9. 第五章——讲授行政单位会计中资产、负债项目的核算（5 学时）。

10. 第六章——讲授行政单位会计中收入、支出项目的核算（3 学时）。

11. 上机：练习行政单位资产、负债类记账凭证的录入，出纳签字、审核及记账（3 学时）。

12. 第七章——讲授行政单位净资产项目的核算年终业务及财务报表（6 学时）。

13. 上机：练习行政单位收入、支出类记账凭证的录入，出纳签字、审核及记账（3 学时）。

14. 上机：练习月末结账——设置自动转账凭证，结账，账簿打印及报表生成（3 学时）。

15. 期末考试（2 学时）。

续表

<table>
<tr><td colspan="2">教学组织：
1. 以上教学内容分别课堂讲授和教学实验来完成，主讲34课时；实验21课时。
2. 本课程在第19周举行期末考试，12课时。
3. 政府会计课实用性强、内容繁杂，为了使学生们熟练掌握各类交易的核算办法，本课程利用政务管理软件（Gsoft系统）实现了软件教学。在各个重点章节安排了课堂作业，要求学生们根据布置的内容完成6个实验报告，具体报告内容如下：
实验报告（1）总预算资产、负债类记账凭证列表；
实验报告（2）总预算收入、支出类记账凭证列表；
实验报告（3）总预算自动转账凭证列表、年度资产负债表及收入支出总表；
实验报告（4）行政单位资产、负债类记账凭证列表；
实验报告（5）行政单位收入、支出类记账凭证列表；
实验报告（6）行政单位自动转账凭证列表、年度资产负债表及收入支出总表。
4. 教学过程中运用多媒体，主要教学内容制成PPT文件。
5. 平时的实验报告、计入成绩，平时成绩占总成绩30%。</td></tr>
<tr><td>教材</td><td>名称：政府会计实验教程，郭玲编著</td></tr>
<tr><td rowspan="4">主要参考书</td><td>《政府会计》，郭磊、郭玲著，南开大学出版社2005年版</td></tr>
<tr><td>《预算会计》，马国贤著，中国财政经济出版社2003年版</td></tr>
<tr><td>《政府与非营利组织会计导论》，Joseph R. Razek，Gordon A. Hosch & Martin Ives 著，张志超、蔡方、郭玲等译，机械工业出版社2003年版</td></tr>
<tr><td>《政府与非营利组织会计》，Robert J. Freeman & Graig D. Shoulders 著，赵建勇等译，上海财经大学出版社2004年版</td></tr>
<tr><td colspan="2">实验教学软件
新中大公司开发的政务管理系统（Gsoft）</td></tr>
<tr><td colspan="2">教学特色（在教学内容、方法、手段方面改革的情况）：
1. 在讲授我国预算会计体系的同时，对比介绍西方国家的政府会计模式，并详细介绍了代表政府会计发展方向的美国政府基金会计体系，内容新而且充实。
2. 讲授过程中注重理论联系实际，能够结合我国最近的预算管理体制改革、国库管理制度改革及新一轮税制改革的相关内容，有效地调动学生的学习兴趣。
3. 利用软件进行实验教学，结合社会实践，从而保证实现更为良好的教学效果。</td></tr>
</table>

编　者

2008年1月

目 录

MULU

第一章 DIYIZHANG

政府会计概论

学习目标

通过本章的学习，需要理解并掌握以下问题：

- □ 什么是政府会计
- □ 为什么政府不能直接采用相对完善的《企业会计准则》来进行会计核算
- □ 我国现行的政府会计体系（预算会计）的特点
- □ 西方国家的政府会计模式及特点
- □ 目前我国的预算会计体系与美国的政府会计体系存在哪些差别
- □ 我国预算会计体系目前存在的问题及未来的改革方向

第一节 政府会计的涵义

一、国际会计师联合会关于政府会计的定义及目标

国际会计师联合会，是具有 104 个国家的 143 个会计职业团体成员的会计组织，该组织为提高政府会计信息质量，促进政府提供可比的、相关的和可理解的财务信息，于 2000 年 5 月 24 日发布了 8 份国际公共部门会计准则公告，涉及政府会计确认基础、政府会计主体、政府财务报告等相关内容，并对政府会计进行了定义。即根据政府政治经济的活动情况及其在资金上的反映，以货币为计量单位，对其资金筹集、使用和结存，进行连续地、系统地、及时地记账、算账和报告的过程被称为政府会计。

根据世界各国政府会计准则制定机构对政府会计目标的阐述（如美国政府会计准则委

员会，GASB），政府会计有三个层次的目标。政府会计的基本目标是检查、防范舞弊和贪污，以保护公共财政资金的安全。政府舞弊的形式多种多样，且呈现不断增加的趋势（Rose Ackerman，1978），这在发展中国家是一个尖锐的问题，但舞弊现象并不局限于发展中国家。在发达国家，尽管形成了行政、立法和司法之间权力平衡、相互牵制的政体，舞弊现象仍时有发生。因此，不论是发达国家还是发展中国家，都需要建立必要的披露程序来提高财政资金的透明度，以防止财政的违法乱纪行为。

政府会计的中级目标是促进健全的财务管理。财务管理包括收税和其他收支、举债和还债等活动。对于一个运作良好的政府而言，这些活动都是通过预算或计划事先安排的，并通过适当的授权交易，将交易过程和结果记录在财务会计系统中。一个运作良好的政府，其运营活动应兼具经济性、效率和效益。在这种情况下，政府也需要一个管理会计系统或成本会计系统，以便确定其提供公共服务的成本是最小的或服务得更好。

政府会计最高层次的目标是帮助政府履行公共受托责任。公共受托责任依存于三个主要代理关系的层次中：公务员对行政长官的受托责任、行政部门对立法部门的受托责任和政府对民众的受托责任。这个目标可以通过激励代理人披露财务信息和降低使用者信息成本的方式得以更好地实现。

二、政府会计的功能

会计功能的首要问题就是解决谁是会计信息的使用者的问题，即会计信息为谁服务的问题。

政府会计是以美国为代表的西方国家应用于政府及公立单位的一种会计制度，是与企业会计相对应的一个会计分支。美国政府会计准则委员会在其 1987 年 5 月发布的概念公告第 1 号《财务报告的目标》中，将政府的活动分成政府型活动和企业型活动两种类型，并对政府型活动和企业型活动分别阐述会计信息的使用者及信息需求。《财务报告的目标》规定政府型活动的财务报告的主要使用者有三类：第一类是那些政府需主要对其负责的人，即公民；第二类是那些直接代表公民的人，即立法机构和监察机构；第三类是那些向政府提供款项或参与提供款项活动的人，即投资者和信贷者。国际会计师联合会公立单位委员会认为，政府会计信息的主要使用者包括五类：立法和其他权力机构、社会公众、投资者和信贷者、外国政府和国际机构以及其他资源的提供者、经济和财务分析师。

总的来看，关于政府会计信息的使用者问题，国际会计师联合会公立单位委员会的观点与美国政府会计准则委员会制定的《财务报告的目标》的规定基本相同①。进一步分析上述两种观点可以发现，不论是国际会计师联合会公立单位委员会，还是美国政府会计准则委员会，其推行的政府会计的理念都采纳了受托责任学派的观点，即政府是受公众委托来从事各项社会公共事务的管理活动的机构，社会公众要为政府履行职务的活动提供必要资金；政府行使管理的权力来自于公众；政府代表社会公众管理国家。因为社会公众与政府之间是一种委托与受托关系，所以政府必须对社会公众负责——这种责任也包括政府应合理、妥善、有效地使用财政。而从根本上说，也正是由于民主社会和市场经济对受托责任的巨大需求才导致近年来政府会计在全球的崛起。

① 这与我国目前的状况不同。我国政府的财务报告只为政府内部服务，满足内部使用者的需要，不对外公布。

由此可见，在西方发达国家，政府会计是建立在近现代宪政理念下的一种制度构造，这些宪政理念包括：主权在民原则；政府权力来源于人民权利原则；政府应对人民负责的原则等。政府会计的功能定位于作为受托方的政府向作为委托方的资金提供者（主要是纳税人）提供关于受托责任履行情况的财务信息，以便社会公众对政府财务活动进行有效监督。这种制度的构造和执行是西方国家民主和法制原则在政府财务管理上的具体体现。

第二节 政府会计与企业会计

有别于以谋求利润为目的私人部门，政府组织具有以下基本特征，并由此导致政府不能直接使用已经较为成熟完善的《企业会计准则》（制度）来进行会计核算和报告：

一、公共性

公共性是指政府组织因社会的公共需要而存在，并随着社会公共需要的发展而演进。社会公共需要导致了公共产品和服务的产生。政府组织的公共性既是社会分工的必然结果，也是提高整个社会资源配置效率的内在要求。现代经济理论和市场经济的实践已经证明，在混合经济体制下政府组织向市场提供的是私人部门无法提供的、或者是那些由私人部门提供将导致配置效率低下的公共产品和服务。公共产品和服务的外部性（社会成本、社会收益问题）也使得政府没办法向企业那样进行准确的成本核算和销售收入核算。同时由于政府提供的公共产品和服务主要只能通过税收来筹集资金，这个特征也切断了履行服务与收入确认之间的联系，使得收入很难与费用配比。

二、非营利性

政府是典型的非营利性组织。“营”字有“谋求”的涵义，非营利性也就是说政府组织的设立不是为了谋求利润。其提供产品与劳务的目的在于满足社会需要，服务的价值也常常不能用货币来衡量，所以就无法用收入这一计量工具来衡量其活动的效率及有效性。而工商企业的存在就是为了获取利润，从而提高其所有者的财富，所以收入最大化是其时刻关注的目标。因此收入就成为评价工商企业经营效率与有效性的一种非常有用的方法。

大多数政府组织不是通过向使用者收费来弥补成本，而是通过税收或获取捐赠来维持运营，但是纳税人和捐赠者并不按照其所提供的资金而从中获得大致成比例的服务或补偿，甚至有时都不属于该项服务的对象。所以，收入很难与费用配比，也无法使用净收入的概念来核算政府管理的有效性。但是在以营利为目的的商业企业中，净收入是企业的一个内在的控制要素。因为，从长期来看，只有营利的企业才能生存；而且从短期来看，不能营利将会影响管理层的下一步决策，甚至影响管理层的连续性。所以，对于缺乏净收入这一内在控制要素的政府来讲，就必须对其财务资源的分配和使用施加更为严格的外部控制。这种财务控制可以直接来自法律和预算。例如，实际资金的获取和使用要和已批准的预算进行比较，支出要受预算的直接控制，并要符合相关法律的规定等。

三、组织目标的多重性

政府运作的目标形式上清楚但实际中模糊，因此与企业相比，对政府的行为结果评判比较困难。

政府组织以满足公共需要、维护和增进公共利益作为组织目标，这是十分清楚的，但由于公共利益大多是抽象的，加之人们对公共需要、公共利益以及多大范围内的或什么样的共同利益可以作为社会公共利益存在着不同的看法①，因而政府组织的这一目标在实际中又是模糊不清的。似乎只是政府组织人员提醒自己负有公共责任以及必须为大多数人服务的一种象征符号而已。相应的，政府组织活动的结果是否达到组织的基本目标，政府组织人员是否公正公开、顺应和体恤民意等，也就较难有准确量化的指标进行评判。比较来说，企业组织最重要的目标是创造利润，员工的绩效是以其对组织所创造的利润的多少进行衡量的，而且由于利润是以价值的表现形式——价格来进行测量的，因此企业组织的行为结果的评判较之公共组织要清楚明确得多。

四、独占性

政府组织在进行公共事务的管理中具有一定的独占性。在计划经济条件下，政府组织可以通过行政命令的方式来限制私人企业向社会提供公共产品与服务，从而形成一种计划体制下的独占局面。在市场经济条件下，虽然政府放松了管制，允许并且还鼓励私人企业进入公共产品生产和服务领域，但出于以下几方面的原因，政府组织在公共产品的提供和公共事务的管理中仍处于独占的地位：一是由于公共产品涉及社会公共利益，政府必须在总体上对这一产品的生产进行必要的规制；二是由于公共产品的非排他性和非竞争性，很少有私人企业愿意赔本去生产；加之一些公共项目工程又往往具有相当的规模，非私人组织所能承担，因而政府组织就成为此类公共产品的唯一提供者，客观上造成了独占性。

正是这种独占性导致在政府的企业型活动中，产品的定价有时并不能代表其客观的社会价值，这也是导致政府无法使用销售收入或服务收入来计量其绩效的一个原因。

总之，政府与营利性的企业在设立的依据、组织目标以及在经济社会中的地位、作用等方面都具有明显的差异，这也自然地导致二者的运作资金在确认原则、考核指标、绩效评价、财务报告等方面存在本质的差异。例如，为了实现政府会计的上述三个层次的目标，公共部门的财务会计和管理会计并不能严格地区分开，因为公共部门的管理会计涉及预算和控制。预算表明公共政策和施政重点，也是一种为实现宏观经济目标而采取的收入和支出的财政政策手段。预算可以作为会计系统的业绩计量基准；而会计信息又是预算的编制基础。从预算和会计关系的密切程度看，人们很难确定预算是在哪里结束而会计又是从哪里开始的。实际上，预算和会计在管理和履行政府的财政受托责任方面起到的是相互补充的作用。再如，按照西方传统的观点，企业管理当局只为企业的所有者、投资人的利益服务。相对来说，政府虽然不像企业那样有明确的所有者，但其权益属于人民，这使得政府要面对更多种

① 社会福利曲线可能是多峰的。

多样的权益关系人。由此使得公共部门在应用会计恒等式和经营成果的计算方面产生问题，如资产和负债的核算问题。主权国家的中央政府的资产和负债在多数情况下是难以辨认且也难以用财务尺度予以计量的。在资产方面，大部分国家占有的土地是他们祖先留下或通过武力占领的，除极少例外情况（如美国曾向法国购买路伊斯安那州、向俄国购买阿拉斯加州）外，国家不会通过买卖交易取得新领土。所以，历史成本即使易于获得，也没有意义；而市场价格虽然具有可验证性，但却很难获得。确认和计量自然资源和文物资产的价值也会遇到同样的问题。至于负债，也不易于在中央政府法定的义务与其政治承诺和对大众福利的社会责任之间划清界限。如为了增进国家利益加入许多条约、国际协议，与这些条约、协议有关的承诺及或有事项①通常无法进行完整、恰当地报告。与有限责任公司相反，政府往往倾向于扩展他们的责任，结果导致预算的扩大和经常性赤字（Buchananand Wagner，1977）。另外，由于政府提供公共物品的特征切断了其履行服务与收入确认之间的联系，使得政府收入很难与费用配比；而且政府与公众之间的许多交易是非自愿性质的，由此又进一步导致政府的运营报表往往只反映其资源的流动情况，只附带地计量政府的服务努力与成就。

另外，即使企业尤其是上市公司充分披露信息的做法深入人心，但充分披露是否适合于政府会计也值得探讨。政府会计应当妥善处理好受托责任与国家安全之间的矛盾。事实上，政府会计改革强调的不是充分披露（Full Disclosure），而应当是恰当披露（Proper Disclosure），即既要尽可能地披露政府部门对社会公众受托责任的履行情况，又不能因为过度披露而损害国家安全。

第三节

我国的政府会计体系

一、我国政府会计制度的历史演变

（一）我国古代的政府会计

政府会计在我国古代被称为官厅会计。官厅会计是国家会计事务机关和国家会计事务工作的合称。我国有文献记录的最早的官厅会计机构是在公元前 11 世纪的西周时期。据《周礼》记载，当时周王设了天、地、春、夏、秋、冬六官，统称六卿。其中，天官（亦称大宰）居百官之长，主管财政会计；地官（或称大司徒），主管教育并兼管税收。天官下设两个主管部门②：一个是财物保管部门，由天官所属的小宰来掌管；另一个是会计部门，由天官所属的司会来掌管，以记录反映周朝的财物收支情况。在记录计量的技术措施方面，周代出现了类似会计科目的“九赋”、“九贡”和“九式”，“九赋”和“九贡”即岁入类科目，“九式”即岁出类科目。此外，周代还有“岁会”、“月要”、“日成”的规定，要求天官大

① 再如，为本国企业或银行业提供的担保。

② 权责分开思想的初步体现。

宰向国王呈送年报、月报和旬报，而周天子则根据这一年来的情况奖功罚过。由此可见，西周时期政府会计的组织、制度与技术已经达到了相当高的水准：第一，会计已成为国家的一项专门事务；第二，国家政体中设有会计机构和配备会计官员；第三，会计事项的处理和方法与国家财政收支的特点相适应。

在以后的一些朝代中，官厅会计制度不断地完善，机构也相应地有所变化。例如，秦、汉两朝实行三卿制，皇帝下设立丞相、太尉和御史大夫，御史大夫掌管国家的财政经济大权，御史大夫下又有“治粟内史”，主管国家的财物保管、会计核算等工作。而到了隋唐时期，中央政府开始实行三省六部制，由户部负责国家财政收支与会计管理。发展到宋代，中央政府又尝试设置单独以会计命名的官厅会计机构——会计司，以总考天下财赋出入等等。此外值得一提的是，我国宋代还发明创立了用于会计结算的平衡公式“四柱清册”（四柱指“旧管”、“新收”、“开除”、“实在”，分别相当于今天的“期初余额”、“本期收入”、“本期支出”、“本期期末余额”），在此基础上建立的收付记账法在我国传袭使用了近千年。

总的来看，我国古代的官厅会计无论是在组织管理还是在核算技术等方面（至少在明清以前）都遥遥领先于民间会计，这同今天政府会计的势微形成了鲜明的对比。究其原因，主要有以下两个方面：

一方面，国家的较早出现和中央集权的强盛不衰是我国古代官厅会计发达的直接原因。中国是世界上建立国家最早的国度之一，中国的历代王朝不仅幅员辽阔，而且中央集权历史悠久、势力强大。为了维护国家政权的政治统治，就必须保证国家对经济的统治；而要保证国家对经济的统治，就要有一整套行之有效的管理措施和管理机构。不难判断，在这样的社会经济环境下，产生一个功效卓著的官厅会计机构是历史的必然。

另一方面，我国古代官厅会计的发达还有其理论上的根源。官厅会计是核算反映国家财政收支的工具，是实现国家财政管理的基本手段。所以，官厅会计制度作为国家财政的基本管理制度，必然融贯于国家财政制度中。在我国历史上，随着政府收支管理的实践，产生过丰富的理财思想，虽然它们大多都是从财政的角度来论述的，但对官厅会计的实践起到了直接的指导作用，甚至可以说这些理财思想本身既是财政理论，又是官厅会计制度。这一点正如郭道扬先生在《中国会计史稿》中所述：“所谓的‘会计理论’大都是融合于财政理论之中的。如历代关于‘节用’的理论，一方面表现为一种财政思想；另一方面实际上又是作为‘官厅会计’制度的一项原则。再如‘量入为出’与‘量出为入’的理论，一方面表现为一种财政原则；另一方面又反映了会计预算的一种思想”①。

（二）近现代的政府会计

近代的旧中国，中央和地方各级政府机关的会计称为政府会计。最初其政府会计由财政部下设的会计司负责管理；1931 年 4 月，国民政府主计处成立，下辖会计、岁计、统计三局，其中会计局负责掌管政府会计的制度设计、人员任命以及核算监督、报表汇总等事务；岁计局负责编制审核政府组织的预决算。岁计和会计的分立利用了内部牵制机制，是一种积极的财政监督体制。此外，政府会计还按照各机关经办财政资金业务的不同分为：（1）税收会计，即岁入业务机关的会计，其中岁入为国家在预算年度内的一切收入；（2）经费会

① 郭道扬：《中国会计史稿》，中国财政经济出版社 1982 年版，前言第 12 页。

计，即岁出业务机关的会计，其中岁出为国家在预算年度内的一切支出；（3）收支会计，指基层预算单位经管现金收支的会计；（4）综合会计，为会计主管机关的会计。

新中国成立后，我国以前苏联预算会计制度为蓝本建立起来的计划经济体制下的预算会计。1997 年，财政部根据社会主义市场经济的要求，对预算会计制度进行了较为全面的改革，先后制定并颁布了《财政总预算会计制度》、《行政单位会计制度》、《事业单位会计准则》和《事业单位会计制度》，并于 1998 年 1 月 1 日起施行至今。这套会计制度与改革前的预算会计制度相比，会计核算体系更加系统，会计核算方法更加科学，会计确认、计量和报告程序更加规范，财务报告内容更加完整。通过这次改革，使预算会计摆脱了计划经济体制的束缚，并逐渐向市场经济体制下政府会计模式转变，这突出表现在由财政拨款的事业单位按照市场经济运行的要求，确立事业法人地位，将“财政拨款”改为“财政补助”，同时强化了事业法人的财务责任意识，将原来的单位预算会计分解为行政单位会计和事业单位会计，并依据各自的财务活动特点和规范要求，制定相应的会计制度；取消预算内外资金界限，确立了“大收入、大支出”的财务观念和会计核算模式；重新设计了一套财务报表体系，使财务报告能够更全面地反映预算执行情况及与预算执行相关的财务状况。总的来看，1997 年的这次预算会计制度改革，建立了资产、负债、净资产等会计要素概念框架，这对提高我国预算会计的整体管理水平起到了积极作用。

二、我国目前的预算会计体系

（一）预算会计的涵义及特点

政府会计在我国目前只是学术界的一种提法，在现行制度中官方的称谓是预算会计。“预算会计是以预算管理为中心的宏观管理信息系统和管理手段，是核算、反映和监督中央与地方预算以及事业行政单位收支预算执行的会计，是我国两大类会计体系之一。”①

预算会计中的“预算”二字专指高度集中财政体制下的国家预算。在我国传统的计划经济条件下，预算单位的资金全部来自国家预算，因此从财务管理到会计核算顺理成章地都严格按照预算管理办法管理，各级预算单位都自成为一个会计主体和报告主体，进而形成了与企业会计相对应的我国特有的预算会计的概念。对于预算会计应遵循的准则，则由国家财政部制定全国统一的会计制度，并具有指令性和强制性的特点。

从会计功能上看，会计功能的首要问题就是解决谁是会计信息的使用者的问题，即会计信息为谁服务的问题。我国目前的预算会计规范主要是针对具体业务的会计处理，并没有专门针对预算会计的目标发布过任何会计规范。但《财政总预算会计制度》第六十一条规定：“总预算会计报表是各级预算收支执行情况及其结果的定期书面报告，是各级政府和上级财政部门了解情况、掌握政策、指导预算执行工作的重要资料，也是编制下年度预算的基础。”因此，可以认为各级政府和上级财政部门是我国财政总预算会计的信息使用者。我国《行政单位会计制度》将会计信息的使用者规定为行政单位的同级财政部门和上级单位。我国《事业单位会计制度》和《事业单位会计准则（试行）》将会计信息的使用者也规定为财政部门和上级主管单位。因此，我国行政单位和事业单位的会计信息使用者主要是财政部

---

① 全国预算会计研究会预算会计课题组：《新预算会计制度知识问答》，浙江人民出版社 1997 年版。

门和上级单位，行政单位和事业单位也是本单位会计信息的使用者。

会计信息的服务对象决定了会计制度的本质。通过上述分析可以看出，我国现行的预算会计制度可以说是为政府自身服务的，其主要功能不是为了方便纳税人对政府资金运用情况的监督，而是方便政府自身对预算资金的管理和控制。因此，可以说我国现行的预算会计仍然定位于一种政府对于预算资金进行管理和控制的信息系统，其本质特征是政府的自律性财务约束，是古代官厅会计的一种沿袭。

通过比较分析我国预算会计和西方政府会计的功能可以看出，我国预算会计体现的是一种落后的会计理念，即会计信息为政府自身服务，体现的是民主监督缺位的情况下政府本身自我监督的一套理论和制度。从各国的历史经验来看，对于国家财政的监督，政府自身是靠不住的，必须要公众的深度参与乃至全国人民共同参与，方能保证国家财政能被合理、妥善、有效地使用。随着市场经济体制和公共财政的逐步建立，以“预算资金或预算管理为核心”的提法已显现出许多不便，它不仅不能反映出政府会计的本质特征与内容，更重要的是不利于建立政府会计的一系列相关概念体系，从而不利于全面反映政府受托责任。

（二）预算会计体系的构成

根据我国《预算法》第二条规定，“国家实行一级政府一级预算，设立中央，省、自治区、直辖市，设区的市、自治州，县、自治县、不设区的市、市辖区，乡、民族乡、镇五级预算。”一级预算即为一级会计主体，这样一来，纵向来看，预算会计分为中央、省、市、县、乡五级财政总预算会计及下设所属行政、事业单位的单位会计。

横向来看，预算会计由下列四个子系统组成：（1）财政总预算会计；（2）行政单位会计；（3）事业单位会计；（4）参与组织各级财政总预算执行的国库会计、收入征解会计（包括税务会计、农业税征解会计、关税会计，但未包含国有企业会计）等，这些会计和总预算会计形成一个相辅相成、互相协作的有机整体，共同参与国家预算执行工作。因此，它们也属于预算会计体系的有机组成部分。

财政总预算会计，也称财政总会计，是以各级财政部门的预算资金和基金等政府资金为核算对象，记录和反映财政资金收支运动和分配情况的会计。需要注意的是，财政总预算会计只核算政府资金的收支结存，而未对政府经济活动进行全面核算，因而它又被称为资金会计。

行政单位会计，是用来核算那些执行政府职能、为社会提供公共服务、管理公共事务的组织的资金收支情况。在我国，行政单位主要是指政府各行政执行机关和实现行政业务管理的其他机关，包括法院、检察院、人大、政协以及中共及各民主党派的党委机关。作为政府职能部门的行政单位（如卫生局），其会计核算包括两部分：一是需核算本单位的行政经费；二是作为主管部门，需代理部分财政职能，要负责对本部门的事业费进行管理。在行政经费和事业费同时存在的情况下，行政单位将两种经费的管理和核算分开，例如，由办公室核算行政经费，事业费由财务处管理。

事业单位会计，在我国，事业单位是执行政府某些具体职能的非权力机关，通常包括文化、教育、科学、体育、卫生事业单位和工、交、商事业单位，农、林、水、气、海洋事业单位。事业单位向社会提供的一般来说是准公共产品，而不是纯公共产品，也就是说，这类产品具有社会受益和个人受益的特点。因此，根据“谁受益、谁付款”的原则，事业单位产品的生产成本在原则上可以由受益各方承担。所以，事业单位的收入应包括政府拨款和事业性收费两个方面。

在我国过去统收统支的时代，不存在基金会计这一概念。随着市场经济关系的展开，政府除了正常的预算资金外，为解决某些特殊行业或公共服务的资金供给，也设置了某些专用基金，这些基金的资金或来源于政府的预算拨款，或来源于企业或社会捐款，如粮食风险基金、肉蛋菜风险基金、社会保障基金和民用煤市场风险基金等。因此，我国的基金会计与西方国家所使用的基金会计是不同的，我国的基金会计仅仅是指政府在一般预算支出以外设立的收支挂钩的特殊资金的核算。

总体来讲，预算会计是由财政总会计、行政机关会计和一部分事业单位会计组成的全额预算单位会计，以及另一部分事业单位形成的差额预算单位会计构成。所谓全额预算单位是指没有收入的行政事业机关，及基本没有收入或收入不稳定、数额不大的一些事业单位，如学校等，因其资金需要全额或基本全额来自国家预算拨款，故称全额预算单位，其会计相应地称为全额预算单位会计，或简称为全额会计。相应地，差额预算单位是指那些有稳定、经常和较多收入的事业单位，这些单位先"以收抵支"，在"入不敷出"的情况下，再由国家预算拨款补助。因这些单位的全部资金需要中仅有一部分来自国家预算拨款，即国家预算列入的只是其"支大于收"的差额预算单位，其会计称为差额预算单位会计，或简称为差额会计。

但是由此可以发现，构成总会计分配资金后续核算部分的：（1）国有企业会计——对用于国有企业挖潜改造、增拨或新拨流动资金等项的后续核算；（2）基本建设会计——对总会计分配资金用于基本建设项目的后续核算；（3）公债会计——对政府发行的国债的发行、销售、还本付息等核算等，截止到目前为止，都还没有包含在我国的预算会计体系中。

可以说，我国至今还没有真正建立政府会计体系，即便有，也只是政府的预算执行会计。不仅名称如此，而且其会计内容也大致如此。从理论上说，预算会计反映了立法机构批准的预算及政府执行该预算的情况及结果，它通过设立一套自我平衡的预算账户体系，运用会计的程序和方法，对预算及预算收支执行情况进行确认、计量和记录，以加强对预算的会计控制，并通过预算与实际执行情况的比较分析，定期向政府行政长官、立法机构及其他相关部门报告预算执行情况的会计信息，借以评价和考核政府当局执行预算收支的财务责任。所以，预算会计只是政府会计一个方面的内容，其目的是加强预算管理和控制，而不是为了反映政府整体的财务状况。

第四节

西方国家的政府会计

一、西方国家政府会计模式的划分

政府会计模式可以看作是政府会计实践的示范形式，是对已定型的政府会计实务的概括和描述。由于各国所处的政治经济环境不同，其政府会计实务也不尽相同。

按照政府会计与传统的公共预算之间的关系不同，可以将当前西方国家政府会计划分为德法模式、美国模式和英国模式三大类。其中德法模式的政府会计以德国和法国为代表，大部分欧洲大陆国家都采用了这一模式，该模式的政府会计实际上只是预算体系的附属物，其主要功能是以现金收付制为基础，记录预算拨款的用途。政府会计的主要目标是行政控制，其次才是向议会报告自己受托责任的履行情况。

美国模式的政府会计以美国为代表，虽然其政府会计仍与传统的预算密不可分，但它又试图摆脱预算。会计核算在很多方面独立于预算，如政府要遵守外部的会计准则，而这些准则并没有采用预算所经常采用的现金收付制会计基础，而采用了权责发生制或修正的权责发生制。会计报告倾向于满足所有实际的及潜在的外部使用者的需求，如贷款人、政府证券投资者、纳税人和选举人等。因此，为了核算受到法律控制、外部控制的资源使用情况。在美国，政府组织采用了基金会计，即将组织的资产、负债和剩余权益（在基金会计中称为“基金余额”）按照特定的业务或目标分为不同的基金分别进行独立核算。每只基金都是为实现特定的目标而建立的一个独立的会计实体，由一套可以自我平衡的账户组成，包括所有相关的反映资产、负债、剩余权益或基金余额变化的账户。在每只基金中，资金的流入流出情况的记录都必须符合控制该基金的各具体法律、法规及协议的规定。

英国模式的政府会计则已经基本上摆脱了传统的预算。政府的所有活动，包括政府所进行的企业型活动都采用了权责发生制会计基础，即使是预算本身也使用了权责发生制，即权责发生制会计原则和准则影响了预算观念和数据。新西兰、澳大利亚、加拿大和英国都在不同程度上应用了这一模式。

但是实际上，从政府会计的目标来看，美国模式的政府会计与英国模式基本相似；从政府会计的发展方向上看，美国模式的政府会计也有向英国模式靠拢的趋势，所以通常将美国模式和英国模式合并称为英美模式，并力图比较德法和英美这两种截然不同的政府会计模式之间的差异及此差异产生的原因，以期能够对我国政府会计的改革有所启示。

二、不同政府会计模式之间的差异

德法模式的政府会计和英美模式的政府会计之间的差异主要表现在：

（一）政府会计标准的制定机构不同

德法模式的政府会计标准的制定机构主要是政府，如德国没有单独的准则制定机构，德国政府会计依据的准则是公共财政和预算法。而英美模式的政府会计标准则基本上都是由会计职业团体制定的，如美国联邦政府会计准则的制定机构是联邦会计准则咨询委员会（FASAB），地方政府会计准则的制定机构是由财务会计基金会主办的美国政府会计准则委员会（GASB）；英国中央政府会计准则的制定机构虽然是政府，但是，为了在政府会计准则制定过程中增加一些独立的因素，确保会计最大限度地符合英国公认会计准则，1996 年财政部成立了财务报告咨询委员会，负责对政府会计报告准则与标准问题提供咨询建议。英国地方政府会计准则是由独立的会计标准委员会（ASB）发布的。

（二）政府会计的目标不同

德法模式政府会计的目标是使预算和法律保持一致、监督预算的执行、向议会报告财政收支的合法性，以保证实际收支项目与预算收支相一致。如德国政府会计的主要目的是满足立法机关的信息需求，而并没有考虑社会公众和政府部门执行机构的信息需求。因此，德国的政府会计是“立法导向的”，用于“财政”目的而非“管理”目的。其政府会计报告的主要特征是“法律形式重于经济实质”。但美国政府会计准则委员会 1987 年提出的政府对外会计报告的目标则是：会计报告应该能够有助于督促政府完成其公共受托责任，帮助使用者评价其受托责任的履行情况、年度运行成果，评价政府可能提供的服务水平及其承担义务的能力，并帮助他们作出经济、社会和政治决策；另一方面，政府会计应该提供有助于计划和控制的信息，及有关预计资源的取得和分配对完成经营目标的影响。由上述目标可以看出，美国地方政府会计报告重在政府公共受托责任的履行和报告，而不是预算与实际的比较。

（三）政府会计信息的使用者不同

德法模式政府会计信息的使用者主要是立法机关；英美模式的政府会计信息使用者则不仅包括立法机关，同时也包括社会公众和其他利益相关人员。如美国政府会计准则委员会在论述政府财务报告的使用者时认为，州和地方政府对外财务报告的主要使用者有三类，即公民、立法机构和监察机构、投资者和借款者。而且指出，可以很容易地通过政府内部报告得到财务数据的政府行政部门的内部管理者，不是政府对外财务报告的主要的使用者。

（四）政府会计的编制基础不同

德法模式的政府会计与预算紧密相连，其政府会计的编制基础是（完全/修正的）现金收付制，而英美模式的政府会计则是以（完全/修正的）权责发生制为基础。如德国核心政府部门报表的编制基础是修正的现金收付制（Modified Cash – Basis of Accounting），由两部分组成：一部分记录收入和支出；另一部分记录资产和负债。联邦预算法要求在收付实际发生时记录收入和支出，实际上，所有收入和支出都记录两次：一次是在收付实现时，一次是在权责发生时，即将收入和支出的权利和责任已经发生，但在财政年度（日历年度）末尚未收到或付出的金额记为应收账款和应付账款。联邦中央现金办公厅负责现金管理和记账。一个是现金日记账，一个是按预算科目编制的分类账。同时也要求记录应收账款和负债。资产和负债仅仅包括金融资产和负债。实物资产也记录，但是并没有计价。法国地方公共部门会计的计量基础也是修正的现金收付制，只记录现金业务，但为了记录年末的经济业务，第二年一月底以前不能结账。市政当局的预算会计并不记录长期资产和负债，既没有计提折旧，也没有计提风险准备。

美国政府会计准则委员会要求州和地方政府对由政府基金提供资金的行为采用修正的权责发生制，即在付出现金和短期负债增加时确认支出，在政府的权利成立（如发生应税业务）时确认收入（以可获得和可计量作为标准）。而英国政府会计所遵循的会计准则和会计惯例则是公认会计原则，采用的编制基础与企业会计一样，是完全的权责发生制。

（五）政府的会计报告不同

德国的政府会计报告是由财政部向议会报告上一财政年度的收支情况和资产负债情况。其主要内容是逐项列示的实际收入和支出，而资产负债表上只记录货币资产和资本市场负债。会计报告详细地描述了预算和实际收支之间的差异，但是并没有提供反映政府财务状况整体情况的财务信息。具体而言，德国的会计报告包括：按预算项目报告的收入和支出，含预计数、实际数和差异；收入支出汇总表，记录现金盈余或赤字；现金盈余和赤字及结转到下一个财政年度的未收到和未支付的预算汇总表；金融资产和负债汇总表。

而美国政府会计准则委员会认为，美国政府主体都应当编制和公布一份年度综合财务报告，该报告由概况部分、财务部分和统计表三部分组成。其中，概况部分包括目录表、咨询资料以及其他从管理的角度看应该列入的资料；财务部分包括审计报告、通用财务报表（或汇总报表）、要求的补充信息、合并的基金、单个基金以及会计账户的报表和附表等。统计表则包括按职能分类的一般政府支出、按来源分类的一般收入等。1999 年 6 月，GASB 颁布了第 34 号公告，要求州和地方政府除了基金报告以外，还要编制以完全的权责发生制为基础的政府整体财务报表。英国资源会计与预算系统要求政府各部门提供的财政报告包括：资源总量汇总表、运行成本表、所确认的利得与损失报告、资产负债表、现金流量表和按各部门目标分组的资源报表以及政府整体报表（政府整体报表的具体内容尚未确定）。

三、不同政府会计模式之间差异的产生原因

不同的政府会计模式的产生与不同的政治经济背景有关，具体概括起来有以下几个方面：

（一）法律体系不同（决定了政府会计准则制定机构的不同）

德法模式国家的法律体系属于以成文法为特征的欧洲大陆法系；而英美模式国家的法律体系则属于以习惯法为特征的海洋法系。欧洲大陆法系在法律中制定有详细的规则，而海洋法系则以少量的成文法为基础，由法庭加以解释，并建立大量的判例作为补充。

联系到政府会计来说，实行欧洲大陆法系的国家，其政府会计原则受法律的影响既广且深，关于政府会计和报告的规定，往往直接列为公共财政和预算法的组成部分。而海洋法系的国家却与此不同，这些国家一般不通过立法对政府会计原则做具体规定，即使某些法律涉及到对政府会计的要求，也只是原则性的规定。详细而具体的政府会计原则，一般由会计职业团体或各有关方面联合组成的专门机构主持制定。

（二）议会与政府之间的关系不同（决定了政府会计的目标和功能不同）

在德法模式国家中，议会的监督作用相对较弱，在与政府的关系中处于弱势地位；而英美模式国家的议会作用则相对独立，处于与政府均衡的地位。如法国议会的权利是很有限的，在立法权上，宪法虽然规定，一切法律皆由议会通过，但是有很多事项不属于法律而属于政府法令、条例的管辖范围；即使是法律管辖的事项，政府也可以要求授权自行采取措施（如财政法案在议会没有通过的情况下也可以部分施行）。在监督权上，法国议会的作用更弱，效果甚微。通过提不信任案迫使政府下台的权利，只限于国民议会行使，也是它唯一能有效地批评政府行为的方法，但是由于总统可以在与总理和两院议长磋商后，解散国民议会，所以议会在提出不信任案表决时，议员必然瞻前顾后。德国议会的作用比法国要强，但是相对于英美等国却仍然要弱，如德国政府中，联邦总统有权通过提前解散联邦议院重新选举；并且拥有紧急立法权，即在不解散联邦议院的情况下，“就某一项被联邦议院拒绝的、而联邦政府又声称为紧急的法律草案，宣布出现立法紧急状态”。

美国国会的地位则较为独立，国会的立法权包括有关联邦政府行政及司法部门的结构和职能的法律，国会可以单独课税，并为行政和司法部门提供经费，没有国会的拨款，政府的

这两个部门便无法开展工作。同时，美国国会还拥有广泛的监督权和财政权，在监督权方面，国会必须经常关心行政部门的行政活动，必要时出面纠正；在财政权方面，政府的预算和决算必须由国会批准，政府的支出只能限制在国会同意的范围之内。英国则实行“议会至上”的原则，议会不仅拥有立法、决定财政权、决定王位继承权、决定内阁的组阁人选、监督行政系统的活动，而且还控制了司法终审权，迫使国王服从议会的集体意志。

议会与政府之间关系的不同影响着立法机构和社会公众对政府会计信息的需求。如果议会的作用相对较弱，权力较小，则议会对政府会计信息的需求就相对较少，如仅限于审核政府预算的执行情况，进而使社会公众对政府会计信息的需求也较少；反之，如果议会的地位相对独立，权力较大，就更有动机对政府的行为进行全方位的监督，从而也带动了社会公众对政府财政状况的监督。这样，社会公众就会更加关注政府的整体财政状况和运行情况，进而对政府会计信息提出了更高的要求，推动政府会计向前发展。

（三）中央政府与地方政府的关系不同（决定了地方政府会计的功能不同）

德法模式国家的联邦（中央）政府对地方政府的监督控制权一般较高；而英美模式国家的联邦（中央）政府对地方政府的监督控制则相对较弱。如法国是一个高度集权的国家，中央政府的地位和作用牢不可破。中央掌握着财政大权，财政监督是法国国家对地方政府进行监督的一个重要方面，包括预算监督和其他财政监督。德国虽然是实行联邦制的国家，但是其联邦政府拥有极为广泛的权力，对州和地方权力机关有着很大的影响。联邦政府有权以政府的名义发布命令，要求州和地方政府执行；各州只通过联邦参议院参与联邦立法和行政事务，维持各州利益，对联邦议院和联邦政府的职权和所做的决定起控制和补充的作用。

而美国则是一个典型的联邦制国家，州政府和联邦中央政府之间有明确的权力划分，保持相对独立；州和州之间由于有各自的宪法，也保持相对独立；州以下的地方政府则实行较高程度的地方自治。因此，从法律形式上看，联邦、州和地方政府都是相互独立的，不存在上下隶属关系。英国虽然是一个单一制国家，但是其建立基础是地方分权。英国没有明确的法律条文对中央与地方政府进行明确的权限划分，但是从中央与地方行政权力的实际情况以及相关法律条文来看，独立征税是地方政府传统的权力，分权管理也是中央政府和地方政府一种约定俗成的分工。英国中央政府一向与执行活动没有直接关系，而地方政府却由于自发的分工，很早就开始自主地履行属于地方的公共管理职能。虽然从 1980 年起，英国保守党政府采取了一系列的立法，严格控制和削弱地方政府在财政开支和税收方面的自主权，但这也是政党之争的一个结果，并不能使中央和地方政府之间的关系发生实质性的改变。

联邦（中央）政府与地方政府关系的不同影响着地方政府所承受的外部压力和外部有关人员对政府会计信息的需求。如果联邦政府对地方政府有较强的监督控制权，则地方政府表现为整个国家政府的一个组成部分。由于它要受到中央政府的监督和控制，因此，外部有关人士如投资者和债权人对其财务状况的评估要求就相对较弱，这时，外部有关人士对地方政府的关注可以转至对整个国家政府的关注，而对整个国家政府的关注则并不一定要关注其财务状况，它可以考虑其他因素，如政治风险等。因此，外界对政府会计信息的需求相对较弱，政府会计与预算联系得更为紧密，受企业会计的影响相对较小。

反之，如果联邦（中央）政府对地方政府的监督控制权较弱，则地方政府的作用相对独立，公民和投资者、债权人等更需要对政府的财务状况进行评估，地方政府所承受的外部压力较大，从而迫使其提供更加易于理解的会计报告，进而推动其政府会计发生变革。

第五节 中美政府会计的比较

各国政府会计之间存在的差异是源于各国所处的会计环境不同。美国的政府会计经过几十年的改革和发展，已逐步形成了一套较完善的政府会计体系。为了学习并借鉴美国政府会计规范的先进经验，从以下六个方面对中美政府会计进行了比较分析。

一、政府会计体系比较

美国的政府会计是适用于联邦（中央）政府、州及各地方政府单位（具体包括县、市、学区、镇、村、其他非营利性组织及政府企业）的会计体系。我国预算会计是指核算、反映和监督各级人民政府及其行政事业单位预算执行情况的会计，随着我国国库集中收付制度的实施，现行的财政总预算会计和行政事业单位会计必将合二为一，共同组成政府会计。

政府会计的特征集中表现为政府会计的公共性、非营利性、财政性和专用性。中美之间社会制度、政体及国家政权结构不同，政府会计体系也具有较大的差异。具体表现在：(1) 从适用范围上看，美国政府会计除了包括联邦政府会计和州及各地方政府会计外，还包括政府举办的诸如高等院校、医院、福利机构等非营利组织，另外还包括政府企业；但是不包括各党派团体。但在我国，政府会计等同于预算会计，即包括财政总预算会计、行政单位会计、事业单位会计和基金会计。各党派和人民团体也列入政府会计体系，但是国有企业会计核算及基本建设部分的预算资金等却未包含在政府会计中。(2) 从管理体制上看，美国联邦政府和州及地方政府的预算各自独立，因而联邦政府会计和州及地方政府会计也自成体系；而我国属于单一制国家，中央政府和各级地方政府会计是一个有机整体，共同组成政府会计体系。

二、政府会计模式与会计主体比较

美国政府会计是一种基金会计模式。美国政府会计准则委员会（GASB）认为，基金是指“按照特定的法规、限制条件或期限，为从事某种活动或完成某种目的所分离形成、依靠一套自我平衡的科目来记录现金及其他财务资源、负债和剩余权益变动情况的财务主体和会计主体。”这不仅表明基金具有特定的目的和用途，而且还强调了每一只基金都是一个独立的会计主体，设置相应的资产、负债、收入和支出账户，并能实现自我平衡。基金会计模式的特点是：通过设立不同基金，将不同资源分开，可以对支出进行有效控制。根据有关法律及其他限制规定建立各种基金，各个基金都分别有各自的专门收入来源，同时也有专门资金用途。而且每一基金自成一个独立的会计主体，自行平衡。这样，有关资源就被限制在基金范围内，不能随意流动，支出因此得到有效控制。但缺点是如果基金种类多、数量多，就会使会计科目及会计报表都比较复杂，而且会导致财务管理效率低下。因此，美国政府会计准则委员会要求，政府应建立与法律和运营要求相一致的最小数目的基金。换句话说，应在满足法律规定、运营要求和基金分类基本原则的前提下，设立尽可能少的基金。

我国政府会计采取的是预算会计模式。其特点是以政府预算为基础，其组成体系应与国家管理体制相适应，每一个预算单位作为一个会计主体和报告主体，将政府单位根据机构建制、经费领报关系分为一级会计单位（主管会计单位）、二级会计单位和基层会计单位。这种预算会计模式，是在计划经济前提下的政府财务资源分配与管理方式下建立的。其主要缺点表现在：(1) 将政府预算与政府具体使用资金的核算割裂开来，预算不能控制具体的财务资源的使用，达不到政府预算的目的；(2) 由财政统一将资金下拨给各政府行政单位分户使用，助长了各行政单位争资金而不重视资金效益和不强调资金管理的现象，不能真正发挥政府财务资源的经济效益；(3) 政府预算带来严重的主观性，预算不细，目的不强。

从以上比较中可以看出：(1) 由于采用的会计模式不同，美国政府会计主体是一种包含各种基金在内的复合主体；而我国政府会计是以各级预算单位作为会计主体，各种基金只是政府单位会计主体的内容，而不作为单独的会计主体；(2) 具体从核算对象上看，我国的预算会计与德法模式的政府会计相似，主要反映预算的执行情况，但这却只是英美模式政府会计的一个组成部分。西方非营利组织的主要特点是其活动目的不是获取经济利益，这与我国事业单位的特点类似，但是我国事业单位的涵盖范围除了考虑其活动目的以外，还考虑其组织形式，外延要比国外的非营利组织小。根据国务院 1998 年公布的《事业单位登记管理暂行条例》，事业单位是指“国家为了社会公益目的，由国家机关举办或者其他组织利用国有资产举办的，从事教育、科技、文化、卫生等活动的社会服务组织”。虽然这里也强调了其活动目的是社会公益目的，但也同时强调了其资金来源，即国有资产，这样就有很多非国有的非营利组织被排除在事业单位会计的适用范围之外。

三、政府会计规范比较

会计规范是指导和约束会计行为的一系列法规、准则、制度和惯例的总称。

美国是一个联邦制国家，联邦政府与州和地方政府分享国家政治权力，分别承担各自范围内的受托责任。美国政府会计规范是以准则的形式由民间机构制定，其特征是准则具有开放性，并强调理论与实务相结合。联邦政府与州和地方政府会计规范分属于两套规范制定，即联邦会计准则顾问委员会制定原则和准则来约束联邦政府会计；政府会计准则委员会制定政府会计准则公告、解释和概念公告来规范州和地方政府会计。

我国政府会计规范则是以制度的形式由国家财政部制定颁布。在我国，会计规范属于行政规章，具有指令性、强制性和统一性的特点，会计准则的立项、发布实施需要履行行政程序，由财政部批准，没有采取某些国家由会计准则委员会委员投票表决的形式。但是，在会计准则制定过程中，财政部下设的会计准则委员会要从会计准则咨询的角度，参与《企业会计准则》制定的过程，会计准则的具体起草工作则由财政部会计司负责。政府会计准则由国家颁布的《会计法》、《预算法》和财政部制订的《财政总预算会计制度》及《行政单位会计制度》、《事业单位会计制度》组成。

比较我国和美国的会计规范，可以发现：(1) 从模式上看，美国政府会计规范是准则模式，而我国则是制度模式；（2）从规范制定机构看，美国是独立的民间组织，属于“社会公认型”，而我国是国家政府机构制定规范，属于“法规型”；（3）从规范内容的侧重点上看，美国侧重于对外财务报告准则规范，我国则侧重于具体业务规范。

四、政府会计基础比较

会计基础是会计事项的记账基准，即收入和支出的确认标准。国际会计师联合会则认为，“会计上有这样一个确认基础区间，这个区间的范围从现金制基础这一端到完全应计制基础的另一端，在这两个极端中间，有很多变化，这些变化实际上或者是对现金制基础或者是对应计制基础的修正——积累财务数据所需的信息制度，其复杂程度随着会计基础沿会计基础区间从现金制基础向应计制基础的移动而逐渐提高”。从会计实务情况看，确实如此，除了现金制和应计制外，还存在中间带的会计基础，通常称为修正的现金制基础（Modified Cash Basis）或修正的应计制基础（Modified Accrual Basis）。许多国家的地方政府，一些国家的中央及地方政府通常采用修正的现金制或修正的应计制会计。例如，德国、英国、欧盟等国家和国际组织的政府单位，主要以现金流动为基础提供报告，但也揭示应收账款和应付账款的信息，因而选用了修正的现金制基础；采用修正的应计制基础的主要有丹麦、加拿大、美国州和地方政府等。而新西兰、澳大利亚、瑞士等国家基本上采用或要求采用应计制基础。

而我国《财政总预算会计制度》第十八条和《行政单位会计制度》第十七条均明确规定：“会计核算采用现金收付制为基础。”之所以我国长期以来政府会计采用现金收付制，是由我国政府会计的特点决定的。采用现金收付制，会计只确认实际收到的现金或支出现金的交易事项，并计量某一期间的现金收支差额的财务成果，符合一般人的习惯，会计核算程序比较简便；同时，会计确认数是实际入库的预算资金，便于安排预算拨款和预算支出的进度，并如实反映预算收支结果。但长期的政府会计实践表明，政府会计采用现金收付制基础，存在明显的缺点和不足。具体表现在：（1）所有非现金交易不作为收入、支出及时纳入核算，相应的债权和债务也不确认，由此不能及时完整地反映政府的预算管理业绩和政府的工作效率；（2）现金收付制是一种面向过去的确认基础，并不能提供未来现金流动的信息；（3）现金收付制不能真实地评价和考核政府单位的财务受托责任，也不能客观全面地反映和评价政府绩效。在现行预算会计体系下，每一会计期间的收入支出表是以收付实现制为基础来列报每期收入和支出的，因此，每期所列报的收入与当期实际实现的收入往往有一定差距。而每期所列报的支出与当前实际发生的费用也有差距。在收付实现制下，没有成本核算，收入减去支出后的结余既不能反映政府单位的成本控制情况和投入产出情况，“以拨代支”的核算也不能反映政府单位实际的经营绩效和效率。

从比较中看出，中美政府会计采用不同的会计基础，其原因是美国政府会计强调交易或事项的实质，而我国政府会计强调与预算保持一致。其实，会计基础应根据经济业务的不同性质，采用不同的确认标准。随着政府职能的转变，政府债务总额的增加，政府需要以权责发生制为基础编制资产负债表和债务收入支出表等报表，以体现政府如何管理公共债务、发生成本和获得的收益，逐步有序地引进权责发生制是未来政府会计确认基础的现实选择。

五、政府会计要素比较

会计要素是会计对象的具体化，是构成会计报表的基本框架。

美国政府会计要素与财务会计准则委员会的规定有所不同，美国政府机构的会计要素为资产、负债、基金余额、财政收入和财政支出五项。由于美国政府会计是一种基金会计，其政府会计要素也是一种基金会计要素，具体来讲，政府型基金的会计要素为资产、负债、基金余额、收入和支出；权益型基金的会计要素为资产、负债、基金权益、收入和支出；信托型基金的会计要素为资产、负债和基金余额（其中代管基金由于其代管性质，其资产等于负债，不涉及到经营成果的计量）。

我国的《财政总预算会计制度》和《行政单位会计制度》均规定会计要素分为资产、负债、净资产、收入和支出五类。这种会计要素的划分，既符合国际惯例，又考虑了政府会计的特点，还区别于企业会计。一是政府会计不存在所有者权益。对于资产与负债的差额用什么要素来确认，曾经有净资产、基金、基金余额、单位权益等多种观点，最后确定了净资产要素，采用了“定义反映数量、分类反映内容”的方法。二是没有利润要素。政府活动的主要目的是社会效益，而不以营利为目的，仅核算收支相抵后的结余，所以没有利润要素。

从比较中可以看出，中美会计要素的划分基本上是一致的，不同的是美国政府会计采用基金会计模式，将资产与负债的差额表述为“基金余额”，而我国政府会计采用预算会计模式，则将其差额表述为“净资产”。虽然“基金余额”和“净资产”在数量上都是资产减去负债后的余额，但在性质上还是有所区别的。基金余额是在实行基金制下采用的，它可以表明政府单位拥有或者控制的经济资源在具体用途上的限制，即是某一特定基金的余额，但净资产却无法表明这种限制。

长期以来，我国财政总预算会计在一定程度上只是财政收支会计，核算内容主要是财政收支活动，没有覆盖全部会计要素，特别是在诸如固定资产和长期负债的管理方面有明显不足。政府的固定资产只由行政单位会计记录，只在年终决算时才由财政部门汇总，而且仅作附列参考资料，各级政府的财政总决算并不反映政府固定资产的情况，对长期负债以及其他政府债务也没有得到充分的反映和核算。为此，需要对现行财政总预算会计制度作必要补充，以科学合理的方式加强对政府固定资产和长期负债的会计核算和管理。

六、政府会计报告比较

会计报告通常称为财务报告，是反映政府单位有关财务状况、收支情况、现金流转情况及基本业务情况等的一种书面文件。编制财务报告是提供会计信息的基本工具。设计科学合理的政府会计报告模式是提高政府会计有用性的基础。在国外，政府财务报告是提供政府财务状况和运营绩效的一个最有效的信息渠道，其根本目的是为财务报告使用者评价政府绩效及政府受托责任的履行提供信息。

美国政府会计准则委员会于1999年1月发布了第34号准则公告——《州和地方政府的基本财务报表以及管理讨论与分析》。该公告规定，州和地方政府的年度综合财务报告由管理讨论与分析、政府层面和基金层面的基本财务报告、财务报表附注和规定的补充信息等组成。该委员会把这种由政府层面财务报表和基金层面财务报表组成的基本财务报表称为双重报告模式。两套财务报表分别在一定程度上满足了相应的政府财务报告的目标，其中政府层面财务报表的报告重点是政府作为一个经济实体的财务状况和业务活动成果，它主要提供净资产表和业务活动情况表两张基本报表；基金层面财务报表的报告重点是当期财务资源的流入、流出和余额以及可用于拨款的数额和政府遵守财政法规的情况。更为具体而言，美国政府财务报告按不同使用者的需求，建立详细程度不同的“金字塔”型财务报告结构，即财务报告由四个层次构成：（1）总括（政府层面）的财务报表；（2）通用财务报表（概括性基金汇总报表）；（3）按基金类型编制的合并财务报表；（4）单个基金及账户组报表。每个层次的财务报表都附有财务报表附注，并可以单独对外报送。另外在报告中还包括管理层讨论与分析（MD&A）。该部分在解释报表中的一些关键点及其变化方面发挥了重要作用。例如，如果政府发行长期债务，则需要解释筹措资金的用途；如果某一部分资产、负债、收入或费用发生显著变化，则需要解释其根本原因；如果在政府的年初预算和后来的修正预算之间存在较大差别，则需要对有关内容作出解释。目前这一部分内容已经成为美国财务会计报表中最受欢迎的部分。

我国政府会计没有编制包含简介说明、财务报表和统计表的年度综合财务报告，一般只编制年度会计报表。《财政总预算会计制度》和《行政单位会计制度》分别对其会计报表作了具体规定。《财政总预算会计制度》第六十二条规定：“总预算会计报表有资产负债表、预算执行情况表、财政周转金收支情况表、财政周转金投放情况表、预算执行情况说明书及其他附表等。”《行政单位会计制度》第五十四条规定：“会计报表是反映行政单位财务会计状况和预算执行结果的书面文件。包括资产负债表、收入支出总表、支出明细表、附表和报表说明书。”从以上可以看出，我国的政府会计报表由资产负债表、收入支出表及必要的附表和会计报表附注、收支情况说明书等组成。

通过以上比较分析可以看出：和美国的年度综合财务报告相比，我国现行的预算会计报告仅仅是政府财务报告的一部分。现行的财政报告只是政府有关财政收支预算及执行情况的报告，有些信息在现行会计报表体系中根本没有得到反映。我国通常把财政报告称为“财政收支决算报告”。在理论上，政府的财政报告是政府财务报告的一个组成部分，而不是政府财务报告的全部，它无法也不能取代政府财务报告。在实务上，我国迄今为止还缺乏各级政府完整的财务报告。因为它并没有反映整个政府的财务状况、受托责任及其履行情况。

第六节

我国预算会计制度
未来的改革方向

一、我国预算会计制度目前存在的问题

1997 年，伴随着我国社会主义市场经济体制的改革，预算会计也开始了全面彻底的改

革。这次改革共推出了三个会计制度和一个会计准则，即《财政总预算会计制度》、《行政单位会计制度》、《事业单位会计制度》和《事业单位会计准则》，还制定并发布了医院、学校、测绘等特殊行业的会计制度。这次改革重新划分了我国预算会计体系，提出了准则管理的会计核算管理模式，改革了记账方法，确定了预算会计的记账基础，取消了按不同预算管理形式设置会计科目的做法，进而改变了原有的预算会计体系，具有十分重要的意义。

但是，自1998年实施新的预算会计制度以来，我国的预算会计环境又发生了重大变化。我国以加强和规范财政管理为中心，在财政预算管理制度方面又进行了一系列改革，包括改革预算编制方法，细化预算编制内容，实行零基预算和部门预算；逐步实施国库集中支付制度；积极推行政府采购制度等。这些改革的实施使预算会计制度在核算内容上出现了许多新情况，原来的核算内容和核算方法已不能适应新的变化，迫切需要对预算会计制度进行进一步修改和完善。另外，从政府会计改革趋势上看，我国的预算会计制度与国际通行做法还存在着较大差异，在执行中也暴露出一些深层次的问题，主要表现在：

（一）预算会计的核算内容无法反映政府的受托责任，也无法反映政府财政管理工作的全貌

我国现行的行政单位会计和财政总预算会计是以现金收付制为计量基础的，即按照实际发生数额记录收入和支出，无法反映政府的整体财政状况和工作绩效。现金收付制会计也有许多缺点。其中最主要的缺点是，按照这种基础编制的财务报表所反映的受托责任比较狭窄，而且其反映的财务成果易于被管理当局操纵（因为管理当局可以根据其需要将收款或付款的时间从本期推迟到下期，或从下期提前到本期），使财务信息缺乏可靠性和前后期的一贯性。除此之外，现金制会计还有其他的缺点。比如，无法落实政府的经济管理责任，特别是收入征收部门，对各种拖欠税款没有催讨的压力，很容易造成国家税源流失；也无法分清各级政府及各预算单位的财务责任，特别是涉及到财政体制结算、税收返还、预算拨款或财政补助等情况，如果由于某一级政府无力履行其财务责任，势必影响其他政府单位受托责任的履行，政府潜伏的财政危机也就被掩盖起来了。随着我国政治经济体制改革的不断进行，尤其是国家财政管理体制改革的进行，地方政府获得了一定的财政自主权，财力增长迅速，因此，单纯考核地方的预算执行情况已不能反映地方财政管理工作的好坏，这时，地方政府会计工作的重点必然要转向关注地方政府公共受托责任的履行情况、监督政府的整体财政管理工作。

另外，目前我国的行政单位会计报告仅包括资产负债表、收入支出总表和支出明细表，这些报表反映了行政单位的预算执行结果，但是却无法提供进一步的信息。作为社会公众和纳税人无法接触到更为详细的会计信息，即使是政府有关部门也只能得到预算、决算等基本的财务信息，无法从会计报告中了解政府的整体财务状况和工作绩效，进而也无法评价政府工作的好坏。另外，从政府部门本身来讲，现行的预算会计模式也只是体现了簿记的作用，没有发挥会计应有的监督作用。

（二）预算会计体系的划分不尽合理

从前面对预算会计体系的介绍可以看出，预算会计的对象是预算资金，因而，预算会计核算预算资金收、支、结存的全过程。但如前所述，它并未涵盖用于国有企业、支农和基本建设部分的预算资金，所以，预算会计的概念与内容未取得一致。

另外，原有的全额预算单位会计和差额预算单位会计的划分，也已经发生了很大变化，很难适应当前和今后预算管理的实际情况。过去全额预算单位会计包括了全部行政机关和一部分事业单位，主要是学校。但近十年来，学校经费的来源渠道已大大增加，不再单单依靠国家财政拨款。实践中，学杂费收入、校办企业收入、社会捐赠收入、房屋和场地出租收入，已经占学校经费特别是高等院校经费的相当大部分，国家预算拨款在许多学校已不足60%。很显然，它们已不再是原本意义上的“全额预算”拨款单位，而是事实上的“差额预算”补助单位。与此同时，不可忽视的是，我国法律所规定的9年义务制教育制度，使得我国小学和中学理论上将长期主要依赖国家财政拨款。另一方面，由于各类学校所处地区、地理位置不同，其“创收能力”也存在很大差异。所以，学校是全额预算拨款，还是差额预算补助，以及补助程度很难有统一标准。

再从原有的差额预算单位医院看，由于药品价格和住院费标准的提高，医院收入数额大大增加，特别是一些开办了所属药品或医疗器械厂的医院，其收入可能有较大水平的提高，大大减轻了国家财政拨款的压力。实际情况是，除国家财政的定项补助外，医院某种程度上似乎已成为经济核算单位。当然，它与企业的经济核算仍有本质的不同。

（三）现行预算会计制度不能真实、完整地核算和反映实施国库集中收付制度和政府采购制度后出现的新业务

国库集中收付制度和政府采购制度的实施，使财政资金的流向发生了重大变化，如预算单位用于发放工资、构建固定资产、购买资料及服务等所需要的财政资金不再由财政通过主管部门拨入用款单位，而是由财政部门从单一账户或采购专户按规定程序直接拨入职工工资账户或直接拨付给提供商品或服务的供应商；行政、事业单位收到的财政资金不再表现为货币资金，而是一方面表现为收入的增加，另一方面表现为费用的增加（如工资支出等）或非货币性资产的增加（如存货、在建工程、固定资产等），所以这些情况的变化就需要对行政单位和事业单位会计制度规定的核算内容进行相应的修改。同样，在财政总预算会计中，也要核算和反映这一资金流向的变化。

从目前的情况来看，我国各地的国库集中收付模式可以归纳为“国库集中收付，会计分散核算”和“国库集中收付，会计集中核算”两种模式。第二种模式又可分为委托核算和财政直接核算两种情况（见图1－1）。

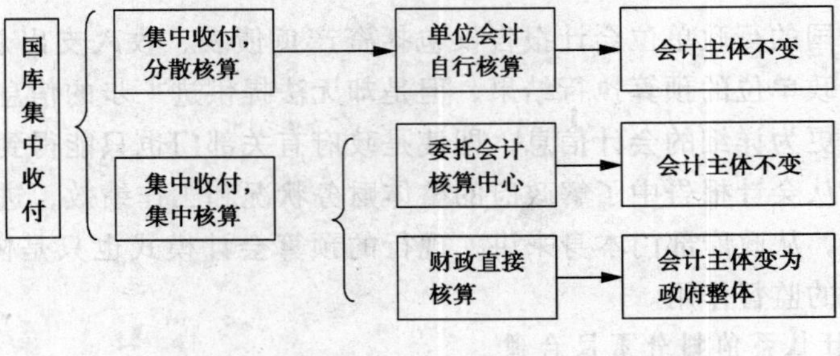

图1－1　国库集中收付下的会计核算模式

1. 国库集中收付，会计分散核算模式。在这一模式下，单位原则上不再设存款户，而由国库部门统一设立一个存款户，集中办理各单位财政资金收支业务（含预算内资金和预算外资金），但保留单位的会计核算。因此行政事业单位的会计主体地位没有变动，财务关系和财务责任不变，核算方式不变，会计报表的内容和要求也不变，会计报表仍由单位编制和报送，所以会计科目的基本体系没有变化，所变化的仅仅是取消了现金、银行存款两个会计科目。经过财政部门批准，单位可以设置必要的临时账户，负责小额报销和小额现金结算，但正常收支和工资发放等都必须通过国库进行。目前我国中央及省级机关因人数较多，业务量较大，多采用这种模式。

2. 国库集中收付，会计集中核算模式。这一模式下的会计核算比较复杂，它可以分为委托—代理记账制和财政直接记账制两种情况。两种情况下会计的地位不同，核算方式也不相同。

委托—代理记账制是指财政部门的会计核算中心在法律上处于受托人的地位，因此，行政事业单位的会计主体地位未发生变化，支出的责任不变。就是说，会计核算中心必须为受托的每个行政事业单位编制一套合格的会计报表，并提供相应的会计信息。因此，会计核算的基本模式仍然与国库集中收付、分散核算相同。

财政直接核算则是一个重大的制度变动，一是纳入国库集中收付的单位失去会计的独立主体地位，而是成为政府的内设机构，他们不再负有财务管理责任，也不需要编制财务报告。二是财政支付已属于财政支出，而不再具有拨款性质。三是相应地，财政支出的概念发生了变化，就是说，已经不再是“以拨代支”的支出概念，而是实际经费支出。因此，一旦改革进入这一阶段，在预算管理模式上将大体与西方接轨。目前我国的市、县级行政单位由于规模较小，多采用这种模式，即由机关事务管理局统一核算。但是，从今后的发展趋势以及西方政府的管理经验上看，“国库集中收付，会计集中核算模式”（财政直接核算）是我国财政资金管理的最终改革方向。

尽管目前财政部已针对改革试点情况在预算会计制度中做了一些相应的修改，并制定了试点核算办法，如针对国库集中收付推行会计集中核算。但是，由于我国实行的是全国统一的会计制度，试点办法还在逐步摸索开展，会计集中核算的范围还很有限。以天津市为例，目前国库集中收付和会计集中核算仅限于市一级预算单位和部分二级预算单位。

另外，由于仍使用现金收付制会计基础，试点办法仍不尽完善。例如，在采购材料物资过程中，有时材料物资已到，但发票账单未到；有时发票账单已到，但材料物资未到；有时可能采用一次付款的方式；有时可能采用分期付款的方式等。但是，对于上述情况，行政、事业单位应何时确认购入的资产、购入资产应按什么金额入账就成了问题。同样，总预算会计应何时确认财政支出、支出应按什么金额入账也成了问题。在现金收付制下，行政、事业单位只能在实际收到拨款单据时按拨款金额确认和计量购入的材料物资，如果采购过程跨年度，则不能完整地反映该项经济业务活动；而总预算会计也只能在实际拨款时按拨款金额确认和计量财政支出，如果在年末时，采购已基本完成，但款项尚未付清，或按照采购合同需扣留部分保证金，则在年末会形成财政资金结余。很明显，上述这些会计处理都不能真实地反映预算执行情况。

（四）现行预算会计制度不能为编制部门预算、实行“零基预算”提供相关的会计信息

从表面上看，编制部门预算似乎与预算会计没有什么大关系，但从实质上看，预算会计信息是编制部门预算时的一个重要依据，是编制部门预算的基础。我国预算编制正在以

“零基法”取代“基数法”。在传统的“基数法”下，按照基期年的支出基数简单地加上一个增长比例就可以确定各部门的支出指标，因而在决策时不需要过多的会计信息，在这种情况下，传统的会计核算基础存在的弊端也没有显现出来。但是在“零基法”下，一切从“零”开始，主要根据各部门的职责、占用的经济资源、人员配备等客观因素来确定资金的使用额度。因此，“零基预算”，除了有核定编制、制定标准定额等相关配套制度外，摸清各部门的“家底”、充分了解各部门的资源占用和使用情况，具有十分重要的作用。可以说，如果没有可靠的会计信息，就无法编制“零基预算”。

现行预算会计由于其会计核算基础的限制，不能真实、完整地反映各单位占用的经济资源及使用情况，难以为编制部门预算提供清楚的“家底”。具体来看，我国行政事业单位长期以来在使用预算资金、开展公务活动中形成并拥有大量的房屋、建筑物等固定资产，许多事业单位如科研、高校、医院等单位还用于相当数量的股权投资。由于我国的预算会计主要侧重于财政资金的收支核算，对各单位占用的大量长期资产关注不够，固定资产的建造和使用在管理上脱节，先由建设单位完成基建任务，项目竣工后再由建设单位移交给资产使用单位。固定资产的建造并不在行政事业单位的账簿中登记和反映，只有办理竣工验收交接手续后方可予以登记。在实际工作中，行政事业单位因为基建而形成的固定资产存在着登记不及时、甚至不入账等情况；即使已入账的固定资产，按现行制度规定也不计提折旧，因此无法反映固定资产的使用情况，虚增了资产价值。行政事业单位长期资产核算存在的账目不实、资产虚增等问题，不能真实、完整地反映各单位占用的经济资源及使用情况，难以为编制部门预算提供清楚的“家底”。

（五）现行预算会计制度不能全面、完整地反映政府债务

由于使用现金收付制，在政府的财政支出中只反映当期实际的还本付息数，但不计提利息支出，政府的负债只反映当期本金数，而没有反映应由本期负担、以后年度偿付的利息数。因此现行的预算会计制度不能准确全面地反映政府债务。尤其是近年来，我国为实施积极财政政策，发行了大量的国债，我国还从世界银行等国际金融组织及外国政府借入了相当数量的外债，这些现实的负债，应当在财务会计报告中予以反映。各级地方政府由于贷款或欠发工资等问题也存在着一些现实负债，但这些都没能在预算会计报表中反映出来。另外，地方政府为企业担保等事项也时有发生，这些或有事项形成的或有负债也没能通过预算会计充分披露。事实上，在现金收付制下，政府的这些债务被“隐藏”了，预算会计不能真实地反映政府的财务状况，夸大了政府可支配的财政资源，造成虚假平衡现象，不利于政府防范和化解财政风险，对财政经济的持续、健康运行带来隐患。

（六）政府会计信息不完整、透明度不够，缺乏完整地反映政府财务状况的财务会计报告

自1998年以来，全国人大加大了对财政的监督，审计署先后公布了历年的财政审计报告，政府预算及相关信息引起了社会的广泛关注，社会公众对政府会计信息的完整性和透明度也随之提出了新的要求。虽然我国的财政总预算会计、行政单位会计和事业单位会计制度中均规定了相应的一套会计报表，但各套报表自成体系，分别编报，没有一套能够完整地反映各级政府财务状况全貌的汇总会计报表和综合财务报告。长期以来，我国只强调预算会计为预算管理服务，预算会计是预算管理的工具，因而造成预算会计仅侧重预算资金的收入、支出及结余的核算，财政每年向人大提交的财政预决算报告也主要是针对财政收支及预算的执行情况，对于使用财政资金所形成的庞大的固定资产及其使用情况、政府举借的债务以及还本付息情况、预算资金的使用效果等缺乏有关的信息披露，不仅立法机关和社会公众难以进行监督，财政部门自己也缺少宏观决策所需的重要信息。

二、我国预算会计制度未来的改革重点

我国现阶段预算会计改革的核心目标是建立政府会计体系，即将以现金收付制为核算基础的、以核算预算资金为核心内容的预算会计制度，改革为以权责发生制为核算基础的、以核算政府全部政治经济活动情况为核心内容的政府会计。由此建立的政府会计体系，能够更完整地核算政府的全部经济活动，有效地促进健全的财务管理和控制，并为部门预算改革和未来的绩效预算改革奠定基础。

考虑到我国的具体国情，对预算会计制度的改革也需分步进行。由于我国的预算会计环境已发生较大变化，所以首要任务是要改革现行预算会计制度中与已进行的预算管理改革不相适应的部分，如改进其中与部门预算、政府采购、社会保障改革、国库集中收付制度改革不相适应的部分；预算收支分类科目改革不相适应的部分，使其符合目前的预算管理改革内容的核算需要。其次是要逐步将政府全部的经济活动纳入核算范围，将不反映政府活动的部分剥离出去，从而为健全政府的财务管理制度和建立绩效评价机制奠定基础。最后，参照国外成熟的政府会计体系，逐步完善我国政府会计的核算原则和核算方法，最终使其在功能定位上不再仅局限于“对预算资金的管理和控制”，而应定位为“在促进健全的财务管理的基础上，帮助政府履行公共受托责任”。具体来看，我国预算会计制度的改革重点应集中在以下方面：

（一）从预算会计扩展为政府会计

把预算会计扩展为政府会计不仅仅是改变名称的问题，而是转变整个会计观念的问题，即政府会计究竟是以预算收支为主导还是以财务收支为主导，是建立政府预算会计还是建立政府财务会计。

我国现行的预算会计，特别是财政总预算会计，既类似于政府财务会计，又不同于政府财务会计。它类似于政府财务会计，主要体现在财政总预算会计，既反映了政府预算执行的实际情况和结果的信息，也反映了与当期预算执行相关的财务收支情况和财务状况，比如，政府在执行收支预算过程中产生的债权债务等。它不同于政府财务会计，却反映在财政总预算会计只反映当期预算执行相关的财务收支情况及财务状况，并没有从连续、全面、系统、完整的角度反映预算收支对政府财务活动情况及财务状况产生的当期影响及连续影响。

很显然，我们并没有充分认识到政府预算会计与政府财务会计之间的区别与联系，以政府预算会计代替政府财务会计，甚至把两者混淆起来了。产生这种情况的原因是多方面的。其中最主要的原因是，长期以来，我们强调预算会计是预算管理的工具，预算会计主要为加强预算管理提供有关信息资料。由于预算分期，预算管理的重心主要在于预算当期的财务收支，预算会计也就自然把核算的重点放在当期预算收支执行情况及结果方面。从另一个方面看，会计理论界也没有对政府预算会计与政府财务会计的区别与联系作深入的研究。令人遗

憾的是，我国建国以来出版了不少预算会计的教科书或相关著作，但除 1998 年由中国人民大学出版社出版的《〈高等学校会计制度〉讲座》中专门一讲谈到“预算管理科目的使用”外，其他的教科书或相关著作均没有真正讲述“预算会计”的内容。

应从财务的角度重新构建我国的政府会计，预算会计应当作为政府会计的一个侧面融合在其中，其根本的任务在于重新界定政府会计的目标及服务对象，从而转变政府会计的功能。

（二）从预算资金运动扩展为价值运动

把预算会计扩展为政府会计，除了摆正预算会计的地位外，更主要的是涉及会计核算内容的改进。会计核算内容也是会计信息系统可能或应当提供的信息，通俗地说，就是会计对象的问题。会计对象既是一个基本的会计理论问题，也是一个重要的会计实务问题，它规定了一个会计主体或报告主体进行会计确认、计量、记录和报告的范围。

预算会计以预算资金运动为对象，反映预算及其执行情况及结果。由于预算是以“年度”为期间基础编制、执行的，预算会计确认、计量、记录和报告的重心自然就是当年的预算收支情况及结果。政府会计把政府作为会计与财务报告主体，应当从更广的范围来研究会计对象，即政府主体的会计对象除了反映当期预算资金运动情况及结果外，还应该全面、系统、完整地反映整个预算资金运动连续的过程及累积的结果。因为，政府代表国家意志，受人民之托管理国家事务，其受托责任不仅仅局限于当期的预算收支，而应当对整个财务收支情况及财务状况承担受托责任。具体地说，包括国有资产（包括产权及收益权）管理的责任、对内对外债权债务管理的责任等。政府受托管理国有资产，代表国家或地方对外举债，那么，国有资产及政府债权债务方面的价值运动也必须作为政府会计对象。

政府会计对象由预算资金运动扩展为价值运动，可以更好地反映政府管理国家事务活动和履行受托责任的连续性，把预算资金运动的前因后果联系起来，提供连续、全面、系统、完整的财务信息，同时也可以分清各届政府任期内受托责任的履行情况，以及对下届政府造成的财务影响，防止本届政府为表现政绩而大量举债、债务由下届政府偿还的短期化行为。此外，把国有资产产权及收益权的价值运动纳入政府会计，还有利于督促各级政府履行国有资产保值增值的责任，防止国有资产流失。

（三）从预算会计模式扩展为基金会计模式

政府的价值运动，不论是预算资金运动还是其他价值形式的运动，都有其独特的特点。这些特点主要体现在财务来源与运用方面。政府代表国家筹集和运用财务资源，其财务收支活动与企业主体有着本质的区别。政府的财务资源主要来源于纳税人缴纳的税收、向社会公众发行债券筹集的资金及国有资产经营收益等。税收是政府最主要的收入，它是凭借国家的权力无偿地、强制地向纳税人征收的，而不是通过等价交换取得的。从理论上说，缴纳税收不是出于纳税人的意愿，所以，纳税人对税收的征收、税收的用途及使用效果等必然予以关注；同样，政府受人民委托使用和管理国家财务资源，社会公众、立法机构、监督机构以及政府债券投资人等都关注政府的财务收支情况及结果。

所以，政府财务资源管理采用独特的控制程序，它应依据法律、法规的规定，由政府行政机构根据施政方针和国民经济与社会发展计划提出分配方案，由立法机构审议、修改和批准，形成立法预算，政府行政机构依据立法预算对财务资源使用目的、用途的限定安排预算支出。由于财务资源使用目的或用途的限定，这就要求政府行政当局应当按预算限定组织财务活动，即每一项预算限定用途或目的的财务资源都必须专款专用，不得挪作他用。预算限定一般只反映在预算会计中，作为政府执行预算收支的一种管理和控制手段。但是，预算对财务资源的这种限定也应当反映在政府的财务会计中，并通过财务报告向财务信息使用者提供政府依从预算限定情况的财务信息，以提高政府财务活动的透明度。

政府会计中，为了更好地反映预算限定，防止政府财务资源被滥用，更好地贯彻专款专用原则，西方国家政府会计普遍采用的基金会计（Fund Accounting）是一种值得我们借鉴的会计模式。基金通常是指按照特定的法规、限制条件或期限，为从事某种活动或完成某种目的而设置的一组财务资源，它具有目的性、限制性和受托责任广泛性三个特征。政府及政府单位应当以基金作为财务资源管理的基本单位。比如，美国政府准则委员会，向美国州和地方政府推荐采用的基金主要有三类，即政府基金（Government Funds），包括普通基金（General Funds）、特种收入基金（Special Revenue Funds）、资本项目基金（Capital Projects Funds）和偿债基金（Debt Service Funds）；权益基金（Proprietary Funds），包括企业基金（Enterprise Funds）和内部服务基金（Internal Service Funds）；受托基金（Fiduciary Funds），包括信托基金（Trust Funds）和代理基金（Agency Funds）。政府各基金之间有明显的界限，任何基金都是一个与其他基金分开并相互独立的会计与财务报告主体，它们各自都有相应的资产、负债、收入、支出或费用以及基金余额或其他权益，并通过一套自求平衡的账户与报告体系记录和报告政府特定活动及财务资源来源、运用情况和结果。为此，基金间交易及有关款项的垫付、往来等事项都必须分别在相关基金主体中作出完整的记录和报告。

采用基金会计模式可以更好地贯彻专款专用原则，使各种具有专门用途的预算资金的界限更加清楚，便于加强政府财务资源管理。笔者认为，我国政府会计可以根据复式预算的要求和政府承担的财务受托责任情况，从加强财务资源管理和规范政府财务行为的需要出发，建立具有中国特色的政府基金。其实，我国早在 1986 年就对基础性研究设立了国家自然科学基金，随后又设立了社会科学基金，并将基金制拨款和基金管理模式推广到其他领域。将政府预算分为一般预算资金、政府性基金和专用基金等，就是实行基金管理的一个范例，但这些基金分类不够细化，也不够规范，还需要按照公共财政和复式预算要求设立相应的基金。此外，还应当建立类似的权益基金和受托基金。建立权益基金的必要性可以从两方面考察。第一，我国拥有庞大的国有资产，分布在各级政府及政府的各个部门和单位，这些国有资产由于长期以来没有建立正式的会计核算体系，不仅家底不清，而且由于社会主义市场经济法规尚不健全，缺乏应有的监督管理机制，造成国有资产产权和收益权的大量流失。为防止国有资产的进一步流失，政府会计应当建立国有资产核算和监督体系，使国有资产产权和收益权的变动情况纳入政府会计视野。为此，各级政府应当设置国有资产基金，政府会计应当建立国有资产基金会计，比照企业对外投资的权益法会计，核算各级政府代行国家职能管理的国有资产权益及收益权，借以考核国有资产保值增值情况。第二，随着我国财政预算管理体制改革的逐步深入，为加强财政支出管理，提高财政资金使用效果，许多省市都采取政府采购的做法。随着政府采购面的不断扩大，资金流量的不断增加，建立类似于内部服务基金的采购基金，以采购基金为主体，进行会计核算和报告，以加强政府采购资金管理也迫在眉睫。

在社会保障制度比较健全的西方国家，政府最主要的受托基金是养老金信托基金，它以政府或政府单位为受托人，接受其他政府或政府单位的委托，按照选定的养老金方案，对公务员的养老金基金资产进行运作和管理。我国社会保障体系正在建立和完善之中，除政府公务员外，其他系列人员的各项社会保障体系也将不断完善，并建立相应的社会保障基金。这些基金由政府管理和运作，承担相应的受托责任，也必须作为政府会计的对象加以核算和报告。

（四）从现金收付制扩展为修正的现金收付制再到权责发生制

政府会计不同于预算会计，其涉及的会计事项要比预算收支复杂得多，为了真实反映政府的财务活动情况及财务状况，提供具有一定质量要求的财务信息，使信息使用者更客观公正地分析、评价政府受托责任，特别是财务受托责任的履行情况，会计确认基础也应当予以改进。笔者认为，我国政府会计最好先采用修正的现金制，在条件成熟时再逐步向修正的权责发生制会计过渡。比如，税收收入中，对那些具有可靠确认基础和收到可能性极大的项目如财产税等，可以在预计当期或毗邻期间收到并用于安排在当期或随后期间支出时确认；政府运营支出中，对日常运营性物资消耗应当按永续盘存制采用实耗法（而不是按定期盘存制采用购买法）确认当期支出，对涉及多个会计期间的大宗服务消耗也应当采用跨期摊配的会计程序，在相关期间确认为支出；对于财政体制结算、税收返还、补助款项收支，应当按照权责关系在应归属的会计期间确认。

（五）从预算执行情况报告扩展为财务报告

财务报告是报告主体对一定会计期间财务活动乃至整个主体各项活动进行系统、全面的总结和报告，典型的财务报告为年度财务报告。年度财务报告应当报告主体在会计年度内财务收支活动情况和结果、会计年末财务状况以及会计年度的财务状况变动情况，并对所有各项影响财务收支情况和财务状况的事项、影响程度情况做出说明、解释。年度财务报告应当经权威的鉴证机构审计核定后，才能向报告使用者公布。这样，财务报告使用者才能据以分析、评价报告主体管理当局的财务业绩和财务受托责任履行情况，并做出相关的决策。企业财务报告如此，政府财务报告也应当如此。

可以这么说，我国各级政府至今还没有编制过一份全面、完整的政府财务报告。虽然各级政府行政长官、主管财政和计划的官员在每年召开人大代表、政协委员会议期间都分别作了政府工作报告、预算执行情况报告和国民经济与社会发展计划执行情况报告。但这些报告除了预算执行情况报告反映年度预算收支情况及结果外，并没有提供更多的财务信息，特别是关于政府财务状况的信息，其他报告即使提供了财务方面的信息，也由于它们涉及的内容、报告的重点不在于反映政府的财务状况，对于那些不具备财务专门知识的读者来说，也很难将这些报告与政府的财务活动和财务状况联系起来。

除了提供预算执行情况的信息外，政府财务报告还应当着重提供以下几个反映政府受托责任方面的信息：一是依从预算情况的信息，即政府是否按照《预算法》规定和建立公共财政的要求，将财政资金用于预算限定的用途或目的，这是公共财政资金管理的起码要求。二是国有资产方面的财务信息，特别是国有资产产权构成及收益权情况、国有资产保值增值情况的信息。因为国有经济是我国国民经济的基础，它直接体现我国国民经济的结构和经济发展方向，国有资产能否保值增值反映了各级政府当局履行国有资产管理的受托责任。三是政府采购基金的财务信息，随着财政管理体制改革的深入，政府采购、国库集中支付制度的进一步实施，政府采购基金将成为政府财务活动的一个重要内容。四是以政府或政府部门作为受托人受托管理的社会保障基金方面的财务信息，这是关系到千家万户的生活保障和社会稳定的问题，随着我国社会保障体系的不断完善，社会保障基金将成为政府最大的基金之一，该基金相关资产的投资及收益、社会保障支出情况的信息也是政府财务报告应提供的重要信息。

第二章 DIERZHANG

财政总会计资产负债的核算

学习目标

通过本章的学习，需要理解并掌握以下问题：

□ 什么是财政总预算会计

□ 熟悉财政总预算会计的会计科目

□ 熟悉财政总预算会计的资产和负债的核算内容

□ 对财政总预算会计中与资产、负债相关的各类交易，通过软件来进行完整的会计流程的处理，包括：录入交易、生成记账凭证；交叉审核记账凭证；并对审核后的凭证进行记账。

第一节 财政总预算会计概述

一、财政总预算会计的概念

财政总预算会计（简称财政总会计或总预算会计），是各级政府的财政部门核算、反映和监督本级政府预算执行和各项财政资金活动的专业会计。

我国的预算法规定，中央和地方各级政府的财政部门具体编制本级预、决算草案，并组织本级总预算的执行。这样便在法律上明确了财政部门在政府这一宏观经济组织运作中的地位和作用。我国实行一级政府一级预算，设立中央，省、自治区、直辖市，设区的市、自治州，县、自治县、不设区的市、市辖区，乡、民族乡、镇五级预算。各级政府预算的会计核算职能都由相应的财政部门担当，因此，财政总预算会计也相应地分为中央、省、市、县、乡五级。

根据我国现行《财政总预算会计制度》第四条，财政总会计的主要职责是进行会计核算，反映预算执行，实行会计监督，参与预算管理，合理调度资金。基本任务具体如下：

第一，处理总预算会计的日常核算事务。办理财政各项收支、资金调拨及往来款项的会计核算工作；及时组织年度政府决算、行政事业单位决算的编审和汇总工作，进行上下级财政之间的年终结算工作。

第二，调度财政资金。根据财政收支的特点，妥善解决财政资金库存和用款单位需求的矛盾，在保证按计划及时供应资金的基础上，合理调度资金，提高资金使用效益。

第三，实行会计监督，参与预算管理。通过会计核算和反映，提出预算执行情况分析，并对总预算、部门预算和单位预算的执行实施会计监督。

第四，组织和指导本行政区域预算会计工作。省、自治区、直辖市（含计划单列城市）总预算会计在与本制度不相违背的前提下，负责制定或审定本行政区域预算会计有关具体核算办法的补充规定；组织预算会计人员的培训活动；组织检查、辅导本单位会计和下级总预算会计工作，不断提高政策、业务水平。

第五，做好预算会计的事务管理工作。负责预算会计的基础工作管理，参与预算会计人员专业技术资格考试、评定及核发会计证工作。

二、财政总预算会计的核算原则、特点与会计科目

（一）核算原则

在财政总预算会计制度中，规定了以下九条核算原则：

1. 客观性原则。《财政总预算会计制度》第十一条规定：“总预算会计核算应当以实际发生的经济业务为依据，如实反映财政收支执行情况和结果。”

2. 相关性原则。《财政总预算会计制度》第十二条规定：“总预算会计信息，应当符合预算法的要求，适应国家宏观经济管理和上级财政部门及本级政府对财政管理的需要。”

3. 可比性原则。《财政总预算会计制度》第十三条规定：“总预算会计核算应当按照规定的会计处理方法进行。”

4. 完整性原则（相对完整性）。完整性原则是总会计特有的核算原则。《财政总预算会计制度》第十四条规定：“财政部门管理的各项财政资金（包括一般预算资金、纳入预算管理的政府性基金、专用基金、财政周转金等），都应当纳入总预算会计核算管理。”

5. 一贯性原则。《财政总预算会计制度》第十五条规定：“总预算会计处理方法前后各期应当一致，不得随意变更。如确有必要变更，应将变更的情况、原因和对会计报表的影响在预算执行报告中说明。”

6. 及时性原则。《财政总预算会计制度》第十六条规定：“总预算会计核算，应当及时进行，做到日清月结。”对会计信息进行及时处理，才能充分发挥会计的监督作用。

7. 明晰性原则。《财政总预算会计制度》第十七条规定：“总预算会计记录和会计报表应当清晰明了，便于理解；对于重要的经济业务，应当单独反映。”

8. 以收付实现制为会计基础。《财政总预算会计制度》第十八条规定：“总预算会计核算以收付实现制为基础。”

9. 限制性原则。《财政总预算会计制度》第十九条规定：“凡是有指定用途的资金，必须按规定用途使用。”

（二）财政总预算会计的核算特点

总的来讲，我国现行的《财政总预算会计制度》具有以下核算特点：

1. 财政总预算会计是资金会计。财政总预算会计不是以核算整个主体的经营为目的，而是以核算某一特定领域的资金为目的。因此，财政总预算会计是只核算财政资金的收支和结余的专业会计。

2. 财政总预算会计的核算对象是财政资金，并没有核算全部政府资产和权益。例如，财政总预算会计没有设长期资产类科目，如固定资产、递延资产等账户。

3. 财政总预算会计在支出的确认上具有“以拨代支”的特点。通常企业财务会计中支出的确认是以“耗用”为标准，即当某些资料或资金被实际耗用掉时，才记为支出。但财政总预算会计却不同，它将拨付给单位的资金拨款直接记为“支出”。我国采用这一假定是因为，对财政已经拨付给预算单位的钱，从时间上来看，它们最终必然会转化为支出，即使暂时单位存在结余，也仅仅是“时间上的差异”。

（三）会计科目

财政总预算会计的会计科目，是对财政总预算会计的会计要素按照不同的业务内容所作的进一步分类。它是设置会计账户、进行账务处理的依据。根据我国现行的《财政总预算会计制度》，其会计科目由资产类、负债类、净资产类、收入类、支出类等五大类会计科目构成。各具体总账科目名称及编号见表2－1。

表2－1　财政总会计的会计科目

类别	序号	科目编号	科目名称	类别	序号	科目编号	科目名称
一、资产类	1	101	国库存款	四、收入类	16	401	一般预算收入
	2	102	其他财政存款		17	405	基金预算收入
	3	104	有价证券		18	407	专用基金收入
	4	105	在途款		19	411	补助收入
	5	111	暂付款		20	412	上解收入
	6	112	与下级往来		21	414	调入资金
	7	121	预拨经费				
	8	122	基建拨款				
二、负债类	9	211	暂存款	五、支出类	22	501	一般预算支出
	10	212	与上级往来		23	505	基金预算支出
	11	222	借入款		24	507	专用基金支出
三、净资产	12	301	预算结余		25	511	补助支出
	13	305	基金预算结余		26	512	上解支出
	14	307	专用基金结余		27	514	调出资金
	15	321	预算周转金				

财政总会计除按以上各类会计科目设置总账进行核算外，还应按照规定和核算的需要，对有关总账科目设置明细科目，组织明细核算。

第二节

财政总会计资产的核算

财政总会计所核算的资产，是一级财政掌管或控制的能以货币计量的经济资源，由货币资金和债权两部分组成。货币资金包括财政性存款、有价证券、在途款等；债权包括暂付款项、预拨款项、与下级往来、基建拨款。

一、货币资金的核算

财政总会计的货币资金是各级政府的各项财政性存款以及视同存款保管的资产项目，包括财政性存款、有价证券、在途款等。

（一）财政性存款的管理与核算

1. 财政性存款的内容。财政性存款是财政部门代表政府掌管的财政资金。它包括：

（1）国库存款。它核算各级总预算会计在国库的预算资金存款，包括一般预算资金和基金预算资金的存款两部分。国库存款有严密的管理和支出制度。

（2）其他财政性存款。它核算各级总预算会计未列入“国库存款”科目反映的各项财政性存款，即按规定不宜存入国库（预算外资金），或者必须设置各种专门账户（财政专户）管理的专项资金。包括未设国库的乡（镇）财政在专业银行的各项财政资金存款以及部分由财政部指定存入专业银行的专用基金存款等。各级财政可按规定在商业银行（一般是国有商业银行）设立“其他财政存款”账户，在管理上没有国库规范。

2. 财政性存款的管理原则。根据《财政总预算会计制度》第二十一条规定，财政性存款的支配权属于同级政府财政部门，并由总预算会计负责管理，统一收付。财政总预算会计在管理财政性存款时，应遵循以下原则：

（1）集中资金，统一调度。各种应由财政部门掌管的资金（包括一般预算资金、基金预算资金、专用基金等），都应纳入财政总预算会计的存款账户。根据各项事业进度拨付资金，以保证满足计划内各项正常支出的需要，并且要充分发挥资金效益，用好用活资金。

（2）严格控制存款开户。财政部门的预算资金除财政部有明确规定者外，一律由总预算会计统一在国库或指定的银行开立存款账户，不得在国家规定之外将预算资金或其他财政性资金任意转存其他金融机构。

（3）严格执行预算，按计划支拨。财政总预算会计应根据人民代表大会通过的年度预算和经财政有关职能部门批准的单位季度分月用款计划拨付资金，不得办理超预算、无计划的拨款。对于需要调整的预算，包括追加、追减预算和用途调整等，必须按规定办理手续。

（4）转账结算，不提现金。财政总预算会计的各种支拨凭证，只能用以转账结算，不能提取现金。

（5）在存款余额内支付，不得透支。财政总预算会计只能在国库存款和其他财政存款余额内办理支付。不能透支既是金融管理的常规，也是财政资金的管理原则，能够促使各级财政部门做好季节间的资金调度工作，确保财政收支平衡。

3. 财政性存款的核算。为了核算财政性存款，各级财政总预算会计应设置“国库存款”、“其他财政存款”、“在途款”三个总账科目。

（1）“国库存款”（资产类）账户，用来核算各级财政总预算会计国库存款的增减变化情况。借方，记国库存款的增加数；贷方，记国库存款的减少数。本账户借方余额，反映国库存款的结存数，年终借方余额结转下年。总预算会计收到预算收入时，根据国库报来的预算收入日报表入账；办理库款支付时，根据支付凭证回单入账。

“国库存款”可按照一般预算和基金预算存款设置明细账，进行明细核算。有外币收支业务的总预算会计应按外币的种类设置外币存款明细账。

当总预算会计发生外币收支业务时，应根据当日中国人民银行公布的人民币外汇汇率折合为人民币记账，并登记外国货币的金额和折合率。年度终了，应将外币账户余额按期末国家银行颁布的人民币外汇汇率折合为人民币，作为外币账户期末人民币余额。调整后的各种外币账户人民币余额与原账面余额的差额，作为汇兑损益列入有关支出科目（一般预算支出中的经费支出）。

（2）“其他财政存款”（资产类）账户，用来核算各级总预算会计未列入“国库存款”账户反映的各项财政性存款。借方，记存款增加数；贷方，记存款减少数。借方余额，反映存款的实际结存数，其年终借方余额结转下年。

为便于分类管理，“其他财政存款”总账账户下应按交存地点和资金性质分设明细账。

（3）“在途款”（资产类）账户。在途款是一种在途未达款项，由于库款报解需要一定时间，为了核算决算清理期和库款报解整理期①内发生的上下年度之间属于上年度未达款项的收入、支出业务时，设立此过渡账户。

在途款科目只在年度交接中发生。决算清理期内收到属于上年度收入时，借记本账户，贷记上年度“一般预算收入”或“补助收入”或“上解收入”等收入账户；同时在新年度账上贷记“在途款”。收回属于上年度拨款或支出时，借记本账户，贷记“预拨经费”或“一般预算支出”等账户，同时在新年度账上贷记“在途款”。

现将财政性存款的核算方法，举例说明如下：

【例2－1】 东昌市②财政局，收到国库报来的“预算收入日报表”，列明当日收到一般预算收入81 000元，基金预算收入6万元。根据有关凭证，填制记账凭证，编制会计分录如下：

---

① 年度终了后，按照国库制度的规定，支库应设置10天的“库款报解整理期”。如财政部决定设置决算清理期时，则“库款报解整理期”相应顺延，即“库款报解整理期”必须在规定的“决算清理期”结束后才开始进行。

② 东昌市位于中国东部某省，是一个下辖昌北和昌南两个县的地级市。后面的行政事业单位会计业务我们将以东昌市卫生局及其下属的行政事业单位的核算业务为例。

借：国库存款　　141 000
　　贷：一般预算收入　　81 000
　　　　基金预算收入　　60 000

【例2－2】 东昌市财政局，收到上级财政部门拨入补助的粮食风险基金①7万元。根据有关凭证，填制记账凭证，编制会计分录如下：

借：其他财政存款　　70 000
　　贷：专用基金收入　　70 000

【例2－3】 东昌市财政局按计划拨给下级财政调度款200万元，收到国库“预算拨款凭证”回单后，填制记账凭证，编制会计分录如下：

借：一般预算支出——调度款——××县　　2 000 000
　　贷：国库存款　　2 000 000

【例2－4】 东昌市财政局整理期内收到属于上年度的预算收入20万元，基金预算收入10万元。编制会计分录如下：

（1）在上年度账上：

借：在途款　　300 000
　　贷：一般预算收入　　200 000
　　　　基金预算收入　　100 000

（2）在新年度账上：

借：国库存款　　300 000
　　贷：在途款　　300 000

【例2－5】 东昌市财政局在整理期内收回上年度已拨的预算支出20万元。编制会计分录如下：

（1）在上年度账上：

借：在途款　　200 000
　　贷：一般预算支出　　200 000

（2）在新年度账上：

借：国库存款　　200 000
　　贷：在途款　　200 000

（二）有价证券的管理与核算

根据我国《财政总预算会计制度》的规定，财政总预算会计核算的有价证券，不是一般意义上的有价证券，而是专指“中央财政以信用方式发行的国家公债”。

1. 有价证券管理。财政总会计对有价证券的管理应遵循下列规定：

（1）各级财政只能用各项财政结余资金（包括一般预算结余和基金预算结余）购买国家指定由地方各级政府购买的有价证券。

① 专用基金通常称为“专款”，是根据委托—代理原则，实行专款专用、通过“财政专户”独立核算的基金。如“粮食风险基金”，为全国统一的专用基金，通过设在农发行的财政专户核算。部分省市还有“农业发展基金”、“水资源建设专项基金”等。

（2）有价证券应按取得时实际支付的价款记账，支付购买有价证券的资金不能列作支出。购入有价证券（含债券收款单）应视同货币资金妥善保管。

（3）当期有价证券兑付的利息及转让有价证券取得的收入与账面成本的差额（投资损益），应记入当期收入。原来用预算结余购买的，作一般预算收入入账；原来用基金预算结余购买的，作基金预算收入入账。

2. 有价证券的核算。各级财政总预算会计，为核算本级政府的有价证券，应设置“有价证券”总账账户。“有价证券”（资产类）账户，用来核算各级政府按国家统一规定用各项财政结余购买的有价证券的库存数。借方，记购入有价证券增加数；贷方，记兑付到期有价证券本金数。利息收入通过有关收入账户核算。本账户借方余额反映有价证券的实际库存数。“有价证券”应按有价证券的种类和资金性质设置明细账。

现将有价证券的核算方法，举例说明如下：

【例 2－6】 东昌市财政局用一般预算结余和基金预算结余各 15 万元购买有价证券。根据有关凭证，填制记账凭证，编制会计分录如下：

借：有价证券——一般预算结余购入	150 000	
——基金预算结余购入	150 000	
贷：国库存款		300 000

【例 2－7】 东昌市财政局兑换以前年度用预算结余购买的国库券 57 000 元，取得本金 6 万元[①]，利息收入 24 000 元[②]；兑换用基金结余购买的国库券 38 000 元，取得本金 4 万元，利息收入 16 000 元。根据有关凭证，填制记账凭证，编制会计分录如下：

借：国库存款	140 000	
贷：有价证券——一般预算结余购入		57 000
——基金预算结余购入		38 000
一般预算收入		27 000
基金预算收入		18 000

【例 2－8】 东昌市财政局转让例 2－6 中用一般预算结余购买的 15 万元国库券，按照公允市价回收投资款 16 万元。根据有关凭证，填制记账凭证，编制会计分录如下：

借：国库存款	160 000	
贷：有价证券——一般预算结余购入		150 000
一般预算收入		10 000

【例 2－9】 东昌市财政局兑换以前年度用预算结余购买的 3 年期 7% 国债 101 000 元（初始购价为 101.0 元），取得本金 10 万元，利息收入 7 000 元。根据有关凭证，填制记账凭证，编制会计分录如下：

借：国库存款	107 000	
贷：有价证券——一般预算结余购入		101 000
一般预算收入		6 000

① 折价 5% 发行。

② 对利息的处理体现出现金收付制的会计基础。

二、财政总预算会计债权的核算

（一）暂付及应收款项的核算

暂付及应收款项是指在预算执行过程中，上下级财政结算形成的债权以及对用款单位借垫款形成的债权，包括暂付款和与下级往来两个项目。

1. 暂付款的核算。“暂付款”是指财政部门与行政事业单位之间的临时性结算事项。各级财政部门在预算执行中，与各预算单位之间，由于某些特殊原因，也会发生临时性资金往来结算业务。如临时借给行政事业主管部门的紧急事项用款等。这些临时借出的款项可通过两个渠道核销：一是在事后被及时清理收回；二是转列支出或转列为对该单位的追加预算拨款。暂付款在没有收回或转为支出以前，政府的财政总会计拥有债权。

“暂付款”（资产类）账户，用来核算各级财政部门借给所属预算单位或其他单位的临时急需的款项。借方，记借出数；贷方，记收回数或转作支出数。本账户借方余额，反映尚未结清的暂付款项。暂付款应及时清理，不能长期挂在账上。年终，原则上应结清无余额。“暂付款”可按资金性质及借款单位名称设置明细账。

2. 与下级往来。“与下级往来”专门用于核算上下级财政之间的尚未结算、暂挂“往来”的款项。主要有两种情况：

第一种情况是调度款往来，即经常性资金往来。即各级财政部门在预算执行中，（1）由于财政资金的周转调度的需要，如下级财政因资金调度困难而向上级财政借款周转和归还借款；以及（2）补助、上解结算等事项经常会形成债权或债务。年终，根据我国的财政体制、上下级财政之间的解补事项，有些需按文件确认，有些需年终结算时一并确认，因而通常不能逐笔现金结算。为保证下级财政的运行，通常先按大致数拨给下级财政，结算时，清理上级财政应补未补或下级财政应上解未解等事项，多退少补。这种往来结算的特点，既可能是上级财政欠下级财政款，也可能是下级财政欠上级财政款。但在一般情况下，多数表现为下级财政对上级财政的欠款，即“与下级往来”多表现为上级财政的债权，形成“与下级往来——调度款”。

第二种情况是“与下级往来——预抵税收返还款”。在分税制下，为保证下级财政的运行，下级财政可以以“预抵”的形式直接从应上交上级财政的库存款中预留（税收返还款在年终结算时进行确认），因此也多数表现为下级财政对上级财政的欠款。

“与下级往来”（资产类）账户，用来核算与下级财政往来待结算款项。借方记借给下级财政款或体制结算中应由下级财政归还的款数；贷方记借款收回、转作补助支出或体制结算应补助下级财政款数。平时，本账户借方余额，反映下级财政应归还本级财政的款项。本账户应及时清理结算，应转作补助支出的部分，并在当年结清；其他年终未能结清的余额，结转下年。“与下级往来”账户，可按资金性质和下级财政部门名称设置明细账。”

本账户一般是借方余额，但在特殊情况下，如果出现贷方余额，则为本级财政欠下级财政的款项。在编制“资产负债表”时应以负数（红字）反映。

现将财政往来款项的核算方法，举例说明如下：

【例2-10】 经批准，东昌市财政局借给市民政局自然灾害救灾款项20万元。根据有关凭证，填制记账凭证，编制会计分录如下：

借：暂付款　　200 000

　　贷：国库存款　　200 000

【例 2－11】 东昌市财政局借给昌南县财政调度款 20 万元。根据有关凭证，填制记账凭证，编制会计分录如下：

借：与下级往来——调度款　　200 000

　　贷：国库存款　　200 000

【例 2－12】 东昌市财政局收到昌南县归还的财政调度款 10 万元。另外 10 万元经上级批准转为昌南县的补助收入。根据有关凭证，填制记账凭证，编制会计分录如下：

借：国库存款　　100 000

　　补助支出　　100 000

　　贷：与下级往来——调度款　　200 000

【例 2－13】 东昌市财政局因资金周转困难，向昌北县借款 30 万元。根据有关凭证，填制记账凭证，编制会计分录如下：

借：国库存款　　300 000

　　贷：与下级往来——调度款　　300 000

【例 2－14】 东昌市财政局年终结算，该市对所属昌北县的财政专项补助为 1 100 万元，年终结算补助（包括税收返还补助）为 1 300 万元，尚有未上解款 100 万元。累计已拨付昌北县财政调度款 1 000 万元，预抵税收返还 1 000 万元。根据年终结算单编制会计分录如下：

借：补助支出——专项　　11 000 000

　　　　　　——体制补助　　13 000 000

　　贷：与下级往来——调度款　　11 000 000

　　　　　　　　　——预抵税收返还　　13 000 000

借：与下级往来——调度款　　1 000 000

　　贷：上解收入　　1 000 000

“与下级往来”账户有贷方 300 万元的余额，表明上级财政对下级财政的欠拨数，在资产负债表上要用红字表示。

（二）预拨款项的核算

1. 预拨款项的内容。预拨款项是指按规定预拨给用款单位的待结算资金，包括预拨经费和基建拨款。

预拨经费是由于特殊情况提前拨付给预算用款单位的经费。经费是指用以满足经常性政府支出的费用项目。主要有两种情况：年度预算执行中财政总预算会计预拨的经费，以及会计年度终了前预拨给用款单位的下年度经费。具体来讲，发生预拨经费主要有两种特殊情况：一是交通不便的边远地区，当期汇款不能及时到达，影响单位按时支付，需要上级单位提前在上一个月拨付下一个月的经费；二是上年预拨属于下年预算的经费，如今冬明春水利经费。

预拨经费（不含预拨下年度经费）应在年终前转列支出或清理收回。预拨经费在列为预算支出前属于财政总会计的债权。

基建拨款是指财政部门按基本建设计划预拨给受托经办基本建设支出的专业银行或基本建设财务管理部门的基本建设款项。由总预算会计直接将款项拨付给建设单位的，不在此账户核算（以拨代支）。基建支出是以财政部门的基本建设财务管理部门或经办基本建设支出的专业银行拨付建设单位款数列报支出的，当财政总预算会计预拨给基本建设财务管理部门或经办基本建设支出的专业银行款项时，支出数尚未形成，所以基建拨款亦属于财政总会计的债权。基建拨款应按建设单位银行支出数（限额部分）转列支出。

2. 预拨款项的核算。各级财政总预算会计，为了核算预拨款项，应设置“预拨经费”和“基建拨款”两个总账账户。

“预拨经费”（资产类）账户，用来核算财政部门预拨给行政事业单位，尚未列为预算支出的经费。预拨经费时，借记本账户，贷记“国库存款”账户（未设国库的乡（镇）总预算会计，贷方记“其他财政存款”账户）；转列支出或收到用款单位交回数时，借记“一般预算支出”、“国库存款”等账户，贷记本账户。本账户借方余额反映尚未转列支出或尚待收回的预拨经费。

“基建拨款”（资产类）账户，用来核算拨付给经办基本建设支出的专业银行或拨付基本建设财务管理部门的基本建设拨款和贷款数。借方记拨出款项数；贷方记收到基本建设财务管理部门或委托的专业银行报来的拨付给建设单位数及缴回财政数。本账户借方余额反映尚未列报支出数。年终时，余额缴回财政总会计或转作下年。

现将预拨款项的核算方法，举例说明如下：

【例 2－15】 东昌市财政局预拨给市直属某单位下月经费 50 万元。根据有关凭证，填制记账凭证，编制会计分录如下：

借：预拨经费	500 000	
贷：国库存款		500 000

【例 2－16】 东昌市财政局拨给基建管理部门基本建设款 60 万元。根据有关凭证，填制记账凭证，编制会计分录如下：

借：基建拨款	600 000	
贷：国库存款		600 000

【例 2－17】 东昌市财政局根据核准，将上月预拨给市直属单位的 50 万元转为预算支出。根据有关凭证，填制记账凭证，编制会计分录如下：

借：一般预算支出	500 000	
贷：预拨经费		500 000

【例 2－18】 东昌市财政局收到基建管理部门报来基本建设支出数 50 万元，余款收回。根据有关凭证，填制记账凭证，编制会计分录如下：

借：一般预算支出——基建支出	500 000	
国库存款	100 000	
贷：基建拨款		600 000

【例 2－19】 东昌市财政局对基建项目采用直接管理的方式。该年度用地方教育附加[①]

① 教育费附加是由地方政府安排并组织征收的，收入专门用于弥补地方教育经费不足，属于地方附加税性质。从 1996 年起，地方教育费附加作为地方财政的固定收入，作为“基金预算收入”统一纳入地方财政预算，不再作为预算外资金管理。

拨付给教育局某中学新建项目 50 万元。根据有关凭证，填制记账凭证，编制会计分录如下：

借：基金预算支出——基建支出——某中学新建项目　　500 000

　　贷：国库存款　　500 000

“预拨经费”与“基建拨款”均可采用三栏式或多栏式账簿，按拨款单位名称设置明细账，进行明细核算。

第三节

财政总会计负债的核算

负债是一级财政所承担的能以货币计量、需以资产偿付的债务。包括：（1）收到不明性质的款项以及暂存的需要清理结算的款项；（2）按法定程序及核定的预算举借的国债；（3）因预算资金调度需要向上级借入的调度款和预抵税收返还收入等。财政总预算会计分别设置了“暂存款”、“借入款”、“与上级往来”等三个科目来进行核算。

一、暂存款和与上级往来

“暂存款”账户，用来核算各级财政临时发生的暂存款项，主要指临时发生的应付、暂收和收到不明性质的，需要支付、归还或转账的款项。贷方记收到暂存款数；借方记冲转、退还或转作收入数。本账户贷方余额，反映尚未结清的暂存款数额。年终，原则上应结清，无余额。

“与上级往来”账户，用来核算与上级财政的往来待结算款项，主要是指因预算资金调度需要向上级借入的调度款和预抵税收返还收入等。贷方记从上级财政借入款或体制结算中应上交上级财政款；借方记归还借款、转作补助收入或体制结算中发生上级欠拨款项数。平时，本账户贷方余额，反映本级财政欠上级财政的款项。年终应及时清理结算，未能结清的余额，结转下年度。本账户一般是贷方余额，但在特殊情况下，如果出现借方余额，则为上级财政欠本级财政的款项，在编制“资产负债表”时，应以红字负数反映。

现将应付及暂存款的核算方法，举例说明如下：

【例 2－20】 东昌市财政局收到省财政调度款 50 万元。根据有关凭证，填制记账凭证，编制会计分录如下：

借：国库存款　　500 000

　　贷：与上级往来　　500 000

此项经济业务，省财政总预算会计应作会计分录如下：

借：与下级往来　　500 000

　　贷：国库存款　　500 000

【例 2－21】 东昌市财政局归还借省财政调度款 40 万元。另外 10 万元经上级批准转为补助收入。根据有关凭证，填制记账凭证，编制会计分录如下：

借：与上级往来　　500 000

　　贷：国库存款　　400 000

　　　　补助收入　　100 000

此项经济业务，省财政总预算会计应作会计分录如下：

借：国库存款　　400 000

　　补助支出　　100 000

　　贷：与下级往来　　500 000

【例 2-22】 东昌市财政局年终与上级财政结算，上级财政欠补助款 10 万元。根据有关凭证，填制记账凭证，编制会计分录如下：

借：与上级往来　　100 000

　　贷：补助收入　　100 000

根据此项经济业务，省财政总预算会计应作会计分录如下：

借：补助支出　　100 000

　　贷：与下级往来　　100 000

【例 2-23】 东昌市财政局年终结算，所属昌北县财政尚有未上解款 5 万元。根据有关凭证，填制记账凭证，编制会计分录如下：

借：与下级往来　　50 000

　　贷：上解收入　　50 000

此项经济业务，昌北县财政总会计应作会计分录如下：

借：上解支出　　50 000

　　贷：与上级往来　　50 000

【例 2-24】 东昌市财政局，其他财政存款户收到性质不明款 10 万元。根据有关凭证，填制记账凭证，编制会计分录如下：

借：其他财政存款　　100 000

　　贷：暂存款　　100 000

【例 2-25】 东昌市财政局查明上述性质不明款 10 万元，系上级财政拨给该市的粮食风险基金专项拨款，当即办理转账。根据有关凭证，填制记账凭证，编制会计分录如下：

借：暂存款　　100 000

　　贷：专用基金收入——粮食风险基金　　100 000

上述性质不明款，若查明系应入库的预算收入，应填写“缴款书”，将该款 10 万元从“其他财政存款”户解入“国库存款”，同时与当日各项收入一起，按国库编制的“一般预算收入日报表”数额作收入的会计分录；此外还应冲销“暂存款”，编制会计分录如下：

借：暂存款　　100 000

　　贷：其他财政存款　　100 000

借：国库存款　　100 000

　　贷：一般预算收入——其他收入　　100 000

二、借入款的核算[①]

财政部门的借入款，是指中央预算按法定程序及核定的预算，经全国人民代表大会批准的数额举借的国内和国外债务以及地方预算根据国家法律或国务院特别规定举借的债务。

我国《预算法》第二十八条规定："地方各级预算按照量入为出、收支平衡的原则编制，不列赤字。除法律和国务院另有规定外，地方政府不得发行地方政府债券。"因此，借入款科目现阶段只适用于中央级的财政总预算会计。

"借入款"（负债类）账户，用来核算中央财政按照国家法律、国务院规定向社会以发行债券等方式举借的债务。贷方记发行债券或举借债务款数；借方记到期偿还本金数。本账户贷方余额反映尚未偿还的债务。

现将借入款的核算方法，举例说明如下：

【例 2-26】 财政部按照法律、国务院规定向社会发行 150 亿元国债，逐日按国库实收数入账，某日实收公债 1 100 万元。根据有关凭证，填制记账凭证，编制会计分录如下：

借：国库存款	11 000 000	
贷：借入款——某期国债		11 000 000

【例 2-27】 2002 年财政部到期归还 1997 年的国债本金 500 万元、利息 15 万元时，根据有关凭证，填制记账凭证，编制会计分录如下：

借：借入款	5 000 000	
一般预算支出——其他支出	150 000	
贷：国库存款		5 150 000

"借入款"可按债券种类或债权人设置明细账，进行明细核算。

第四节

实验——财政总预算会计资产与负债的核算

一、实验目的

练习财政总预算会计中资产、负债类科目的会计核算，包括：记账凭证的录入；交叉审核及记账；实验时间需 3～4 学时。

通过本次实验，要求学生们能够：

1. 初步熟悉"账务处理系统"的基本操作及功能；
2. 对总预算会计中与资产、负债相关的各类交易，通过软件来进行完整的会计流程的

① 我国《财政总预算会计制度》中对政府债务的处理是以"负债"来进行的，但在预算编制中，对政府债务的处理是以"债务预算收入和债务预算支出"的方式来进行的，预算和会计的处理方法不同。

处理，包括：录入交易、生成记账凭证；交叉审核记账凭证；并对审核后的凭证进行记账；

3. 掌握对记账凭证的其他日常处理，包括：查询、修改、删除及打印；

4. 通过对总预算会计资产、负债类交易的处理，熟悉并掌握总预算资产、负债类会计科目及辅助核算的相关内容，从而更好地理解财政总预算会计的核算范围及各类业务。

本节实验在性质上属于实务模拟实验。实验结果可使用打印输出的记账凭证列表的形式，以供教师批改和总结。

二、实验准备工作

在安排学生进行会计处理实验之前，首先需要为每个学生建立账套，并进行相关的权限设置。

（一）建立账套

在本软件中，每个学生的会计处理操作练习都需要在以自己的学号（或名字）命名的个人账套中进行。因此，在练习总预算会计之前，教师应为每个学生建立一个账套，并做好包括会计科目、余额、往来单位等内容的所有初始设置。基本操作如下：

1. 以系统管理员身份进入软件的“账套管理”模块，在“账套功能”菜单下选择“新建账套”，即进入“账套设置”界面，如图 2－1 所示，在此可输入关于新账套的基本信息，至少应包括账套号（软件默认为 4 位）、单位名称、行业、负责人、建账日期、财务主管和账套所适用的软件模块。由于财务主管拥有特殊权限，所以这一项最好设置为教师，以便在以后的教学中方便管理。在上述基本信息输入完成后，点击“存入”，那么一个新的空账套就建立了。

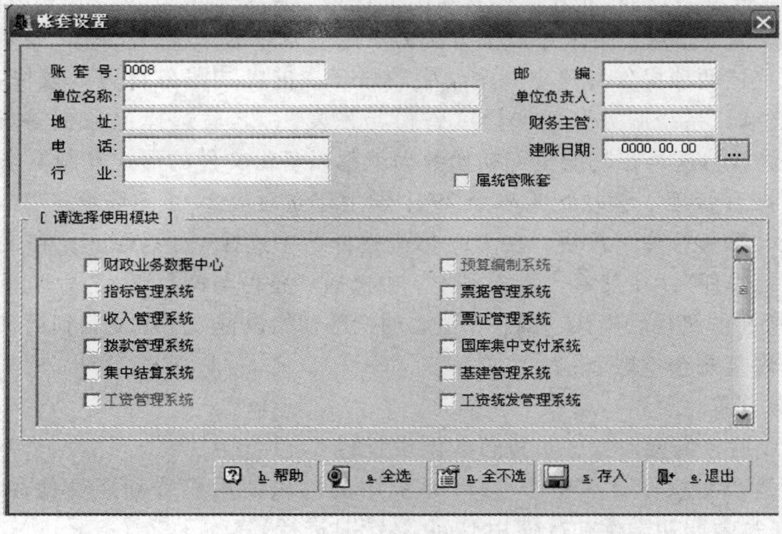

图 2－1 “账套设置”界面

2. 新账套存入后，退出“账套管理”模块，进入“账务管理”模块，如图 2－2 所示。在“9. 账套选择”中选择已建好的空账套，然后在“1. 初始设置”中，逐项进行“基础设置”和“科目及余额设置”，详细操作可参见附录一第二节。此处需要注意的是，会计科目的设置应参考每年最新的政府收支分类科目。在设置会计科目余额时，主要的永久性科目的期初余额不要直接设置为零，如国库存款、有价证券、一般预算结余等，以方便后面会计期间内的会计核算。

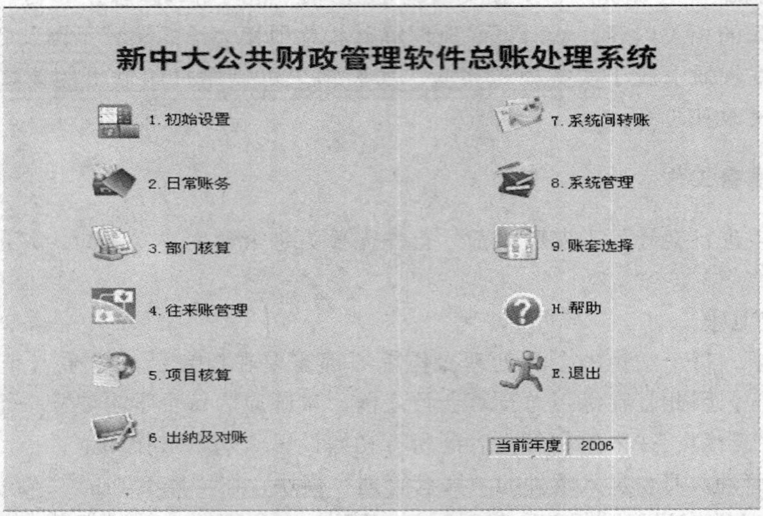

图 2－2 “账务管理”界面

初始设置项目较多且繁琐，但只有在初始设置确认完成后，一个可进行会计处理的账套才完全建成。

如果学生人数较多，如 30 人，那么采用上述逐一建立账套并进行初始设置的方法就会比较耗时。为减少工作量，可采用以下方法为学生建立账套：

（1）重复上述两项操作，建立一个学生的账套。进入“账务管理”模块，选择“8. 系统管理”，在菜单“系统服务”中选择“备份与恢复”，之后选择“数据备份”。输入指定路径和文件名之后，这个账套的全部初始数据就都以备份文件的形式复制下来了。

（2）在“账套管理”模块，为剩余 29 个学生建立对应 29 个空账套。

（3）进入“账务管理”模块，在“9. 账套选择”中选择一个空账套，在“账务管理”界面选择“8. 系统管理”，在菜单“系统服务”中选择“备份与恢复”，之后选择“数据恢复”。输入备份文件所在的路径后确认，第一个账套的全部初始设置数据就复制到第二个账套中。

（4）依次恢复剩余空账套。

（二）权限设置

新账套建成后，需要对操作员进行权限设置：

1. 系统管理员对操作员在整个 Gsoft 系统中的模块使用权限和账套使用权限进行设置（这一步只需在每学期初学生初次使用 Gsoft 系统时进行）：

系统管理员进入系统工作管理平台，见图 2－3，点击“系统功能”下的“权限管理”或“操作员管理”[①] 后，在“操作员列表”（见图 2－4）中增加操作员，设置每个操作员在系统中可使用的模块及账套。

① 在当前版本的软件中为“权限管理”，在最新版本中为“操作员管理”。

注意：在“可用账套”中，每个操作员可使用的账套应有两个：自己的账套和需审核的同学的账套。

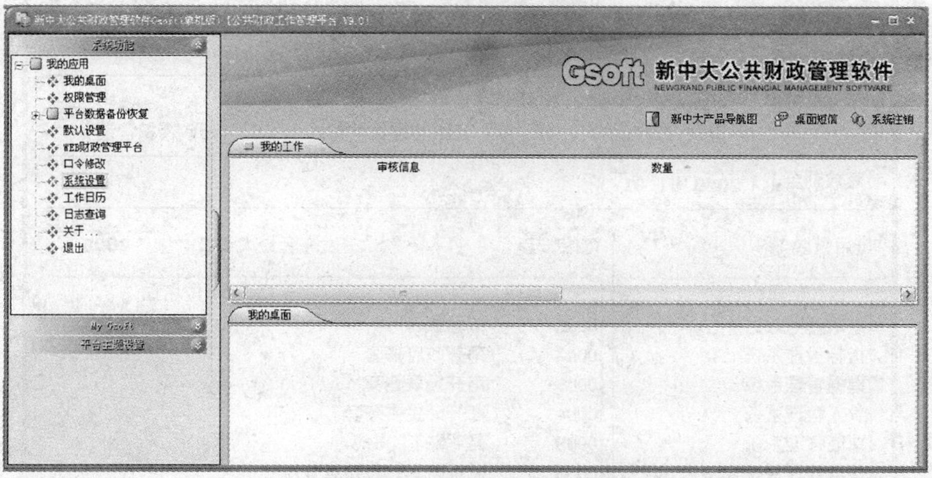

图 2－3　系统工作管理平台

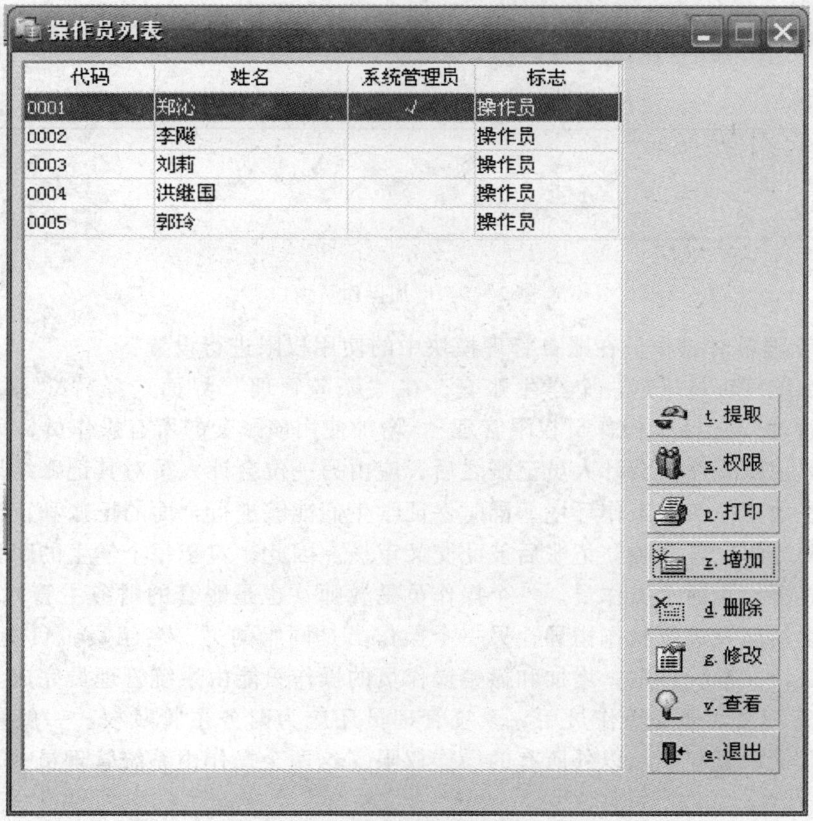

图 2－4　操作员列表

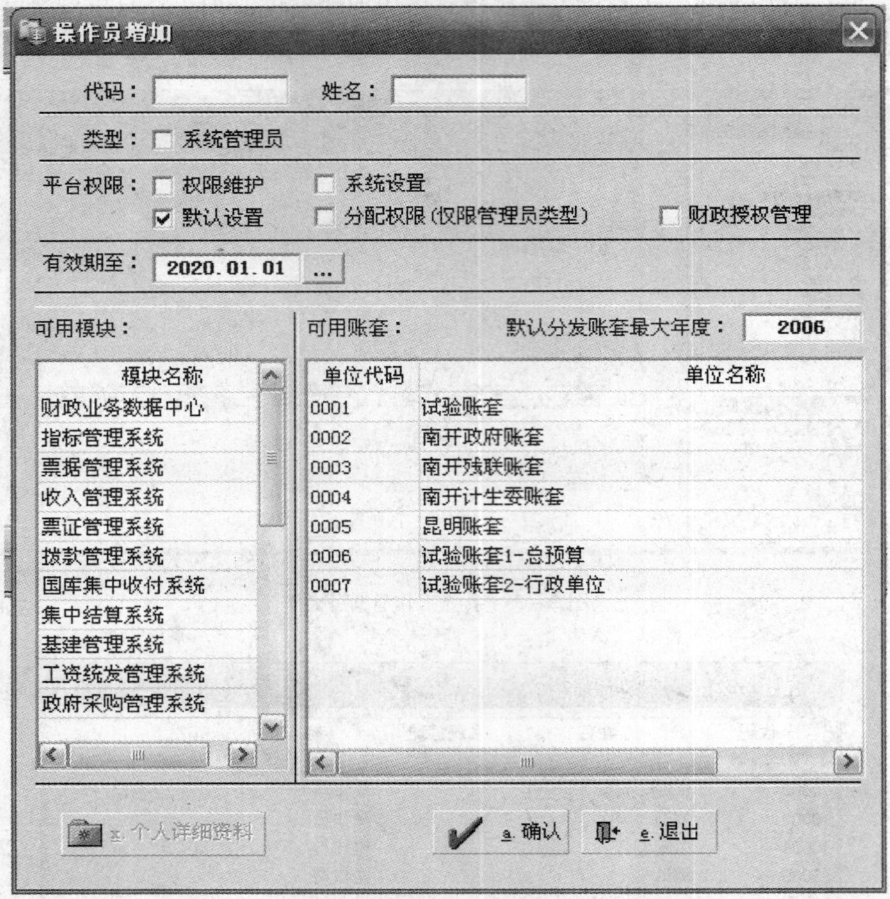

图 2－5　增加操作员窗口

2. 系统管理员对操作员在账务管理模块中的使用权限进行设置：

首先，系统管理员进入一个学生账套，在“账务管理”界面选择“8. 系统管理”，在菜单“权限管理”选择“操作员权限管理”，增加使用该账套的所有操作员，见图 2－6。

按照实际记账程序，会计人员记账之后，应由另一位会计人员对其记账结果进行独立审核。为了更好地模拟实际工作环境，同时保证学生们能够进行全面的记账和审核的训练，可以将学生两两分组，各自独立记账后彼此交叉审核。因此，对于每个学生的账套，应在学生本人以外，再多设置两个操作员。一个操作员是教师（也是账套的财务主管），以方便教师随时查看学生情况及进行操作指导；另一个操作员是同组的另一名组员，负责审核该账套。需要注意的是，在本软件中，增加和撤销操作员的操作只能由系统管理员完成。

3. 系统管理员注册完操作员后，系统管理员还应为财务主管赋权。一般来讲，财务主管应具有除数据修复和年结以外所有的操作权限（这两个操作由系统管理员①完成）。

① 系统管理员不介入财务操作。

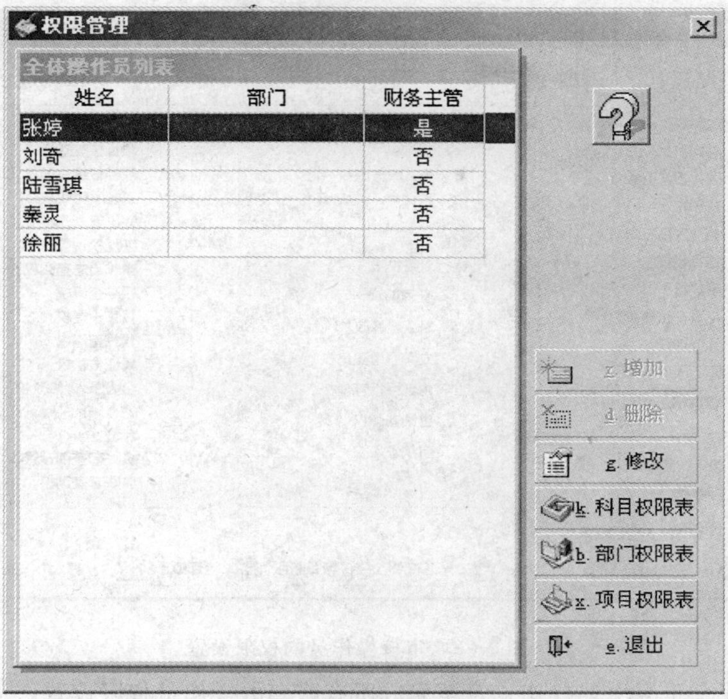

图 2－6　权限管理窗口

4. 继而再由财务主管为普通操作员赋权。一般来讲，在每个账套中，记账员应具有除审核权以外所有的财务操作权限，见图 2－7；而审核员应只具有查询权和审核权，见图 2－8。

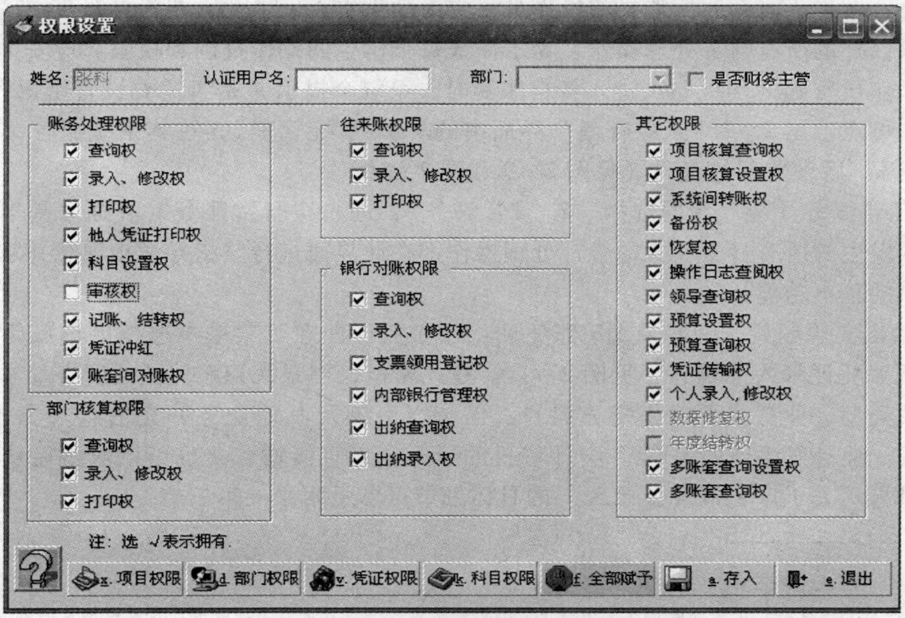

图 2－7　记账操作员的权限设置

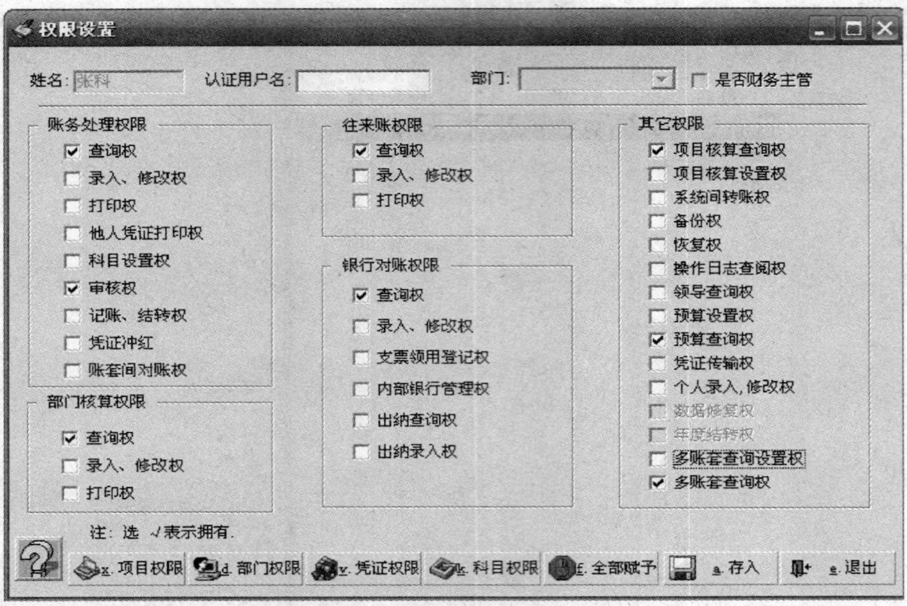

图 2－8　审核操作员的权限设置

5. 对其他账套重复上述操作，直至完成所有账套的操作员权限设置。

三、实验流程

本次实验的基本流程如下：

1. 指导学生进入各自账套：进入“账务管理”界面，在“9. 账套选择”中选择各自账套。注意：在进入账套时所选择的操作员，应为学生本人。由此，在各自账套中，学生可进行除审核以外的所有财务处理操作。为了保证每个学生的操作范围和权限，应安排学生设置自己的操作员密码（学生初次进入各自账套时，系统会提示“是否需要设置密码”。如需修改密码，可点击图 2－2“账务管理”界面中的“8. 系统管理”，在其系统服务菜单中点击“修改密码”后设置新的密码（见图 2－9 和图 2－10）。

2. 在“账务管理”界面选择“2. 日常账务”，进入“日常账务”界面。基本上，对会计期间内发生的所有日常业务的会计处理操作都在此界面进行。指导学生熟悉并掌握本界面所有菜单的基本功能[①]。

3. 给出实验题目，练习录入记账凭证：在“凭证处理”菜单中选择“记账凭证录入”，进入“记账凭证录入”窗口，见图 2－11。在此窗口，可录入记账凭证的所有基本要素：凭证日期及类型、业务摘要、借贷方科目、借贷方余额及其他业务补充信息（如预算科目、指标来源、业务发生部门等[②]）。会计科目的录入，可直接输入，也可以双击后从科目列表中选择录入。关于“记账凭证录入”的具体细节可参见附录一第三节。

---

① 可参见附录一第三节。

② 这些补充信息在“记账凭证录入”窗口下方的辅助核算栏中录入。当某项业务涉及辅助核算内容时，辅助核算功能自动被激活，随之可在“辅助核算”窗口进行相关信息录入，详见附录一第三节。

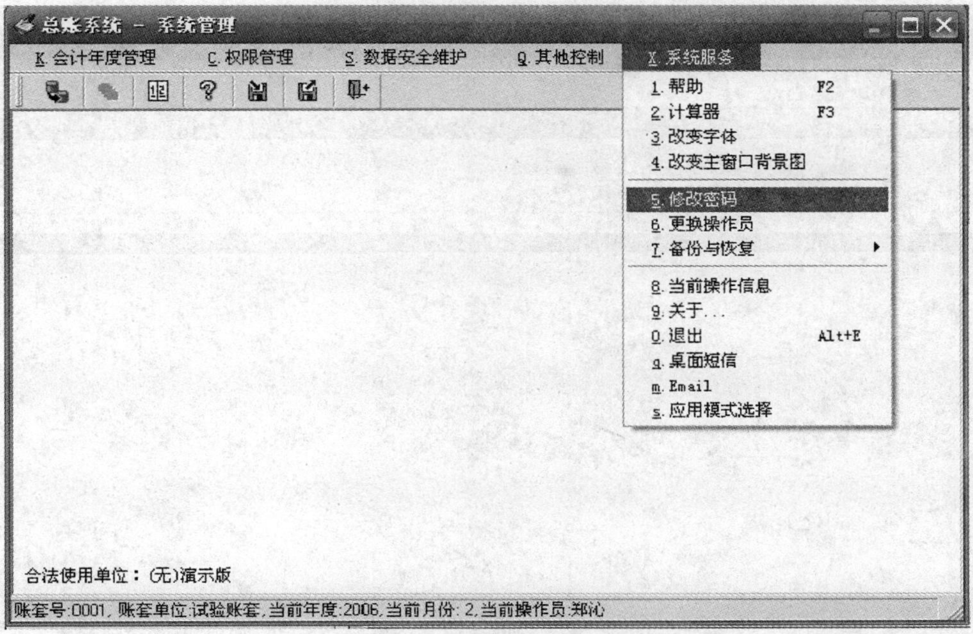

图 2－9　系统服务菜单

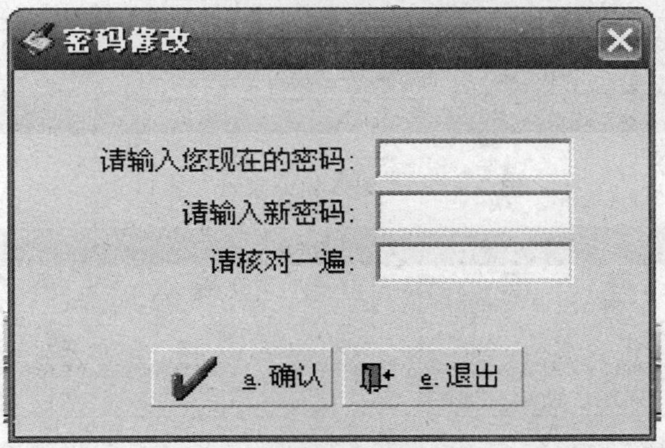

图 2－10　修改密码窗口

4. 完成全部实验题目的记账凭证录入后，退出各自账套。按照事前分组，彼此进入同组另一组员的账套，对其所作的记账凭证进行审核。审核操作过程如下：（1）进入“日常账务”界面，在“凭证处理”菜单中选择“凭证审核”，进入“凭证审核——条件检索”窗口，确认检索范围；（2）在“凭证审核”窗口逐条审核记账凭证，见图 2－12。审核通过后，选择“本张签字”；如审核未通过，则不签字。逐条审核后，退出对方账套。

5. 记账员修改未通过审核的凭证。由于只有凭证通过审核后记账员才能进行记账，所以，对于未通过审核的凭证，记账员要重新进入账套进行凭证修改：（1）进入“日常账务”界面，在“凭证处理”菜单中选择“凭证修改、删除”，进入“凭证修改——条件检索”窗口；（2）在“凭证修改”窗口可逐条修改、删除和冲红记账凭证。操作细节可参见附录一第三节。

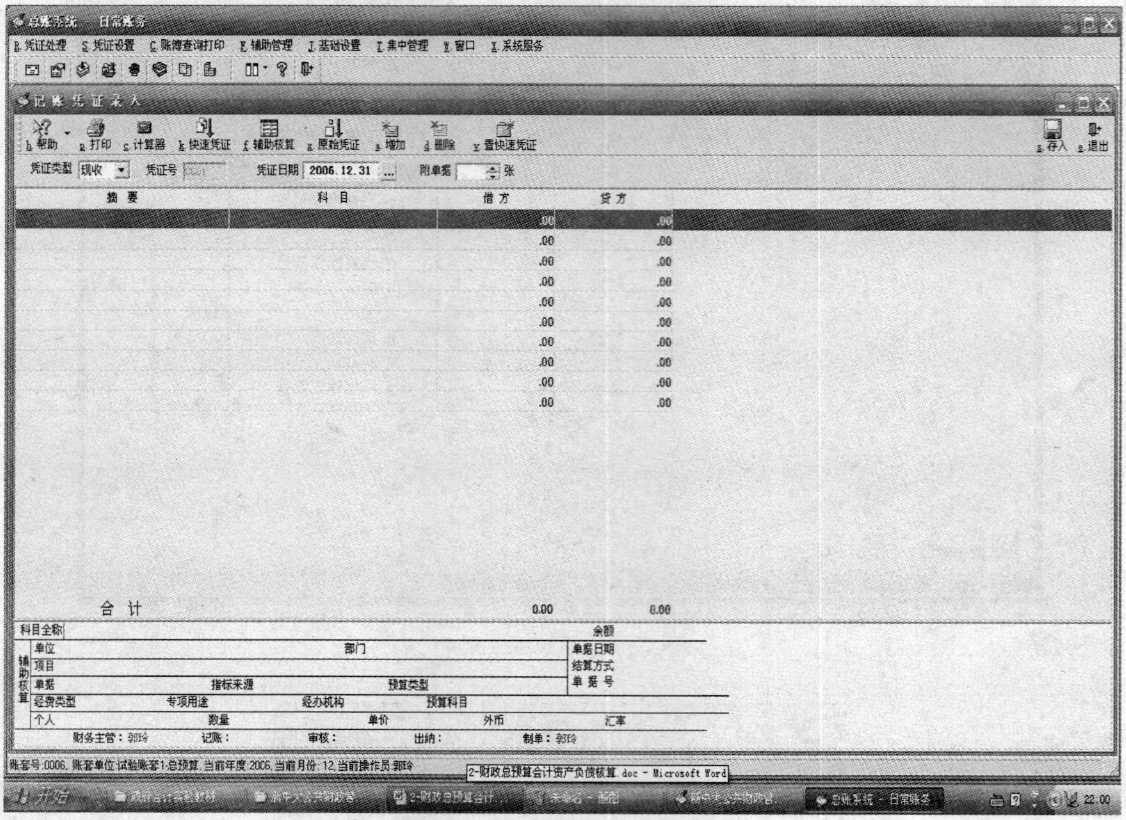

图 2－11 “记账凭证录入”窗口

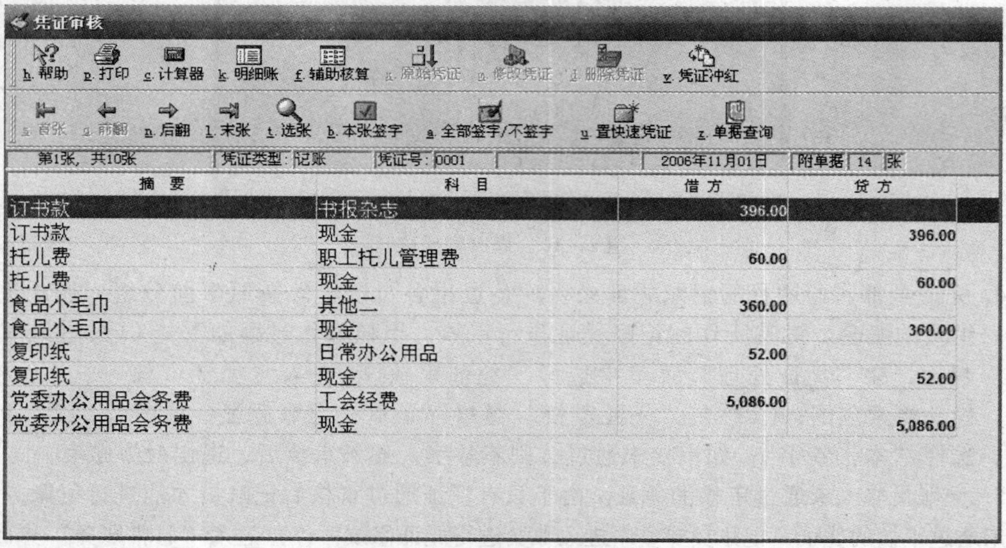

图 2－12 “凭证审核”窗口

6. 重新进行交叉审核，直至全部凭证审核通过。

7. 记账。记账过程是将已通过审核的凭证试算平衡后记入各账簿。每月记账次数没有限制，但经过记账处理后的凭证将不能再被修改①。记账操作如下：在“凭证处理”菜单中选择“记账”，在“记账”窗口进行数据备份后“记账”即可。

8. 练习查询各类账簿（明细账、分类账等），观察记账结果：在“日常账务”界面，在“账簿查询打印”菜单中有多项账簿查询功能，如查询各类明细账、分类账及科目余额等。指导学生们练习各类账簿的查询，一方面可以观察本次实验题目的记账结果，另一方面可以更直观地熟悉各类账簿的基本格式和功能。

9. 打印记账凭证列表②：（1）进入“日常账务”界面，在“凭证处理”菜单中选择“凭证查询、打印”，选择“凭证简单条件查询”，进入“凭证简单条件查询”窗口；（2）在“凭证简单条件查询”窗口设置查询条件，并选择“列表”的显示方式，打印随后的记账凭证列表即可。

四、实验题目

根据某市财政局2006年1月份发生的下列经济业务，录入记账凭证：

1. 1月3日，市财政局预拨给市水利局本年经费40万元。

2. 1月5日，市财政局用一般预算结余8万元，购买该日财政部正在发行的一期记账式国债（7年期，利率招标后，票面利率为2.8%）。

3. 1月5日，借给所属富民县财政局调度款30万元。

4. 1月8日，国库“一般预算收入日报表”列示：收到性质不明的资金20万元。

5. 1月9日，经批准，市财政局借给市公安局款项50万元，用于采购警用设备。

6. 1月11日，由于资金调度出现困难，向省财政厅借得调度款20万元。

7. 1月12日，市财政局拨给市建设局（建设管理处）基本建设款60万元用以装修市档案馆。

8. 1月15日，市财政局在二级市场上以104.3元的价格（全价，包含应计利息）出售了2005年按平价发行的总计4万元的国债。

五、实验注意事项

在实验过程中，有以下问题需要注意：

1. 在本次课程结束时，可能有同学没能完成既定的实验任务，那么在下课前，为了确保数据不会意外丢失，应指导学生们对各自账套进行备份（备份到各自的移动硬盘或优盘）。数据备份可以起到两个作用，一是防止实验室硬盘损坏而导致电子账簿数据丢失；二是在以后的实验过程中，如发现实验操作产生了无法修改的错误，那么可以将账本数据恢复到以前某一天备份的状态。

2. 教师也应对所有账套进行定期备份。数据备份的操作如下：在菜单“系统服务”中

---

① 系统管理员进行“反记账数据修复”后，记账后的凭证也可再被修改。

② 在未学习到财务报表之前，实验结果的考察可采用打印输出的记账凭证列表的形式。

选择“备份与恢复”，之后选择“数据备份”，并输入指定路径和文件名。

3. 在练习财政总预算会计中的“与上级往来”和“与下级往来”两个科目的核算时，可能会在实验中遇到“与上级往来”账户出现借方余额、“与下级往来”账户出现贷方余额的情况。根据我国财政总预算会计制度的规定，上述情况应分别以负数（红字）贷记“与上级往来”、借记“与下级往来”。但在使用本软件进行会计处理时，遇到上述情况系统设定为直接以正数借记“与上级往来”和贷记“与下级往来”。

第三章 DISANZHANG

财政总预算会计收入支出的核算

学习目标

通过本章的学习，需要理解并掌握以下问题：

- ☐ 熟悉政府财政收入和支出的概念和类别
- ☐ 熟悉财政总预算会计收入和支出的核算内容和会计科目
- ☐ 对财政总预算会计中与收入、支出相关的各类交易，通过软件来进行完整的会计流程的处理，包括：录入交易、生成记账凭证，交叉审核记账凭证，并对审核后的凭证进行记账

第一节　财政总预算会计收入的核算

财政部门是各级政府的总会计，政府收入的表现形式就是财政总预算会计的收入，因此，财政总预算会计的收入即我们通常所称的财政收入。《财政总预算会计制度》第三十七条指出："财政收入是国家为实现其职能，根据法令和法规所取得的非偿还性资金，是一级财政的资金来源"。财政总会计的收入包括一般预算收入、基金预算收入、专用基金收入①、资金调拨收入（补助收入、上解收入和调入资金）等内容。

① 从实践上看，专用基金的概念正逐步取消，这部分资金的会计核算并入了相关会计科目（一般预算、基金预算）的核算中。

一、一般预算收入的核算

（一）一般预算收入的内容

一般预算收入是通过一定的形式和程序，有计划组织的由国家支配、纳入预算管理的资金，也就是1997年以前所称的“预算收入”。由于一部分原属预算外的收入被纳入预算管理，而这些“新”纳入预算的资金又需要保持其专用性，不能与原来的预算收入统一分配，因而从1997年起，国家预算收支科目分成两个部分：把纳入预算管理的13项数额较大的政府性基金收支及原属预算外的地方财政税费附加收支作为基金预算收支。于是，原来的预算收支就改称为一般预算收支了。因此，一般预算收入是指不指定专门用途，可用于政府任何公共服务上的那些具有非偿还性特点的资金，即狭义的财政收入。而基金预算收入是指规定专门用途的、且收支挂钩的那部分预算收入，这也体现了预算收支范围的拓宽和结构的变化。但财政收支，尤其是一般预算资金账户收支平衡与否，仍是财政收支平衡的标志。

《财政总预算会计制度》第三十八条规定：“预算收入项目的具体划分和内容，按《国家预算收入科目》办理。”2007年，我国政府对收支科目进行了重要改革，此次收支科目改革对《财政总预算会计制度》的调整主要集中在收入、支出、结余三类会计科目上。截至目前，由于此次改革并未改变现行财政预算管理方式，因此从适应政府收支分类改革和满足财政预算管理需求两方面综合考虑，不改变现行《财政总预算会计制度》中一级会计科目的设置，只要求收入、支出、结余三类会计科目中部分明细账户的设置要参考最新的收支分类科目。

根据我国《2007年政府收支分类科目》，一般预算收入按政府收入的来源和性质进行分类，其明细核算可参考《政府收支分类科目》附录中“收入分类科目”下所列的“一般预算收入”的“类”、“款”、“项”、“目”，逐级设置相应的明细账。需要注意的是，在设置明细账时，不能完全按照“收入分类科目”设置，应根据会计科目的实际核算内容从“收入分类科目”中抽取有关科目设置明细账①。

（二）一般预算收入的核算

各级财政总预算会计对各项预算收入的核算，必须根据国库入库的原始凭证和一般预算收入日报表办理。各级总预算会计对同级国库每天报来的“一般预算收入日报表”和所附的“缴款书”等原始凭证应当认真审核（见表3－1），经审核无误后，据以填制记账凭证，登记总账和明细账。

各级财政总预算会计，为了核算一般预算收入，应设置“一般预算收入”（收入类）总账账户，用来核算各级财政部门组织的纳入预算的各项收入。贷方记国库报来的一般预算收入日报表所列当日预算收入数；收入退付时，以红字记入贷方（采用计算机记账的，用负数反映）②。平时，本账户贷方余额，反映一般预算收入累计数。年终转账时，将本账户贷方余额全数转入“一般预算结余”账户的贷方后，本账户无余额。

未设国库的乡（镇）总预算会计根据征收机关（如税务所）报来的一般预算收入日报

① 详细的收入分类可参见Gsoft软件总账处理系统模块初始设置中的科目设置部分。

② 在本教学软件中，以“直接借记减少”的方式记账。

表3-1　　　　一般预算收入日报表举例

一般预算收入日报表

级次：市级　　　　2006年　月　日

科目编号	科目名称	本日收入	本年累计
	一般增值税	41 714.40	8 083 605.61
	一般营业税	550 000.00	8 829 773.48
	个人所得税	418 244.17	558 267.17
	城市维护建设税	895 444.33	6 364 056.75
	车船使用税	36 678.20	212 640.48
	房产税	497 168.96	2 082 948.95
	印花税	15 518.60	311 772.60
	地方税滞纳金罚款收入		9 882.09
	一般产品退增值税	-9 268.50	-386 626.75
	校办、福利、外商企业一般产品退增值税		-155 533.62
	城镇土地使用税	156 865.28	915 114.25
	国有机械工业所得税	34 790	53 651.49
	国有外贸企业所得税	28 841	68 402.97
	其他国有企业所得税		1 164 819.46
	集体企业所得税	234 004.32	1 366 877.72
	地方股份制企业所得税	100 000.00	1 216 656.06
	罚没收入	68 000	2 615 421.47
	工商行政性收费收入	73 400	50 000.00
	其他行政性收费收入		3 516 376.91
	化学工业亏损补贴		-118 565.56
	纺织工业亏损补贴	-13 000	-80 000.00
	商业企业亏损补贴		-140 000.00
	其他部门企业亏损补贴	-4 500	-200 000.00
	其他收入	11 881.03	2 591 946.19
	合计	3 135 781.79	38 931 487.72

财税签章：　　　　国库公章：　　　　复核：　　　　制表：

表登记预算收入辅助账，待收到县财政返回收入时，再用“一般预算收入”账户作收入的账务处理。但在实际工作中，由于返还收入有时要待年度终了，财政结算完成后才发生，因此平时为保证预算执行所需要的资金，乡（镇）财政应申请拨付调度款。

现将一般预算收入的核算方法，举例说明如下：

【例3-1】 东昌市财政局收到国库报来本级当日“一般预算收入日报表”及所附缴款书回执等原始凭证，列明当日预算收入合计数为3 135 781.79元（数字见表3-1），填制记账凭证，编制会计分录如下：

借：国库存款　　3 135 781.79
　　贷：一般预算收入　　3 135 781.79

【例3-2】 昌南县某乡未建国库，乡财政所收到县级财政返回本乡的一般预算收入10万元。根据银行收账通知，填制记账凭证，编制会计分录如下：

借：其他财政存款　　100 000
　　贷：一般预算收入　　100 000

此项经济业务，县财政总会计编制如下会计分录：

借：一般预算收入　　100 000
　　贷：国库存款　　100 000

有些县财政可根据实际情况对未建国库的乡（镇）预算收入其列报方法是实行先预拨调度款（通过往来结算）然后定期或年终一次结算的办法。举例说明如下：

【例3-3】 昌北县财政局为解决某乡的资金使用，预拨调度款10万元。根据原始凭证，填制记账凭证，编制会计分录如下：

借：与下级往来　　100 000
　　贷：国库存款　　100 000

此项经济业务，乡（镇）财政总会计编制如下会计分录：

借：其他财政存款　　100 000
　　贷：与上级往来　　100 000

年终，昌北县财政局根据审核无误的“乡（镇）财政一般预算收入报表”，通知某乡财政将应得预算收入60万元办理转账。根据原始凭证，填制记账凭证，编制会计分录如下：

借：一般预算收入　　600 000
　　贷：与下级往来　　100 000
　　　　国库存款　　500 000

此项经济业务，乡（镇）财政总会计应编制如下会计分录：

借：与上级往来　　100 000
　　其他财政存款　　500 000
　　贷：一般预算收入　　600 000

县与乡（镇）财政预算收入的列报方法，实际工作中多种多样，上述办法仅供参考。

为了详细反映一般预算收入情况，财政总预算会计可采用多栏式账簿，按一般预算收入“类”或“款”设户，按“款”或“项”设专栏，进行一般预算收入明细核算。

（三）预算收入退库的核算

1. 预算收入退库的范围。各类收入项目的资金缴入国库后，即为各级政府的预算收入。经确认后的政府预算资金，其支配权属于本级政府财政部门，财政总会计有责任维护和确保国库库款的安全。除国家明文规定的退库项目外，任何地区、部门和单位都不能随意将预算收入从国库中退还。按规定允许办理收入退库的项目一般有：

（1）由于工作疏忽，发生技术性差错，多缴、错缴或应当集中缴库而误在就地缴库的，以及预算级次搞错等需要退库的；

（2）企业单位改变隶属关系，交接双方办理财务结算，收入级次转移，需要退库的；

（3）缴款单位按计划上缴国有资产收益，超过实际应缴数额过多，不宜在下期抵缴，需要清算退库的；

（4）根据批准的亏损计划，应当弥补给企业的计划亏损需要退库的；

（5）财政部明文规定或专项批准的其他退库项目。

各级预算收入退库的审批权属于本级政府财政部门，对收入退库要严格把关，强化监督，按规定程序批准后方能由指定的国库办理退库。各级国库对不符合规定的退库有权拒绝办理。

2. 预算收入退库的核算。各级财政总预算会计，收到国库报来的一般预算收入日报表中，如果本日（本期）的收入退库数大于缴库数，预算收入日报表的合计数是负数（红字），总预算会计必须进行收入退库的账务处理，退付数不作反向分录，而用红字（负数）在贷方反映①，并在有关预算收入明细账中进行登记。

【例3－4】 东昌市财政局收到国库报来本级"一般预算收入日报表"等原始凭证，该表列明：属于本级预算收入合计为负数26 000元。总预算会计根据有关凭证，填制记账凭证，编制会计分录如下：

借：国库存款　　　　－26 000

　　贷：一般预算收入　　　　－26 000

在软件中：

借：一般预算收入　　　　26 000

　　贷：国库存款　　　　26 000

【例3－5】 昌北县财政局收到国库报来"一般预算收入日报表"等原始凭证，该表列明：属于当日预算收入合计负数10 000元，该项收入全部为县市共享收入，分成比例为昌北县应得60％。

借：国库存款　　　　－10 000

　　贷：一般预算收入　　　　－10 000

借：国库存款　　　　4 000

　　贷：上解支出　　　　4 000

在软件中：

借：一般预算收入　　　　10 000

　　贷：国库存款　　　　10 000

借：国库存款　　　　4 000

　　贷：上解支出　　　　4 000

（四）预算收入错误的更正

各级财政部门、征收机关和国库，在办理预算收入的收纳、退还、报解时，如果发现国

① 本教学软件以"直接借记减少"的方式记账。

库入库凭证、预算收入日报表和其他合法的原始凭证有错误时，不论本月发生的，或以前月份发生的，都由发生错误的单位，在发现错误的月份，按《国库条例实施细则》的规定，以及其他有关规定，填制“更正通知书”通知有关单位共同更正，保证收入的级次正确、核算正确和数字正确。

国库更正错误时，只调整发现错误的当月账表，不再变更以前月份的账表。各级财政总预算会计，不能凭“更正通知书”处理账务，必须根据国库报来的调整后的凭证处理账务。各级财政总预算会计，也只以“冲红”的方式调整发现错误的当月账表，不再变更以前月份的账表。

二、基金预算收入的核算

（一）基金预算收入的内容

基金预算收入是按规定收取、转入或通过当年财政安排，由财政管理并具有指定用途的政府性基金等。基金预算收入主要包括1996年起纳入预算管理的13项数额较大的政府性基金（收费）、1996年起统一作为地方财政固定收入纳入预算管理的地方税费附加，以及其他经由财政部规定作为基金预算管理的资金。基金预算收入的具体内容，根据经济和社会的发展每年都会有所调整，各预算年度基金预算收入的内容应以当年财政部颁布的《政府预算收支科目》为准。

（二）基金预算的管理原则与核算

1. 基金预算管理原则。纳入预算管理的政府性基金管理总原则是：基金全额纳入预算管理，实行收支两条线，收入全额上缴国库，先收后支，量入为出，专款专用；在预算上单独编列，自求平衡，结余结转下年继续使用。

2. 基金预算收入的核算。各级财政总预算会计，为了核算基金预算收入，应设置“基金预算收入”（收入类）总账账户，用来核算各级财政部门管理的政府性基金预算的收入。贷方记收到的基金预算收入数，退付时以红字记贷方（在软件中，直接借记减少）。平时，本账户贷方余额，反映当年基金预算收入累计数。年终转账时，将本账户贷方余额全数转入“基金预算结余”账户的贷方，转账后本账户无余额。

对于财政部明文规定在指定银行（专户管理）存储的基金，应按规定办理转存手续。基金预算收入在银行的存款利息收入，作为基金预算收入处理。如由财政总预算会计在有关商业银行开设的职工医疗保险基金专户，财政部门和国库应当将缴入国库的职工医疗保险基金，从国库及时转拨到职工医疗保险基金专户中。

“基金预算收入”（不含基金预算调拨收入类）应按《2007年政府收支分类科目》附录中“收入分类科目”下所列的“基金预算收入”的“项”、“目”级科目，设置明细账，进行明细核算。需要注意的是，在设置明细账时，不能完全按照“收入分类科目”设置，应根据会计科目的实际核算内容从“收入分类科目”中抽取有关科目设置明细账。

现将基金预算收入的核算方法，举例说明如下：

【例3-6】 东昌市财政局总预算会计收到国库报来的当日基金预算收入日报表，列明：本日基金预算收入合计5万元。填制记账凭证，编制会计分录如下：

借：国库存款　　　　50 000

贷：基金预算收入　　50 000

【例3－7】　东昌市财政局总预算会计，将职工医疗保险基金10万元转拨到职工医疗保险基金专户。填制记账凭证，编制会计分录如下：

借：其他财政存款　　100 000

贷：国库存款　　100 000

三、专用基金收入的核算

（一）专用基金

专用基金是指根据委托—代理原则，由上级政府安排（特殊情况下由本级预算安排），用于某一专门用途的一般预算资金和基金预算资金，如粮食风险基金等。

专用基金不同于基金预算，专用基金是由财政部门按规定设置或取得的，在基金预算收入之外单独管理的资金。专用基金属于专门资金，用于政府某一类具体的专门行为，实行专款专用，年度结余单独结转下年度，而不能用于平衡预算。而且专用基金具有委托性，其资金或是来自上级补助或是本级预算安排，并委托给下级政府或某个部门管理。符合委托代理原则，并建立了一套相应的管理制度和财务制度。为保证其专项用途，按规定各项专用基金必须进行财政专户存储管理。而基金预算是本级政府的收入用于本级政府的支出，执行者是本级政府，年度结余可以用于平衡预算，在管理上也不符合委托代理原则。

我国各地依法设立的专用基金不尽相同。目前全国统一的主要“粮食风险基金”，部分省市还有“农业发展基金”、“水资源建设专项基金”等。

专项基金的资金来源主要是政府的一般预算资金，但也可以是基金预算资金。还应注意的是：对专用基金的核算上下级的会计处理不同。专用基金是由上级政府筹措的，通常是从一般预算中拨付一定额度，有时也从基金预算拨付，因此当上级拨付资金作为专用基金时，要列为一般预算支出或基金预算支出。但当下级接受资金是要按照专用基金记账。

专用基金收入以财政专户实际收到的数额为准。

（二）专用基金收入的核算

各级财政总预算会计，为了核算专用基金收入，应设置“专用基金收入”（收入类）总账账户，用来核算财政部门按规定设置或取得的专用基金收入。贷方记从上级财政部门补助或通过本级预算支出安排取得的专用基金收入数；退付记贷方（软件中记借方）。平时，本账户贷方余额反映专用基金收入累计数。年终转账时，将本账户贷方余额全数转入“专用基金结余”账户的贷方，继续安排下年度使用，转账后本账户无余额。

【例3－8】　东昌市财政局收到省财政厅通过一般预算拨入的粮食风险基金15万元。根据有关凭证，填制记账凭证，编制会计分录如下：

借：其他财政存款——农发行　　150 000

贷：专用基金收入——粮食风险基金　　150 000

省财政厅会计分录如下：

借：一般预算支出——粮食风险基金　　150 000

贷：国库存款　　150 000

【例3－9】　东昌市财政局从本级预算（一般预算）安排取得粮食风险基金10万元。根据有关凭证，填制记账凭证，编制会计分录如下：

借：一般预算支出——粮食风险基金　　100 000

　　贷：国库存款　　100 000

借：其他财政存款——农发行　　100 000

　　贷：专用基金收入——粮食风险基金　　100 000

“专用基金收入”按专用基金收入项目设置明细账，进行明细核算。

四、资金调拨收入的核算

资金调拨，是指在中央财政与地方财政，以及地方上下级财政之间，调剂各级预算收支，平衡各级预算的一种手段。

资金调拨有两种情况：一种是上下级财政之间，通过补助和上解的方式来调整上下级之间的财力；另一种是同一财政总会计主体以调入资金的方式来调整本级政府一般预算的平衡。所以，对于资金调拨类收入和支出，在年终决算汇总时，除“调入资金”、“调出资金”不能相互对冲外，其余应在上下级之间全部相互冲销，以避免上级决算中的重复反映。

（一）资金调拨收入的内容

资金调拨收入是根据财政体制规定在各级财政之间进行资金调拨以及在本级财政各项资金之间的调剂所形成的收入，包括补助收入、上解收入和调入资金。

1. 补助收入。是指上级财政按照财政体制规定或因专项需要补助给本级财政的款项。包括税收返还收入；按财政体制规定由上级财政补助的款项；上级财政对本级财政的专项补助和临时性补助等。

2. 上解收入。是指按财政体制规定由下级财政上交给本级财政的款项。包括：按财政体制规定由国库在下级预算收入中直接划解给本级财政的款项；按财政体制结算后下级财政补缴给本级财政的款项和各种专项上解款项等。

3. 调入资金。是指为平衡一般预算收支，从基金预算结余调入一般预算的资金，以及按规定从其他渠道调入的资金。乡（镇）财政部门收到由预算外资金财政专户拨付的自筹资金，视同调入资金处理。但乡（镇）财政的统筹资金不得以调入资金的形式调入预算。

资金调拨收入应按上级财政部门的规定或实际发生数额记账。

（二）资金调拨收入的核算

各级财政总预算会计，为了核算资金调拨收入，应设置“补助收入”、“上解收入”、“调入资金”三个总账账户。

“补助收入”（收入类）账户，用来核算上级财政部门拨来的补助款。贷方记收到上级拨入的补助款或从“与上级往来”账户转入数；借方记退还上级补助数。平时，本账户贷方余额，反映上级补助收入累计数。年终转账时，本账户贷方余额转入“结余”账户的贷方，转账后本账户无余额。“补助收入”账户下设“一般预算补助”和“基金预算补助”两个明细账户。

“上解收入”（收入类）账户，用来核算下级财政上缴的预算上解款。贷方记收到下级上解款数；借方记收入退还数。平时，本账户贷方余额，反映下级上解收入累计数。年终转账时，本账户贷方余额全数转入“结余”账户的贷方，转账后本账户无余额。“上解收入”账户下设“一般预算收入”和“基金预算收入”两个明细账户。

"调入资金"（收入类）账户，用来核算各级财政部门因平衡一般预算收支从基金预算结余（地方税费附加[①]）以及其他渠道（预算外资金）调入的资金。贷方记调入资金数；借方记退转数。年终转账时，本账户的贷方余额转入"一般预算结余"的贷方，转账后本账户无余额。

现将资金调拨收入的核算方法，举例说明如下：

【例3-10】　东昌市财政局收到省财政厅拨来的一般预算补助款260万元。根据有关凭证，填制记账凭证，编制会计分录如下：

借：国库存款——一般预算存款　　2 600 000

　　贷：补助收入——一般预算补助　　2 600 000

【例3-11】　东昌市财政局年终按财政体制结算，收到昌北县上解款150万元。根据有关凭证，填制记账凭证，编制会计分录如下：

借：国库存款　　1 500 000

　　贷：上解收入——昌北县　　1 500 000

【例3-12】　经批准，东昌市财政局用地方掌管的预算外结余资金[②]20万元，调入预算内平衡弥补决算赤字。根据有关凭证，填制记账凭证，编制会计分录如下：

借：国库存款　　200 000

　　贷：调入资金　　200 000

【例3-13】　经批准，东昌市财政局调出基金预算结余中的地方税费附加收入28万元，用于平衡一般预算。根据有关凭证，填制记账凭证，编制会计分录如下：

借：调出资金　　280 000

　　贷：国库存款——基金预算存款　　280 000

同时记：

借：国库存款——一般预算存款　　280 000

　　贷：调入资金　　280 000

"调入资金"一般不设明细账户；"补助收入"中如有对基金预算的补助，则"补助收入"可按"一般预算补助"和"基金预算补助"分设明细账户；"上解收入"按上解款的下级财政部门名称设置明细账，进行明细核算。

第二节
财政支出的核算

《财政总预算会计制度》第四十六条指出："财政支出是一级政府为实现其职能，对财

① 地方税费附加，虽征收时具有较为明确的征收目的，但却是基金预算中专用性较弱的部分，因此可以用于平衡一般预算。"附加税"仍体现出一些税的特点，作为财政收入用于政府的一般职能性支出。

② 预算外资金由预算外资金财政专户核算，有预算外资金财政专户核算制度。

政资金的再分配（以拨代支）。”财政总预算会计的支出包括一般预算支出、基金预算支出、专用基金支出、资金调拨支出等内容。

一、一般预算支出的核算

（一）一般预算支出的内容

一般预算支出是国家对集中的预算收入有计划地分配和使用而安排的支出。一般预算支出项目的具体划分和内容需要参考每年最新的《政府收支分类科目》。

（二）一般预算支出的列报口径

一般预算支出的确认以财政资金的拨出时间（以拨代支）作为确认标准，并根据国库或委托商业银行的拨款回单作为支出确认的原始凭证。但下列情况例外：

1. 基建支出的列报口径。

（1）实行限额管理的基本建设支出，按用款单位的银行支出数（即从银行已支取的款项数）列报支出；

（2）不实行限额管理的基本建设支出，按拨付建设单位的拨款数列报支出（以拨代支）。

2. 对行政事业单位实行经费包干的拨款和财政部门直接经办的支出、非包干经费支出和专项支出的列报口径。

（1）对行政事业单位实行经费包干①的拨款和财政部门在行政事业单位或企业直接经办的支出②，直接以财政拨款数列报（以拨代支）；

（2）对行政事业单位的非包干经费支出和专项支出，平时按财政拨款数列支（以拨代支），清理结算收回拨款时，再冲销已列支出数；

（3）对于收回以前年度已列支出的款项，除财政部门另有规定者外，应冲销当年支出。

3. 预拨经费列报口径。凡年度预算执行中财政总预算会计用预算资金预拨以后各期的经费，以及会计年度终了以前预拨给用款单位的下年度经费，不得直接按预拨数列作预算支出，均应作为预拨款处理。到期后，按规定的列报口径转列支出。

（三）一般预算支出的核算

各级财政总预算会计，为了核算一般预算支出，应设置“一般预算支出”（支出类）总账账户，用来核算各级总预算会计办理的应由预算资金支付的各项支出。借方记预算直接支出数、将预拨经费转列支出数、建设银行（或基建财务管理部门）报来的实行限额管理的建设单位的银行支出数或不实行限额管理的、直接拨付用款单位的基本建设拨款数；贷方记支出收回数或冲销转账数。平时，本账户借方余额，反映一般预算支

---

① 包干经费：财政按照核定的包干预算（具有专门的使用目的，专项资金）拨付给行政事业单位的资金，由各包干单位自行掌握，以包干单位为户名设立专账，由专人负责，项目结束，即使有包干结余，其使用权属于包干单位，由单位留用（但不得用于个人奖励），超支不补。包干结余财政不能重新收回进行再分配。对各单位的包干经费，进行事前宏观控制。非包干经费：对于给行政事业单位的非包干经费，单位如有一部分资金在项目结束后尚未被使用，则需重新交回财政。

② 一般是对国有企业的支出拨款、科技三项费用、挖潜改造资金、价格补贴及对其他单位一次性补助等。财政部门在行政事业单位直接经办的支出款项，一旦拨出，一般不再收回，由用款单位包干使用。所以，“以拨代支”。

出累计数。年终，本账户借方余额应全数转入“一般预算结余”账户的借方，转账后本账户无余额。

对于“一般预算支出”，在目前部门预算和财政拨款没有严格按照《2007年政府收支分类科目》“支出经济分类”细化之前，财政总预算会计相关支出暂时按照“支出功能分类”设置明细账。“一般预算支出”可参考《2007年政府收支分类科目》附录中“支出功能分类科目”下所列的“一般预算支出科目”下的“类”、“款”、“项”级科目，设置相应的明细账。和设置收入类会计科目的明细账一样，支出科目的明细账在设置时，也应根据实际核算内容从“支出分类科目”中抽取有关科目设置明细账。

【例3－14】 东昌市财政局拨给某单位包干经费95万元。根据有关凭证，填制记账凭证，编制会计分录如下：

借：一般预算支出　　950 000

　　贷：国库存款　　950 000

【例3－15】 东昌市财政局拨给市某企业科技三项费用①12万元。根据有关凭证，填制记账凭证，编制会计分录如下：

借：一般预算支出——科技三项费用　　120 000

　　贷：国库存款　　120 000

【例3－16】 东昌市财政局拨付某建设单位（非限额管理的）基本建设款40万元。根据有关凭证，填制记账凭证，编制会计分录如下：

借：一般预算支出——基建支出　　400 000

　　贷：国库存款　　400 000

【例3－17】 东昌市财政局上年已列其他支出的某单位经费5万元，经审查不应由预算资金支付，通知收回，收到后记会计分录如下：

借：国库存款　　50 000

　　贷：一般预算支出——其他支出　　50 000

二、基金预算支出的核算

（一）基金预算支出的内容

基金预算支出是指用基金预算收入安排的支出。基金预算支出的具体划分和内容需要参考每年最新的《政府收支分类科目》。

（二）基金预算支出的核算

各级财政总预算会计，为了核算基金预算的支出，应设置“基金预算支出”（支出类）总账账户，用来核算各级财政部门用基金预算收入安排的支出。借方记基金预算支出数；贷方记支出收回数或冲销转账数。平时，本账户借方余额，反映基金预算支出累计数。年终，本账户借方余额应全数转入“基金预算结余”账户的借方，转账后本账户无余额。

对于“基金预算支出”，在目前部门预算和财政拨款没有严格按照《2007年政府收支分

① 属于财政部门直接经办的支出。

类科目》"支出经济分类"细化之前，财政总预算会计相关支出暂时按照"支出功能分类"设置明细账。"基金预算支出"可参考《政府收支分类科目》附录中"支出功能分类科目"下所列的"基金预算支出科目"下的"类"、"款"、"项"级科目，设置相应的明细账。和设置收入类会计科目的明细账一样，支出科目的明细账在设置时，也应根据实际核算内容从"支出分类科目"中抽取有关科目设置明细账。

【例 3－18】 东昌市财政局将养路费收入 10 万元，拨给市交通局用于公路建设。根据有关凭证，填制记账凭证，编制会计分录如下：

借：基金预算支出——工业交通部门基金——养路费支出　　100 000

　　贷：国库存款　　100 000

【例 3－19】 东昌市财政局支付用民航机场管理建设费安排的支出 50 万元。根据有关凭证，填制记账凭证，编制会计分录如下：

借：基金预算支出——工业交通部门基金

　　　　——民用航空运输——民航机场管理建设费支出　　100 000

　　贷：国库存款　　100 000

三、专用基金支出的核算

专用基金支出是指各级财政用专用基金收入安排的支出。其内容按财政部门的规定执行，如粮食风险基金支出等。

各级财政总预算会计，为了核算专用基金支出，应设置"专用基金支出"（支出类）总账账户，用来核算各级财政部门用专用基金收入安排的支出。发生专用基金支出时，借记本账户，贷记"其他财政存款"账户。支出收回时，做相反的会计分录。平时，本账户借方余额，反映专用基金支出累计数。年终转账时，本账户借方余额全数转入"专用基金结余"账户的借方，转账后本账户无余额。

【例 3－20】 东昌市财政局从专用基金专户中，拨付某单位粮食风险基金 10 万元。根据有关凭证，填制记账凭证，编制会计分录如下：

借：专用基金支出——粮食风险基金　　100 000

　　贷：其他财政存款——农发行　　100 000

"专用基金支出"根据专用基金支出项目设置明细账，进行明细核算。

四、资金调拨支出的核算

资金调拨支出是根据财政体制规定在各级财政之间进行资金调拨以及在本级财政各项资金之间的调剂所形成的支出。资金调拨支出包括补助支出、上解支出、调出资金等。

（一）资金调拨支出的分类

1. 补助支出。补助支出是本级财政按财政体制规定或因专项需要补助给下级财政的款项及其他转移支付的支出。包括：税收返还支出；按原财政体制结算应补助给下级财政的款项；专项补助或临时性补助等。

"补助支出"可按补助地区设置明细账。如用基金预算资金补助下级财政时，则按"一般预算补助"和"基金预算补助"分别设置明细账，进行明细核算。

2. 上解支出。上解支出是按财政体制规定由本级财政上交给上级财政的款项。包括：按财政体制规定由国库在本级预算收入中直接划解给上级财政的款项；按财政体制结算补解给上级财政款项和各种专项上解款项。

“上解支出”按“一般预算上解”和“基金预算上解”分别设置明细账户。

3. 调出资金。调出资金是为平衡一般预算收支而从基金预算的地方财政税费附加收入结余中调出，补充一般预算的资金。由于基金预算的收入必须用于相应的支出，因而调出资金的来源只能是“地方财政税费附加”，不能调出其他政府性基金。

资金调拨支出按上级财政部门的规定或实际发生数记账。

（二）资金调拨支出的核算

各级财政总预算会计，为了核算资金调拨支出，应设置“补助支出”、“上解支出”、“调出资金”等总账账户。

“补助支出”账户，用来核算本级财政部门拨给下级财政的补助款项。借方记发生补助支出数或从“与下级往来”账户转入数；贷方记支出退转数。平时，本账户借方余额，反映补助支出累计数。年终，本账户借方余额应转入“预算结余”账户冲销，转账后本账户无余额。

“上解支出”账户，用来核算解缴上级财政的款项。借方记上解支出数；贷方记支出退转数。平时，本账户借方余额，反映上解支出累计数。年终，本账户借方余额应转入“预算结余”账户的借方，转账后本账户无余额。

“调出资金”账户，用来核算各级财政部门从基金预算的地方财政税费附加收入结余中调出，用于平衡一般预算收支的资金。借方记调出的基金结余数。资金调出时，凡是一般预算与基金预算分设存款账户的地区，应同时调整国库存款的明细账。年终转账时，本账户借方余额应转入“基金预算结余”账户的借方，转账后本账户无余额。

现将资金调拨支出的核算方法，举例说明如下：

【例 3-21】 东昌市财政局拨给昌南县财政局一般预算补助款 200 万元。根据有关凭证，填制记账凭证，编制会计分录如下：

借：补助支出——一般预算补助——昌南县　　2 000 000

　　贷：国库存款　　2 000 000

【例 3-22】 东昌市财政局，经批准将前借给昌南县财政局的款项 34 万元，转作补助支出。根据有关凭证，填制记账凭证，编制会计分录如下：

借：补助支出——一般预算补助——昌南县　　340 000

　　贷：与下级往来——昌南县　　340 000

【例 3-23】 东昌市财政局按财政体制结算，支付上解省财政款 80 万元。根据有关凭证，填制记账凭证，编制会计分录如下：

借：上解支出　　800 000

　　贷：国库存款　　800 000

第三节

实验——财政总预算会计收入与支出的核算

一、实验目的

练习财政总预算会计中收入、支出类科目的会计核算，包括：记账凭证的录入；交叉审核及记账；实验时间需 3 ~4 学时。

通过本次实验，要求学生们能够：

1. 进一步熟悉“账务处理系统”的基本操作及功能。

2. 对总预算会计中与收入、支出相关的各类交易，通过软件来进行完整的会计流程的处理，包括：录入交易、生成记账凭证；交叉审核记账凭证；并对审核后的凭证进行记账。

3. 掌握对记账凭证的其他日常处理，包括：查询、修改、删除及打印。

4. 通过对总预算会计收入、支出类交易的处理，熟悉并掌握总预算收入、支出类会计科目及辅助核算的相关内容，从而更好地理解财政总预算会计的核算范围及各类业务。

本节实验在性质上属于实务模拟实验。实验结果可使用打印输出记账凭证列表的形式，以供教师批改和总结。

二、实验流程

本次实验的基本流程如下：

1. 学生进入各自账套：进入“账务管理”界面，在“9. 账套选择”中选择各自账套。

2. 在“账务管理”界面选择“2. 日常账务”，进入“日常账务”界面。

3. 根据给出的实验题目，练习录入记账凭证：在“凭证处理”菜单中选择“记账凭证录入”，进入“记账凭证录入”窗口，录入记账凭证的各个要素。会计科目的录入，可直接输入，也可以双击后从科目列表中选择录入（见图 3 -1）。关于“记账凭证录入”的具体细节可参见附录一第三节。

4. 完成全部实验题目的记账凭证录入后，退出各自账套。按照事前分组，彼此进入同组另一组员的账套，对其所作的记账凭证进行审核。

5. 记账员修改未通过审核的凭证。在实验过程中，学生们在录入凭证、修改或删除凭证时经常会出现各类问题。要解决这些凭证处理中出现的问题，基本上都要使用到“凭证处理设置”。进入“日常账务”界面，在“基础设置”菜单中选择“凭证处理设置”，进入“凭证处理设置”窗口（见图 3 -2）。窗口中的三个子菜单涉及的内容很多，包括了凭证录入、日常处理及界面的各类参数和选项，选择不同的参数和选项都会直接影响凭证的日常处理程序和结果①。

① 考虑到此菜单的重要性，此菜单中大多数选项都只能由财务主管（教师）统一设置。所以，教师应能熟练使用此菜单。

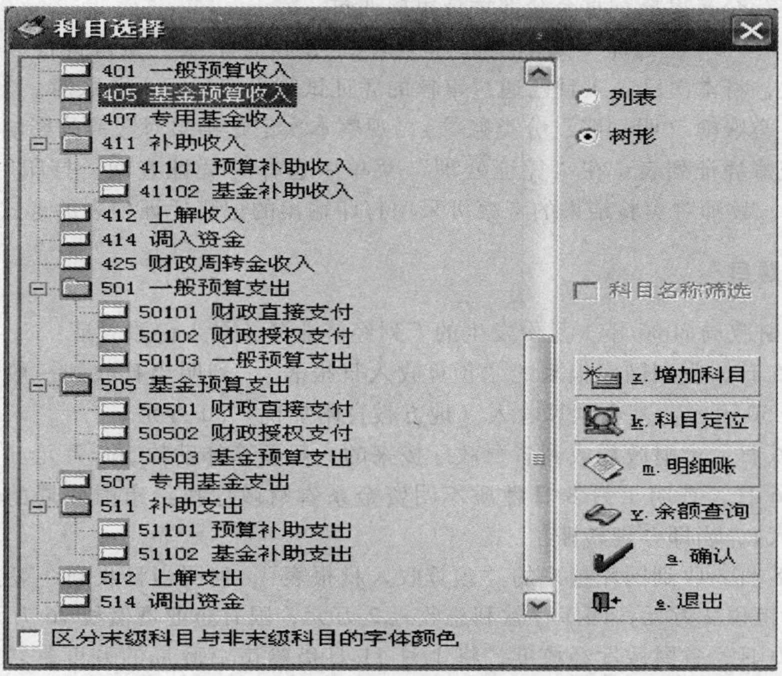

图 3－1　总预算会计收支科目列表

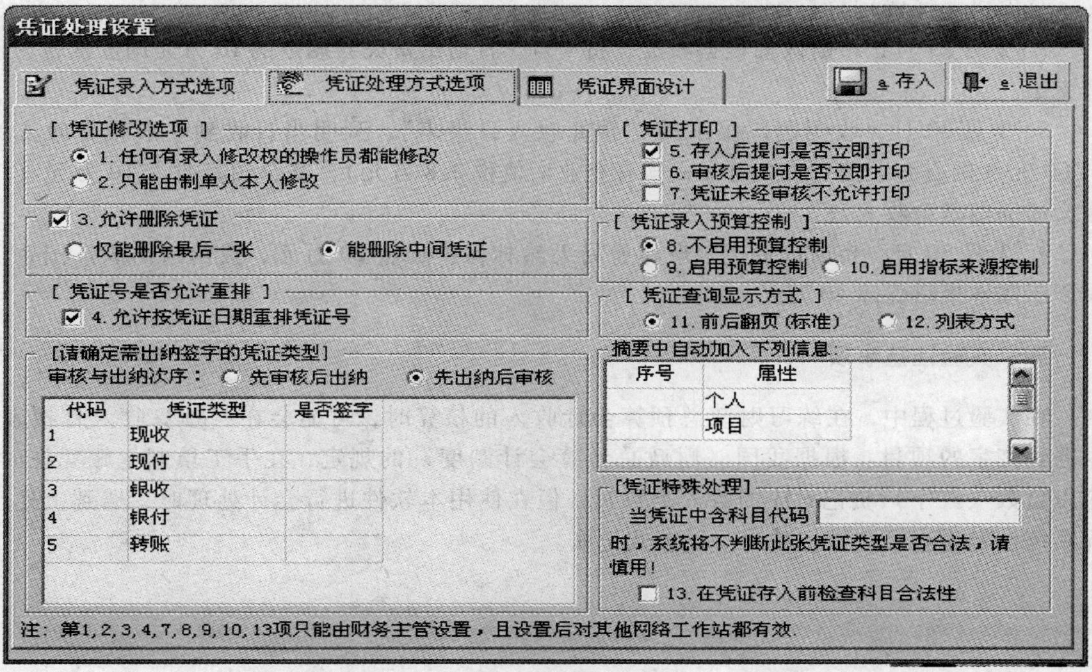

图 3－2　“凭证处理设置”窗口

6. 重新进行交叉审核，直至全部凭证审核通过。

7. 记账：在“凭证处理”菜单中选择“记账”，在“记账”窗口进行数据备份后选择“记账”。由此，将本次已录入且已通过审核的凭证试算平衡后记入各账簿。

8. 查询各类账簿（明细账、分类账等），观察本次记账结果对账簿的影响。

9. 打印记账凭证列表：在“凭证处理”菜单中选择“凭证查询、打印”。在未学习到财务报表之前，教师对实验结果的考察可采用打印输出的记账凭证列表的形式。

三、实验题目

根据某市财政局2006年1月份发生的下列经济业务，录入记账凭证：

1．1月15日，收到国库报来的“预算收入日报表”，列明当日收到一般预算收入（企业所得税）为50万元，基金预算收入（地方教育附加税）30万元。

2．1月16日，市财政局收到省财政厅拨来的一般预算补助款560万元（原体制补助）。

3．1月16日，查明1月8日性质不明资金系省财政厅拨给市财政局的铁路建设基金（基金预算收入），当即办理转账。

4．1月18日，收到国库报来的“预算收入日报表”，列明当日收到一般预算收入为80万元（个人所得税2万元，国库存款利息收入2万元，国有企业增值税76万元。）

5．1月20日，省财政厅经核准，将1月11日借给市财政局的调度款转为一般预算补助。

6．1月28日，经研究，市财政局将借给市公安局的款项转作预算支出（公检法支出——公安机关经费）。

7．1月29日，市财政局根据核准，将1月5日借给富民县剩余的10万元调度款转为预算支出。

8．1月30日，收到国库报来的“预算收入日报表”，列明当日收到一般预算收入为8 000元（国有企业消费税2万元；国有企业增值税2.8万元），基金预算收入10万元（工业交通部门基金收入）。

9．1月30日，市财政局拨给市林业局天然林保护资金20万元，拨给市纺织厂国企下岗职工基本生活保障40万元。

四、实验注意事项

在实验过程中，在练习财政总预算会计收入的核算时，可能会在“预算收入日报表”中遇到红字的项目。根据我国《财政总预算会计制度》的规定，在手工填制记账凭证时，应以负数（红字）贷记对应的收入类科目。但在使用本软件进行会计处理时，遇到上述情况系统设定为直接“借记减少”的方式记账。

第四章 DISIZHANG

财政总会计的年终业务和会计报表

学习目标

通过本章的学习，需要理解并掌握以下问题：

- □ 掌握财政总预算会计净资产的种类
- □ 掌握各项结余及预算周转金的核算
- □ 对总预算会计中各类年终业务，通过软件来进行完整的会计流程的处理，包括：录入交易、生成记账凭证；交叉审核记账凭证；并对审核后的凭证进行记账
- □ 掌握结账的原理，能够通过软件来设置并生成自动转账凭证
- □ 熟悉总预算会计财务报表的基本格式，能够通过软件掌握报表的日常基本操作

第一节 总预算会计净资产的核算

财政总预算会计的净资产是指一级政府财政所掌握的资产净值，即资产减去负债的差额，包括各项结余及预算周转金等。

一、财政总会计的结余

结余是财政收支本年度的执行结果，是指政府可以结转下年度使用，或可以重新安排使用的资金。财政总预算会计的各项结余包括一般预算结余、基金预算结余和专用基金结余。

一般预算结余是各级财政一般预算收支的年终执行结果；基金预算结余是各级财政管理的政府性基金的年终执行结果；专用基金结余是各级财政管理的专用基金收支的年终执行结

果。财政总会计的各项结余必须分别核算，不得混淆。结余的形成过程为：在年终清理后，将一般预算收支、基金预算收支和专用基金收支的相关余额分别转账入相应的结余科目（见图4－1）。这类结余科目为贷方余额账户，贷方记各项收入的转入数，借方记各项支出的转入数，借方余额表示预算赤字（亏损），需用红字记录。

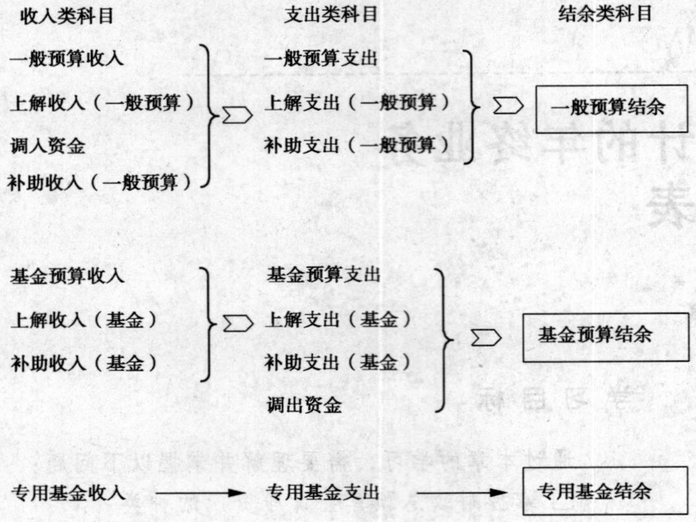

图4－1　财政总预算会计结余的核算思路

《财政总预算会计制度》第三十四条规定："各项结余应每年结算一次。年终将各项收入与相应的支出冲销后，即成为该项资金的当年结余。当年结余加上年年末滚存结余为本年年末滚存结余。"

二、预算周转金的核算

预算周转金是指各级政府为调剂预算年度内季节性收支差额，保证及时用款而设置的周转资金。各级财政有必要设置一定数额的预算周转金，作为平衡季度预算收支临时周转使用。预算周转金制度对于保证各项建设资金的及时供应，促进国民经济顺利和平稳的发展，具有重要的意义。

预算周转金的设置，一般是从各级政府预算结余中设置和补充。各级政府预算周转金由本级政府财政部门管理，用于预算执行中的资金周转，不能安排预算支出或挪作他用，也不能转为结余，未经批准不能减少或增加。年终，必须保持原核定数额，逐年结转。

预算周转金的核定数额，应当与预算支出规模相适应。随着预算支出的逐年增长，预算周转金也要相应地补充。根据《中华人民共和国预算法实施条例》第二十二条的规定，"其额度应当逐步达到本级政府预算支出总额的4%。"

为了简化核算手续，预算周转金存款合并在"国库存款"账户内，如果"国库存款"账户的余额小于"预算周转金"的数额，说明该级财政已动用了预算周转金的存款。

各级财政总预算会计，为了核算预算周转金，应设置"预算周转金"（净资产类）总账账户，用来核算各级财政用于平衡季节性预算收支差额周转使用的资金。贷方记设置和补充预算周转金数；借方记预算周转金的减少，但实际上一般无发生数。本账户贷方余额，反映预算周转金实有数。

现将预算周转金的核算方法，举例说明如下：

【例4-1】 省财政厅根据区域扶植发展计划，拨给东昌市财政局30万元作为其新增预算周转金。市财政局编制会计分录如下：

借：国库存款　　300 000

　　贷：预算周转金　　300 000

【例4-2】 东昌市财政局经本级政府批准，从一般预算资金结余中补充预算周转金40万元。根据有关凭证，填制记账凭证，编制会计分录如下：

借：一般预算结余　　400 000

　　贷：预算周转金　　400 000

预算周转金一般不需设置明细账。

第二节

财政总会计的年终业务

各级财政总预算会计，在年度终了前，应根据上级财政部门下达的本年度“财政决算编审工作通知”和“财政决算结算办法”要求，全面进行年终清理和结算。在此基础上办理年终转账、结账等事项，最后正式编报年度财政决算。

一、年终清理

年终清理，是指年终时对全年各项财政资金（包括一般预算、基金预算、专用基金预算）的收支及其他有关事项进行全面清查和核对的活动。它是保证年度决算质量的一项重要准备工作。年终清理结算的主要事项包括：核对年度预算、清理本年预算收支、组织征收机关和国库进行年度对账、清理核对当年拨款支出以及清理往来款项。

二、年终财政结算

年终财政结算是指各级财政在年终清理的基础上，结清上下级财政总预算之间的预算调拨收支和往来款项。各级政府的财政部门要按照财政管理体制的规定，计算出全年应补助、应上解和应返还数额，与年度预算执行过程中已补助、已上解和已返还数进行比较，结合借垫款项，计算出全年最后应补或应退数额，填制“年终财政决算结算单”，经核对无误后，作为年终财政结算凭证，据以入账。财政总决算的结算单编制完毕后，本年度的财政决算工作才告结束。

年终财政结算业务举例如下：

【例4-3】 东昌市财政局2004年按照与省财政厅协定的财政管理体制，进行上、下级财政总预算之间的年终结算事项，并进行账务处理。

该市2004年全年预算收入任务为60 000万元，年终预算执行结果为：全市预算收入实际完成为61 000万元，省财政尚未拨给市的专项补助为1 000万元、尚未拨给市的税收返还收入为35 000万元；市尚未上解的专项上解款1 200万元；省财政已拨给调度款34 000万元；市上年结余500万元；全年预算实际支出为94 200万元（见表4－1）。

表4－1　　2004年决算结算单

编制单位：市财政局　　　　单位：万元

类别	项　目	金额	类别	项　目	金额
	1. 核定预算数	60 000		1. 收入总计	97 500
收入	2. 决算收入数	61 000		决算收入	61 000
	3. 超收数	1 000		上年结余	500
	1. 市可得财力	95 800	市财政收支平衡情况	省补助款	36 000
支出	2. 决算支出	94 200		2. 支出总计	95 400
	3. 收支结余	1 600		决算支出	94 200
	市应上解省财政款	1 200		上解支出	1 200
上解	其中：体制上解			3. 年终滚存结余	2 100
	专项上解	1 200		1. 省应补助款	36 000
	省财政应补助市财政款	36 000	资金结算	2. 市少上解款	1 200
补助	其中：税收返还收入	35 000		3. 省已拨调度款	34 000
	专项补助	1 000		4. 省欠拨调度款	800

（1）该市财政实际应得财力为：①＋②＋③＋④－⑤

①应得预算收入60 000万元

②应得超收收入1 000万元

③专项补助收入1 000万元

④税收返还收入35 000万元

⑤专项上解款1 200万元

市财政实际应得财力95 800万元

即95 800万元＝60 000万元＋1 000万元＋35 000万元＋1 000万元－1 200万元

应做的会计分录为（2）～（5）所示：

（2）市财政总预算会计对上述省尚未拨的专项补助款1 000万元，税收返还收入35 000万元，通过“与上级往来”账户，直接向上级财政进行结算。填制记账凭证，编制会计分录如下：

借：与上级往来——调度款　　360 000 000

　　贷：补助收入——体制补助　　350 000 000

　　　　　　　——专项　　10 000 000

（3）市财政总预算会计对上述尚未上解的专项上解款1 200万元，通过“与上级往来”账户，直接向省财政进行结算。填制记账凭证，编制会计分录如下：

借：上解支出——专项　　12 000 000

　　贷：与上级往来——调度款　　12 000 000

省财政审批的“年终财政决算结算单”，正式通知市财政，作为审定决算收支总额、结算全年资金账的根据。东昌市“年终财政决算结算单”的基本格式和内容如表4－1所示。[①]

（4）以前收到调度款时，会计分录如下：

借：国库存款　　340 000 000

　　贷：与上级往来——调度款　　340 000 000

（5）省财政总预算会计给该市补拨了补助款800万元，市财政总预算会计的会计分录为：

借：国库存款　　8 000 000

　　贷：与上级往来——调度款　　8 000 000

三、年终结账

财政总预算会计经过年终清理和结算后，即进行年终结账工作。年终结账是编制决算的基础，此项工作一般分为年终转账、结清旧账和记入新账三个环节。

（一）年终转账

各级财政总预算会计首先把清理和结算中发生的会计事项全部逐笔记入旧账，即将清理的各项财政资金以及“决算清理期”内发生的属于上年度的各项预算收入、支出和经上级财政部门审批后的结算资金（包括税收返还收入、支出，原体制补助或上解，专项拨款补助，专项结算补助或上解）等会计事项，均按规定的会计科目登记入账，记账凭证按实际处理日期填制并按12月份连续编号，然后计算出各账户12月份合计数和全年累计数，结出12月末余额，编制结账前的“资产负债表”（见表4－2），经试算平衡后，将收入支出类账户转入相应的“一般预算结余”、“基金预算结余”、“专用基金结余”的有关账户。

为进行年终转账，应设置“一般预算结余”、“基金预算结余”、“专用基金结余”等总账账户。

“一般预算结余”（净资产类）账户，用来核算各级财政预算收支的年终执行结果。贷方记年终转账时，从“一般预算收入”、“补助收入——一般预算补助”、“上解收入”、“调入资金”等账户转来的全年收入数；借方记年终转账时，从“一般预算支出”、“补助支出——一般预算补助”、“上解支出”等账户转来的全年支出数。根据本年一般预算结余增设预算周转金时，按增设数记入本账户的借方。本账户年终借贷方轧差后的贷方余额反映本年的预算滚存结余，贷方余额可转入下年度。

“基金预算结余”（净资产类）账户，用来核算各级财政管理的政府性基金收支的年终执行结果。贷方记年终转账时，从“基金预算收入”、“补助收入——基金预算补助”等账户转来的全年收入数；借方记年终转账时，从“基金预算支出”、“补助支出——基金预算补助”、“调出资金”等账户转来的全年支出数。年终本账户贷方余额，反映本年基金预算滚存结余，转入下年度。本账户应根据基金预算科目所列的基金项目逐一反映出各项基金的

---

① 该结算单已高度简化，学习时仅供参考。在实际工作中应根据上级财政规定的结算项目进行结算。

结余。

“专用基金结余”（净资产类）账户，用来核算总预算会计管理的专用基金收支的年终执行结果。贷方记年终转账时，从“专用基金收入”账户转入的全年收入数；借方记年终转账时，从“专用基金支出”账户转入的全年支出数。年终本账户贷方余额，反映本年专用基金的滚存结余，转入下年度。

现以东昌市财政局2004年年终业务为例，说明财政总会计的年终转账业务。

【例4-4】 东昌市财政局2004年末各有关总账账户和部分明细账户余额（见表4-2）及其附注。

表4-2　　转账前的资产负债表①

编报单位：　　2004年12月31日　　单位：元

资产部类			负债部类		
科目名称	年初数	期末数	科目名称	年初数	期末数
资产			负债		
国库存款		120 982 000	暂存款		1 700 000
其他财政存款		765 000	与上级往来		3 663 000
有价证券		1 529 000	借入款		——
在途款		——	负债合计		5 363 000
暂付款		3 524 000	净资产		
与下级往来		2 048 000	一般预算结余		5 000 000
预拨经费		30 000	基金预算结余		1 860 000
基建拨款		400 000	专用基金结余		20 000
			预算周转金		3 418 000
资产合计		129 278 000	净资产合计		10 298 000
支出			收入		
一般预算支出		942 000 000	一般预算收入		610 000 000
基金预算支出		4 563 000	基金预算收入		5 768 000
专用基金支出		900 000	专用基金收入		1 000 000
补助支出		6 688 000	补助收入		460 000 000
上解支出		12 000 000	上解收入		3 000 000
调出资金		1 000 000	调入资金		1 000 000
支出合计		967 151 000	收入合计		1 080 768 000
资产部类总计		1 096 429 000	负债部类总计		1 096 429 000

说明：（1）补助收入中，一般预算补助收入为36 000万元。

（2）补助支出中，一般预算补助支出为590.3万元。

（3）表4-2中的上解收入和上解支出均为一般预算的上解收入和上解支出。

① 为简单起见，我们省略本表的年初数。

年末东昌市财政局将一般预算部分总账和有关明细账期末余额办理转账：

（1）将全年的一般预算收入 61 000 万元，补助收入——一般预算补助 36 000 万元，上解收入 300 万元，调入资金 100 万元，转入“一般预算结余”账户。会计分录如下：

借：一般预算收入　610 000 000

　　补助收入——一般预算补助　360 000 000

　　上解收入　3 000 000

　　调入资金　1 000 000

　　贷：一般预算结余　974 000 000

（2）将全年的一般预算支出 94 200 万元，补助支出——一般预算补助 590.3 万元，上解支出 1 200 万元转入“一般预算结余”账户。会计分录如下：

借：一般预算结余　959 903 000

　　贷：一般预算支出　942 000 000

　　　　补助支出——一般预算补助　5 903 000

　　　　上解支出　12 000 000

（3）经本级政府批准，从本级政府一般预算结余中补充本级预算周转金 20 万元。会计分录如下：

借：一般预算结余　200 000

　　贷：预算周转金　200 000

【例 4－5】　东昌市财政局将基金预算部分各总账和有关明细账期末余额办理转账：

（1）将全年的基金预算收入 5 768 000 元，补助收入——基金预算补助 10 000 万元转入“基金预算结余”账户。会计分录如下：

借：基金预算收入　5 768 000

　　补助收入——基金预算补助　100 000 000

　　贷：基金预算结余　105 768 000

（2）将全年的基金预算支出 4 563 000 元，补助支出——基金预算补助 785 000 元，调出资金 100 万元转入“基金预算结余”账户。会计分录如下：

借：基金预算结余　6 348 000

　　贷：基金预算支出　4 563 000

　　　　补助支出——基金预算补助　785 000

　　　　调出资金——基金预算　1 000 000

【例 4－6】　东昌市财政局专用基金部分总账期末余额办理转账：

（1）将全年的专用基金收入 100 万元转入“专用基金结余”账户。会计分录如下：

借：专用基金收入　1 000 000

　　贷：专用基金结余　1 000 000

（2）将全年的专用基金支出 90 万元转入“专用基金结余”账户。会计分录如下：

借：专用基金结余　900 000

　　贷：专用基金支出　900 000

编制年终决算资产负债表，如表4－3所示。

表4－3　　年终决算的资产负债表

编报单位：　　2004年12月31日　　单位：元

资产部类			负债部类		
科目名称	年初数	期末数	科目名称	年初数	期末数
资产			负债		
国库存款		120 982 000	暂存款		1 700 000
其他财政存款		765 000	与上级往来		3 663 000
有价证券		1 529 000	借入款		——
在途款		——	负债合计		5 363 000
暂付款		3 524 000	净资产		
与下级往来		2 048 000	一般预算结余		18 897 000
预拨经费		30 000	基金预算结余		101 280 000
基建拨款		400 000	专用基金结余		120 000
			预算周转金		3 618 000
			净资产合计		123 915 000
资产合计		129 278 000	负债部类总计		129 278 000

（二）结清旧账

年终转账后，全部账务登记完毕，将各个账户的借方、贷方结出全年总计数，然后在下面划双红线，表示本账户全部结清。对年终有余额的账户，在“摘要”栏内注明“结转下年”字样，表示旧账结束，转入新账。

（三）记入新账

在转账后，根据年终转账后的各总账账户和明细账户余额编制年终决算“资产负债表”和有关明细表，将表列各账户余额（不编制记账凭证）直接记入新年度有关总账和明细账各账户预留空行的余额栏内，并在“摘要”栏注明“上年结转”字样，以区别新年度发生数。

根据《预算法》规定，各级地方财政部门编制的本级决算草案，经本级人民代表大会常务委员会（或人民代表大会）审查批准后，如需更正原报决算草案收入、支出数字时，必须相应调整旧账，重新办理结账和记入新账。

第三节

财政总会计的报表

财政总预算会计报表是各级政府预算收支执行情况及其结果的定期书面报告，是各级政府和上级财政部门了解情况、掌握政策、指导预算执行工作的重要资料，也是编制下年度预算的基础。因此，各级总预算会计必须按照制度规定和会计报表的编制要求，定期正确及时地编制和汇总会计报表。地方各级财政部门，要定期向同级人民政府和上级财政部门报告本行政区域的预算收支执行情况。财政部要定期向国务院、全国人民代表大会报告国家预算收支执行情况。对国家预算执行中存在的问题，还要提出具体意见和建议，以利于同级政府和上级财政部门采取措施，加强对财政工作的领导，充分发挥总预算会计在预算管理中的积极作用。

一、财政总会计报表的种类

按照不同的分类标准，财政总会计报表可进行以下分类：

（一）按时间分类

财政总预算会计按编报报表的时间划分，有旬报、月报和年报，年报即年终决算。

（二）按内容分类

财政总预算会计的报表按编报的内容划分，有资产负债表、一般预算收支决算总表、一般预算收入、支出决算明细表、财政基金收支决算总表、财政基金收支决算明细表、专用基金收支决算表、预算执行情况说明书、决算说明书及其他附表等。

（三）按编报的范围分类

财政总预算会计的报表按编报范围划分，可分为本级报表和汇总报表两种。

二、财政总会计的旬报、月报和年报

（一）旬报

旬报是反映从月初至本旬止的预算收支的主要指标完成情况的报表，于每月上、中旬后报送，只列报主要报表项目（下旬免报）。旬报的内容、报送时间由财政部根据情况规定并逐级布置，旬报的报送原则为快速、扼要。旬报的项目，通常按《政府预算收支科目》的规定，收入编报到“类”和其中的几个主要“款”；支出一般列报支出合计和其中的基本建设支出和行政管理费等支出。上旬列报本旬发生数；中旬列报上、中两旬累计数。县级财政总会计的旬报应在当旬结束后 1 日内报出；省（自治区、直辖市）级财政旬报财政部要求在旬后 3 天内报出。在 20 世纪 90 年代前，旬报曾以电报或电话的方式上报，现今旬报一般由专用网络上报。2004 年旬报的格式和内容如表 4－4 所示。

表 4-4　　　　地方财政收支旬报

预算科目	代号	数字（及说明）
一般收入合计	3	
国内增值税	11	
出口货物退增值税	41	含免抵调减增值税
营业税	29	
企业所得税	39	
个人所得税	27	
农牧业税	35	包括农业税、农业特产税、牧业税和契税
耕地占用税	7	
国有资产经营收益	21	
国有企业计划亏损补贴	31	
其他各项收入	15	除以上收入项目外的其他所有收入列入本科目
一般支出合计	1	
其中：基本建设支出	13	
文体广播事业费	5	
教育支出	25	
科学支出	19	
行政管理费	17	
社会保障补助支出	9	
政策性补贴支出	33	
基金收入合计	37	
基金支出合计	23	

（二）月报

月报是反映从年初至本月末止的预算收支完成情况。具体分为“一般预算收入月报”、“一般预算支出月报”、“基金预算收支月报”。也可以将一般预算收支与基金预算收支合并编报。月报格式及报送时间，由财政部根据情况规定，并逐级布置。通常月报预算收支内容是按《政府预算收支科目》规定，收入报到“类”、“款”，及主要的“项”，根据国库报来的预算收入日报表及总预算会计的预算收入明细账，按年初截至本月末的年度累计数编报。支出报到“类”、“款”和主要的“项”。根据预算支出明细账，按年初截至到本月份末止的年度累计数编报，还要编写必要的文字分析报告。2004 年财政部规定的地方财政收入月报的格式如表 4-5 所示。

表 4－5　　地方财政收入月报

预算科目	代号	数字（及说明）
收入总计	95	
一般预算收入合计	26	
增值税	110	
国有企业增值税	42	
集体企业增值税	124	
股份制企业增值税	55	
……	……	
营业税	56	
金融保险业营业税（地方）	138	
一般营业税	70	
……	……	
企业所得税	112	
国有工业企业所得税	163	国有工业包括冶金、有色、煤炭、电力、石油化工、机械、汽车、核工业、航空、航天、电子、兵器、船舶、建材、烟草、纺织
国有铁道企业所得税	139	
国有交通企业所得税	72	
……	……	
企业所得税退税	86	
国有工业企业所得税退税	99	
国有铁道企业所得税退税	30	
国有交通企业所得税退税	115	
……	……	
个人所得税	142	
其中：利息所得税	75	

续表

预 算 科 目	代 号	数字（及说明）
资源税	155	
固定资产投资方向调节税	168	
城市维护建设税	88	
房产税	101	
印花税	32	
其中：证券交易印花税	117	
城镇土地使用税	47	
土地增值税	130	
车船使用和牌照税	62	
屠宰税	143	
筵席税	76	
牧业税	169	
耕地占用税	102	
契税	33	
国有资产经营收益	118	
国有工业企业利润	48	
国有商业企业利润	144	
……	……	
国有企业计划亏损补贴	158	
国有工业企业计划亏损补贴	91	
国有铁道企业计划亏损补贴	104	
国有交通企业计划亏损补贴	35	
……	……	

续表

预 算 科 目	代 号	数字（及说明）
行政性收费收入	172	
公安行政性收费收入	105	
司法行政性收费收入	36	
……	……	
其他行政性收费收入	66	
罚没收入	160	
卫生罚没收入	135	
工商罚没收入	174	
……	……	
其他罚没收入	176	
海域场地矿区使用费收入	177	
专项收入	161	
排污费收入	94	
城市水资源费收入	107	
教育费附加收入	38	
……		
其他收入	136	
其中：国库存款利息收入	68	
基金收入合计	49	
工业交通部门基金收入	71	
文教部门基金收入	40	
其中：农村教育附加费收入	41	
社会保险基金收入	108	
农业部门基金收入	109	
土地有偿使用收入	126	
政府住房基金收入	165	
其他部门基金收入	166	
地方财政税费附加收入	167	

（三）年报

财政总预算会计的年报，即各级政府年度决算，是全面反映年度预算收支执行的最终结果的报表。年报应当在年终清理、年终结算的基础上，根据当年财政部下达的统一格式及要求编制。

各级政府的年度决算，是政府预算执行的总结，体现着年度政府预算收支的最终结果。各级政府的决算信息是国家宏观经济政策的基础性资料，是系统整理和积累财政统计资料的主要来源。组织和编审财政总决算，是各级财政总预算会计的主要任务之一。

财政总决算工作涉及面广，政策性强，是一项复杂细致的工作，财政总预算会计必须在财政部门的统一领导下，组织内部各职能部门和外部参与组织预算执行的国库、国家银行以及各单位预算主管部门，认真做好决算编审工作。通过决算编审，认真总结一年来预算执行工作的经验和问题，以提高预算管理工作水平。

决算表格是编制决算的重要工具，是政府决算数字的表现载体。通过决算表格的科学设计和合理应用，可以简明清晰地概括和反映政府决算的全貌。通常情况下，财政部每年在拟定和下达决算编审工作的同时修订和颁发决算表格。各级财政部门要根据上级财政部门颁发的决算编审办法和统一表格编制年报。现行的决算表格是按其反映内容进行分类的，主要包括正表、基本数字表和附表三大类：

1. 正表部分。是主要用来反映一般预算、基金预算收支的实际执行结果和明细数字以及资产负债等政府财务状况的会计报表，根据各总账和明细账账簿编制。主要包括以下各表：

（1）政府一般预算收支决算总表。这是各级政府决算的主要报表，通过它可以反映本级政府的各项预算收入、支出以及预算执行结余的情况，是向同级人大报告决算的政府基本财务信息资料。决算收支总表同时还是政府预、决算收支的对照表，各类收支数字都必须按照财政部颁布的政府预算收支科目，分“类”（有些项目要填至“款”、“项”）填列预算数和决算数。该表的决算收入数根据年终转账前的预算收入明细账填列；决算支出数根据年终转账前的预算支出明细账填列。

（2）政府一般预算收入决算明细表。这是反映各级财政一般预算收入来源明细情况的报表。该表按照《政府预算收入科目》规定的“款”、“项”列报决算数。为了反映各部门的决算收入数，还要编制财政决算分部门收入明细表。根据一般预算收入明细账分部门填列。在地方总决算中为了减少重复，决算收入的明细数字有时会并入“政府一般预算收支决算总表”中。政府一般预算收入决算明细表格式从略。

（3）政府一般预算支出决算明细表。这是反映各级财政一般预算支出明细用途情况的报表。按照《政府预算支出科目》“款”、“项”设置的一般预算支出明细账填列。其格式和内容根据财政部规定填报。一般预算支出决算明细表的格式从略。

（4）政府决算收支分级表。是反映各省、自治区、直辖市本级总决算和所属设区的市（州）、县（不设区的市、乡镇等）各级总决算情况的报表，反映了地方各级政府预算收支执行结果，是研究预算管理体制的重要参考资料，按国家预算科目分类填列决算数。政府决算收支分级表格式从略。

（5）民族自治地区政府决算收支表。反映民族地区总决算收入和支出情况的表格，是研究民族地区财政预算的参考资料，按照国家预算科目，分类填制预算数和决算数。民族自治地区政府决算收支表格式从略。

（6）年终资产负债表。它是反映年终各级财政财务状况的报表。它能够反映各级财政年终占有或使用的经济资源和负担的债务状况，以及各级财政偿债能力和实际财力状况。年终资产负债表根据年终转账后各总账账户的余额填报。表中所列各账户的"年初数"即上年度"年终资产负债表"的年末数；表中所列的"预算结余"、"基金预算结余"等的年末数，应与"财政决算收支总表"、"基金预算收支决算总表"中的"年终滚存结余"决算数一致。

（7）财政基金收支决算总表。这是反映各级财政基金预算收入、支出的执行结果和结余情况的报表。该表按照《政府预算收支科目》分"类"、"款"填制调整预算数和决算数。决算收入根据年终转账前的基金预算收入明细账填列；决算支出数根据转账前的基金预算支出明细账填列。

（8）财政基金预算收支决算明细表。是反映各级政府基金收支明细数字的报表。财政基金预算收支决算明细表的格式从略。

（9）专用基金收支情况表。这是用来反映专用基金年度增减变化情况的报表。它根据专用基金收入、支出明细账填报。专用基金收支情况表的格式从略。

2. 基本数字表。这是反映各项行政事业单位的机构、人员、开支标准等定员定额执行情况和事业成果的财务统计报表，由各单位预算机关根据财务统计和业务统计资料整理编制。财政总预算会计基本数字表的格式从略。

3. 附表部分。这是上述决算各表和决算说明书的必要补充资料。根据预算执行情况和决算分析的需要，财政部每年都要制定相应的附属表格作为上述各表的补充。决算附表大体上有：预算外资金收支决算总表；城市维护建设资金收支决算表；支援不发达地区资金使用情况表；税收年报、国库年报等。

4. 财政决算说明书。财政决算说明书是决算会计报表的重要组成部分。财政决算编成后，还要根据决算收支数字，结合各级政府所辖区域国民经济和社会发展计划的有关指标，详细分析财政收支完成好坏的原因，总结一年来预算管理工作的经验和存在的问题等。决算报表必须连同决算说明书一并报送同级人民政府，经同级人民政府审阅签署后，再上报上级财政部门。决算资料经过逐级汇编，最终形成全国的财政决算。

第四节

实验——财政总预算会计年终业务及报表编制

一、实验目的

练习财政总预算会计的年终业务，包括：年终结算、结账等；了解总预算会计财务报表的基本分类及编制原理，熟悉总预算会计财务报表的基本格式。实验时间需 3 ~ 4 学时。

通过本次实验，要求学生们能够：

1. 对总预算会计中各类年终业务，通过软件来进行完整的会计流程的处理，包括：录入交易、生成记账凭证；交叉审核记账凭证；并对审核后的凭证进行记账；

2. 掌握结账的原理，能够通过软件来设置并生成自动转账凭证；

3. 熟悉总预算会计财务报表的基本格式，能够通过软件掌握报表的日常基本操作。

本节实验在性质上属于实务模拟实验。实验结果可使用打印输出的记账凭证列表或年终财务报表的形式，供教师批改和总结。

二、实验流程

1. 学生进入各自账套：进入“账务管理”界面，在“9. 账套选择”中选择各自账套。

2. 在“账务管理”界面选择“2. 日常账务”，进入“日常账务”界面。

3. 设置自动转账凭证：通过设置并生成自动转账凭证，可将期间内发生的收入、支出等转入对应的结余类科目。自动转账凭证的设置方法如下：（1）进入“日常账务”界面，在“凭证设置”菜单中选择“设置自动转账凭证”，进入“自动凭证分录管理”窗口，点击“增加”，即可设置生成自动转账凭证的方式（见图 4 - 2）。关于结转方式选择的详细内容，可参见附录一第三节。一般来讲，选择“直接选择结转科目”比较简单易懂。（2）选择好结转方式后即进入“自动转账凭证会计分录”的定义窗口（见图 4 - 3）。在该窗口需录入转账凭证的各项基本要素。图 4 - 3 中录入的就是将一般预算收入转入一般预算结余的自动转账凭证。（3）逐条录入全部转账凭证，存入后，在“自动凭证分录管理”窗口可以显示所有设置好的转账凭证（见图 4 - 4），在此窗口还可以对设置好的转账凭证进行进一步删除或修改。

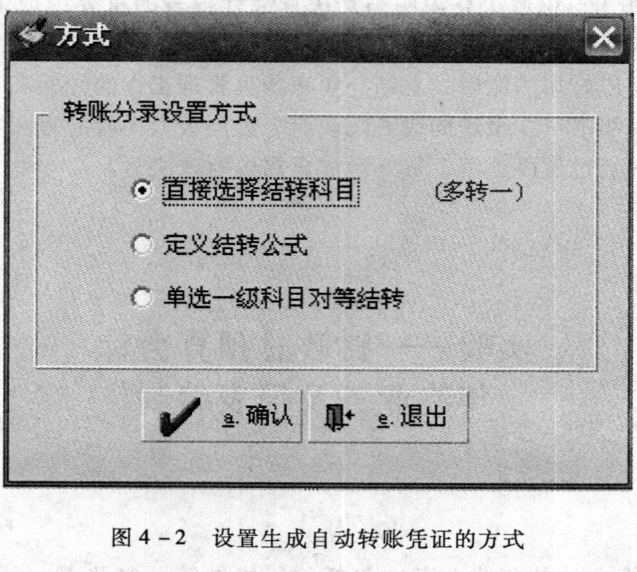

图 4 - 2　设置生成自动转账凭证的方式

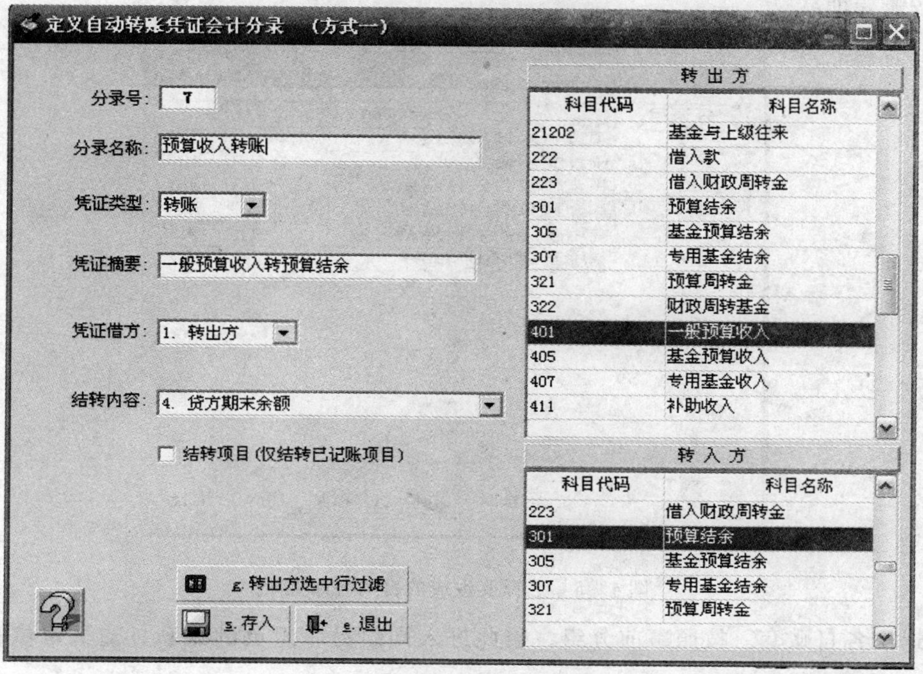

图 4－3　“自动转账凭证会计分录”的定义窗口

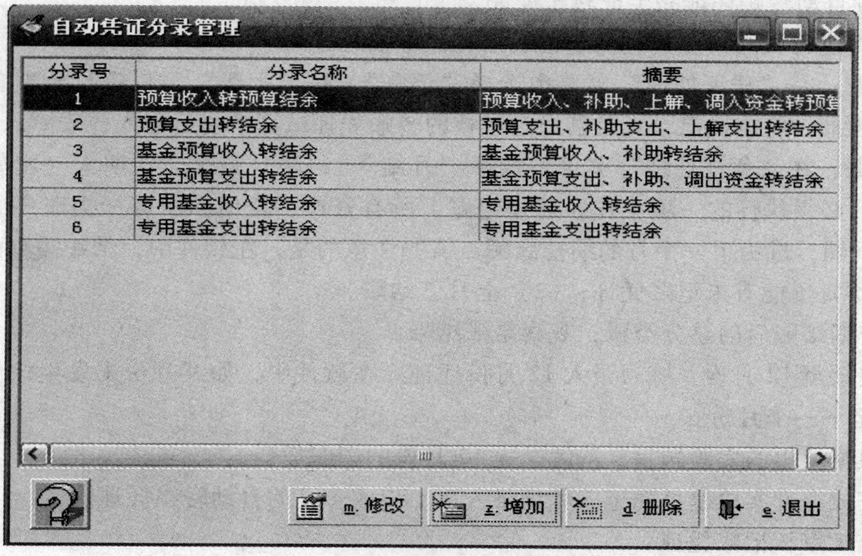

图 4－4　“自动凭证分录管理”窗口

4. 根据下文实验题目生成自动转账凭证：(1) 在“日常账务”界面“凭证处理”菜单中选择“生成自动转账凭证”。(2) 在窗口中，根据本期间的业务情况选择要生成的自动转账凭证（见图 4－5），（为避免遗漏，可直接点击“全选择”）。确认后，系统就会自动生成全部转账凭证。

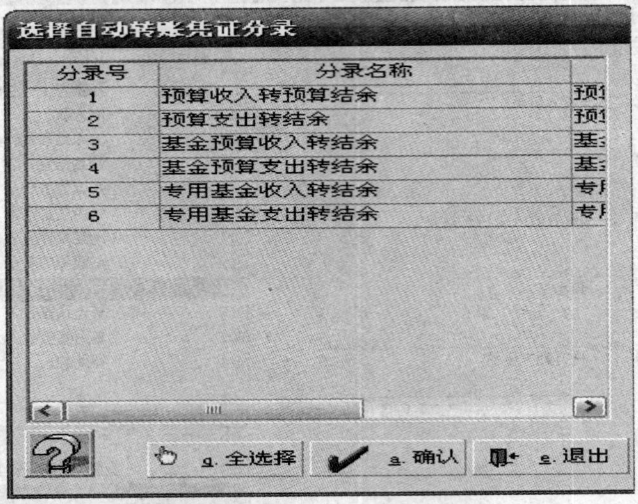

图 4－5　选择要生成的自动转账凭证

5. 退出各自账套。按照事前分组，彼此进入同组另一组员的账套，交叉审核自动转账凭证。

6. 记账员修改未通过审核的自动转账凭证：需先删除已生成的、出错的转账凭证，然后重新设置自动转账凭证并生成转账凭证。

7. 重新进行交叉审核，直至全部转账凭证审核通过。

8. 记账：在“凭证处理”菜单中选择“记账”，在“记账”窗口进行数据备份后选择“记账”。由此，将本次已录入且已通过审核的转账凭证试算平衡后记入各账簿。

9. 结账：在“凭证处理”菜单中选择“月结”。结账是每个会计期末（本软件中即指每个月末）必须执行的一项工作。通过记账，所有资产、负债和净资产类账户的期末余额都结转到下期，成为下一个月的期初余额。需要注意的是，在软件中，结账需有两个前提条件：(1) 本月不能有未记账凭证；(2) 上月已结账。

10. 查询结账后的总分类账，观察结账结果。

11. 空结至 12 月份，练习录入 12 月份凭证。在软件中，如某月份未发生任何交易，可直接空结至下一个月份。

12. 根据给出的实验题目，继续录入 12 月份的记账凭证。

13. 完成全部实验题目的记账凭证录入后，生成本月的自动转账凭证。

14. 交叉审核记账凭证。

15. 记账员修改未通过审核的记账凭证。

16. 重新进行交叉审核，直至全部转账凭证审核通过。

17. 记账。

18. 结账。此时由于结账日期为 12 月份，软件自动作为年结处理。年结需要由系统管理员在“账簿管理”模块中完成。

19. 退出“账务处理”模块，进入“报表编制系统”：（1）初步熟悉“报表编制系统”的基本操作及功能（见图4－6）。（2）生成该市财政局本年度的资产负债表和一般预算收支决算总表。由于这两个报表是总预算会计最基本的两个财务报表，所以事先可由教师在“报表编制系统”定义好报表的基本公式。由此学生进入“报表编制系统”后，就可以直接生成资产负债表和一般预算收支决算总表。对学生而言，熟悉报表的编制原理和基本格式、能够分析报表信息就可以了。关于报表处理的详细操作可参见附录二。

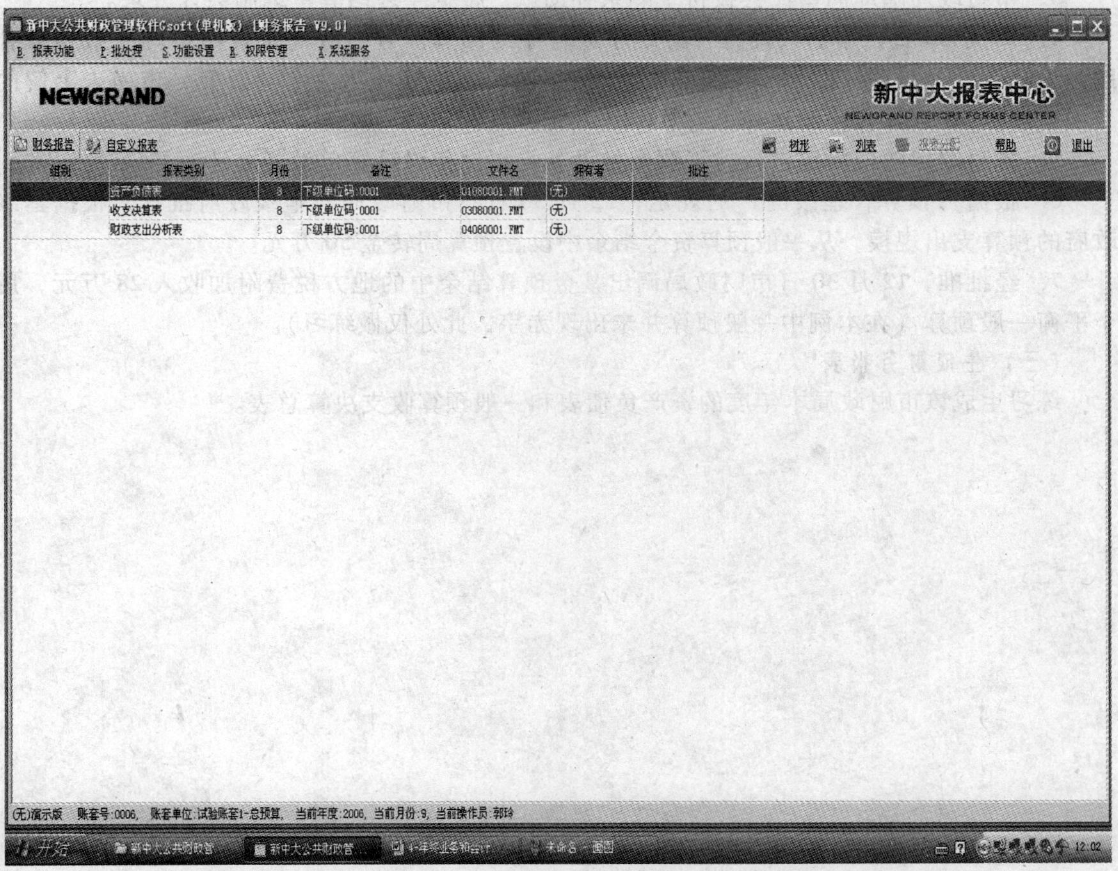

图4－6 报表编制系统界面

三、实验题目

（一）练习结账

1. 1月31日，设置转账凭证，将各项一般预算收入、一般预算支出转入一般预算结余。
2. 设置转账凭证，将各项基金预算收入、基金预算支出转入基金预算结余。
3. 设置转账凭证，将各项专用基金收入、专用基金支出转入专用基金结余。
4. 生成自动转账凭证并月结。

（二）练习总预算会计的年终业务

1. 12月4日，市财政局从本级预算（一般预算）安排给市农业局自筹粮食风险基金10万元。

2. 12月30日，市财政局与所属富民县进行年终结算。该市尚未拨给所属富民县的财政专项补助为60万元，年终结算补助（包括税收返还补助）为75万元，该县尚有一般预算未上解款20万元，累计已拨付昌北县财政调度款30万元。

3. 市财政局随即向富民县拨付了剩余补助款。根据年终结算单编制会计分录。

4. 12月30日，市财政局与省财政厅进行年终结算。省财政尚未拨给市的一般预算补助为100万元，专项补助30万元；尚未拨给市的税收返还收入为250万元，市尚未上解的专项上解款50万元，一般预算上解款140万元。

5. 省财政厅随即向该市拨付了剩余补助款。根据年终结算单编制会计分录。

6. 根据《预算管理条例》的规定，12月30日，市财政局经本级政府批准，根据本级政府的预算支出规模，从一般预算资金结余中设置预算周转金50万元。

7. 经批准，12月30日市财政局调出基金预算结余中的地方税费附加收入28万元，用于平衡一般预算（在本例中一般预算并未出现赤字，此处仅做练习）。

（三）生成财务报表

练习生成该市财政局本年度的资产负债表和一般预算收支决算总表。

第五章

DIWUZHANG

行政单位资产与负债的核算

学习目标

通过本章的学习，需要理解并掌握以下问题：

□ 了解行政单位会计的概念

□ 熟悉行政单位会计的核算原则

□ 熟悉行政单位资产和负债的会计科目

□ 对行政单位会计中与资产、负债相关的各类交易，通过软件来进行完整的会计流程的处理，包括：录入交易、生成记账凭证；交叉审核记账凭证；并对审核后的凭证进行记账。

第一节

行政单位会计概述

一、行政单位和行政单位会计

从财务管理和会计核算的角度出发，行政单位的范围是指我国境内“各级行政机关和实行行政财务管理的其他机关、政党组织”。[①] 其中，实行行政财务管理的单位除国家行政机关[②]，还包括以下几类：

第一，司法机关。是维护法律的部门，它是国家司法权的组织体现。根据司法权的职能，司法机关又可分为诉讼和审判机关，在我国分别由检察院和法院担任。

第二，政党组织。指中国共产党及各民主党派的中央、地方各级委员会以及其所属的其

① 《行政单位会计制度》第二条。

② 包括国务院和地方各级人民政府及其附属的各职能管理部门。

他一些常设机构。由于政党组织的工作活动与行政单位有相同的特点，故政府在预算管理上将其视同行政单位对待，它们的人员编制列入国家行政编制，其经费由政府财政拨付，并实行行政财务管理办法。

第三，人民团体。这里专指接受国家预算拨款的人民团体。与上述四类组织不同，人民团体是典型的非政府组织（NGO）。然而在我国，受高度计划体制的因袭，大量的人民团体，如妇联、共青团机关、工会及一些宗教协会等，是由政府财政拨付资金的。这些人民团体工作人员的编制也被列入国家的行政编制，经费收支亦执行行政单位会计制度。

对上述行政单位的预算资金的收支活动以及在公务管理中发生的其他资金的收支活动进行核算、反映、监督的会计，我们称为行政单位会计。

二、行政单位会计的分级

《行政单位会计制度》第四条规定："根据机构建制和经费领报关系，行政单位的会计组织系统，分为主管会计单位、二级会计单位和基层会计单位三级。

向财政部门领报经费，并发生预算管理关系的，为主管会计单位。

向主管会计单位或上一级会计单位领报经费，并发生预算管理关系，有下一级会计单位的，为二级会计单位。

向上一级会计单位领报经费，并发生预算管理关系，没有下级会计单位的，为基层会计单位。

向同级财政部门领报经费，没有下级会计单位的，视同基层会计单位。

主管会计单位、二级会计单位和基层会计单位实行独立会计核算，作为独立的会计主体和报告主体，负责组织管理本部门、本单位的全部会计工作。不具备独立核算条件的行政单位，实行单据报账制度，作为'报销单位'管理。"

需要说明的是，当某个行政组织系统经费转拨层次较多时，主管会计单位和基层会计单位之间的数个级别的会计单位都应当是二级会计单位。

三、行政单位会计的核算原则与会计科目

（一）核算原则

在《行政单位会计制度》中，规定了以下 10 条核算原则：

1. 客观性原则。《行政单位会计制度》第十一条规定："会计核算应当以行政单位实际发生的经济业务为依据，客观真实地记录、反映各项收支情况及结果。"

2. 相关性原则。《行政单位会计制度》第十二条规定："会计信息应当符合国家宏观经济管理的要求，适应预算管理和有关方面了解行政单位财务状况及收支结果的需要，有利于单位加强内部财务管理。"

3. 可比性原则。《行政单位会计制度 》第十三条规定："会计核算应当按照规定的会计处理方法进行。同类单位会计指标应当口径一致，相互可比。"

4. 一贯性原则。《行政单位会计制度》第十四条规定："会计处理方法应当前后各期一致，不得随意变更。如确有必要变更，应当将变更的情况、原因和对单位财务收支情况及结果的影响在会计报表中说明。"

5. 及时性原则。《行政单位会计制度》第十五条规定："会计核算应当及时进行。"

6. 明晰性原则。《行政单位会计制度》第十六条规定："会计记录和会计报表应当清晰明了，便于理解和运用。"

7. 以收付实现制为会计基础。《行政单位会计制度》第十七条规定："会计核算以收付实现制为基础。"

8. 限制性原则。限制性原则是指对于指定用途的资金必须专款专用，单独核算，专项结报。《行政单位会计制度》第十八条规定："凡是指定用途的资金应按规定的用途使用，并单独核算反映。"

9. 历史成本原则。《行政单位会计制度》第十九条规定："各项财产物资应当按照取得或购建时的实际成本计价。除国家另有规定者外，一律不得自行调整其账面价值。"

10. 全面性和重要性相结合的原则。《行政单位会计制度》第二十条规定："会计报表应当全面反映行政单位的财务收支情况及其结果。对于重要的业务事项，应当单独反映。"

（二）会计科目

根据我国现行的《行政单位会计制度》，行政单位会计的会计科目由资产类、负债类、净资产类、收入类、支出类等五大类会计科目构成。各具体总账科目名称及编号见表 5－1。

表 5－1　　行政单位会计科目表

科目类别	科目编号	科目名称
一、资产类	101	现金
	102	银行存款
	103	有价证券
	104	暂付款
	105	库存材料
	106	固定资产
二、负债类	201	应缴预算款
	202	应缴财政专户款
	203	暂存款
三、净资产类	301	固定基金
	303	结余
四、收入类	401	拨入经费
	404	预算外资金收入
	407	其他收入
五、支出类	501	经费支出
	502	拨出经费
	505	结转自筹基建

为了汇总和检查行政单位资金活动情况和结果，全国实行统一的总账科目。非经财政部同意，不得减并，不需要的科目可以不用。各行政单位在全国统一的总账科目下，可根据需

要自行设置明细科目。

第二节

行政单位流动资产的核算

资产是行政单位占有或者使用的，能以货币计量的经济资源，包括流动资产和固定资产。流动资产是指可以在一年内变现或者耗用的资产，包括现金、银行存款、暂付款、库存材料等。

一、货币资金的核算

（一）现金的核算

1. 行政单位现金的管理。现金是流动性最强的一种货币性资产，是立即可以投入流通的交换媒介。因此，行政单位必须加强对现金的管理和核算。《行政单位会计制度》第二十二条规定："现金按照实际收入和支出数额记账。"此外，现金管理还应遵循以下原则：

（1）严格遵守现金使用范围，按照国家《现金管理暂行条例》的规定用途使用现金。如：支付给职工个人的工资及工资性补贴①、支付给个人的其他劳务报酬、支付各种抚恤金、奖学金、差旅费、丧葬补助费、各种劳保、福利费用、颁发给个人的科学、技术、文化等各种奖金、行政单位结算起点以下的零星支出，按现行规定，结算起点为 1 000 元。

（2）遵守库存现金限额。为了方便各单位零星现金开支的需要，各单位应提出申请，报开户银行审批，核定库存现金限额，原则上以 3～5 天的日常开支量为准，超过限额的应及时送存银行。

（3）不得坐支现金。单位支出现金，应从库存现金限额中支取，或者从银行提取，不得从本单位的现金收入中直接支付，即实行收支两条线。

（4）会计、出纳要分开，以保证现金的安全，加强内部控制。

（5）现金收支业务必须根据合法凭证办理。办理任何现金收支，都必须以合法的原始凭证为根据。出纳员付出现金后，应当在原始单据上加盖"现金付讫"戳记，并在当天入账，不准以借据、白条抵现金入账。收到现金后，属于各项收入的现金，都应当开给对方合法收款凭据。

（6）如实反映现金库存。现金收支应及时入账，日清月结。如发现溢款，先做暂存款处理，短款时，应立即查明原因，分别情况处理。单位之间不得相互借用现金，也不得将单位收入的现金办理储蓄。

2. 现金的核算。行政单位会计设置"现金"总账科目，用以核算行政单位的库存现金。核算具体业务参见"（二）银行存款的核算"及"（三）现金余缺的处理"。此外，现金核算中还应注意以下几点：

---

① 国库集中收付制改革后，已逐步实现了工资统发，不再以现金形式发放。

（1）现金按照实际收入和支出数额记账。

（2）对于现金的核算，除上述总分类账核算外，行政单位应设置“现金日记账”，由出纳人员根据收付款凭证，按照业务的发生顺序逐笔登记。每日业务终了，计算当日的现金收入合计数、现金支出合计数和结余数，并将结余数和实际库存数核对，做到账款相符。

（3）有外币现金的行政单位，应分别按人民币、各种外币设置“现金日记账”进行明细核算，具体参见“银行存款”科目。

（二）行政单位银行存款的核算

1. 银行存款的管理。《行政单位会计制度》第二十二条规定：“现金和银行存款按照实际收入和支出数额记账。”

为了保证我国各类经济组织之间结算工作的顺利进行，中国人民银行对结算方式、程序、手续都作了统一规定。根据现行结算办法，银行的结算方式分为：银行汇票、商业汇票、银行本票、支票、汇兑、委托收款（同城、异地）和托收承付（异地）等结算方式。

行政单位必须严格银行存款的开户管理，禁止多头开户。预算经费应由财务部门统一在同级财政部门或上级主管部门指定的国家银行开户，不得自行转移资金。

2. 银行存款的核算，行政单位会计设置“银行存款”总账科目，用以核算行政单位存入银行及其他金融机构的各种款项。

行政单位应按照开户银行、存款种类等，分别设置“银行存款日记账”。由会计人员根据收付款凭证，按照业务的发生顺序逐笔登记，每日终了应结出余额。“银行存款日记账”应定期与银行对账，至少每月核对一次。月份终了，行政单位账面结余与银行对账单余额之间如有差额，应逐笔查明原因，分别情况进行处理。属于未达账项，应按月编制“银行存款余额调节表”，调节相符。应当注意的是，单位存款与银行存款双方账面余额经调节相符后，还不能据以调整账面记录，必须等到未达账项变成“已达账项”时，再根据银行转来的有关凭证，进行账务处理。

现将行政单位银行存款和现金的核算方法，举例说明如下：

【例5-1】 东昌市卫生局开出现金支票，向银行提取现金600元备用。根据现金支票存根，填制记账凭单，编制会计分录如下：

借：现金　600

　　贷：银行存款　600

【例5-2】 以现金支付林某探亲旅费245元。根据领导批准的差旅费报销单，填制记账凭单，编制会计分录如下：

借：经费支出——基本支出——（对个人和家庭补助——）其他　245

　　贷：现金　245

（三）现金余缺的处理

各单位的出纳人员，在办理现金收付过程中，如出现差错，要及时查找原因，认真对待。如发现长款，一时找不出原因，可先作暂存款入账待查，能查明的退回原主，确实无法查明的，应转作应缴预算款上缴国库。如发生短款时，一时找不出原因，可先作暂付款记账。属于一般工作问题造成的少量的短款，经单位领导批准，可作经费支出报销。如属于重大责任事故造成短款的，应报请上级主管单位和财政机关处理。

现举例说明现金长、短款的核算说明：

【例5-3】 6月20日，东昌市卫生局出纳人员盘点现金，发现实存数与账面余额不符，长款40元，一时查不出原因，先作暂存款入账。根据自制的原始凭证，填制记账凭单，编制会计分录如下：

借：现金　　40
　　贷：暂存款　　40

将长余现金40元送存银行，并根据“送款单回执联”，填制记账凭单，编制会计分录如下：

借：银行存款　　40
　　贷：现金　　40

月末，仍无法查明长款原因，应将其上缴财政，会计分录如下：

借：暂存款　　40
　　贷：应缴预算款　　40

借：应缴预算款　　40
　　贷：银行存款　　40

【例5-4】 6月30日，东昌市卫生局出纳人员盘点现金，发现短款25元，一时查不出原因，作暂付款入账，根据领导批准的短款报告，填制记账凭单，编制会计分录如下：

借：暂付款——短款　　25
　　贷：现金　　25

以上短款，确无法查明原因，经分析属于工作疏忽，经领导批准，予以报销。根据批准的文件，填制记账凭单，编制会计分录如下：

借：经费支出——基本支出——（公用支出——）其他　　25
　　贷：暂付款——短款　　25

二、有价证券和暂付款的核算

（一）有价证券的核算

《行政单位会计制度》第二十三条规定：“有价证券是指行政单位用结余资金购买的国债。”这与通常意义上的有价证券不同。行政单位购买、保管和兑付有价证券应遵循下列管理原则：

1. 有价证券的购买应使用结余资金。不能把购买有价证券列入支出预算，不能因购买有价证券而影响履行行政职责的财力保证。

2. 有价证券按取得时的实际成本记账。购入的有价证券应作为货币资金妥善保管，做到账券相符。

3. 行政单位购买中央财政发行的国家公债。

4. 当期有价证券的利息收入和转让有价证券取得的收入与账面成本的差额，记入当期的收入（其他收入）。不能作为福利费处理或设立“小金库”。

行政单位会计设置“有价证券”总账科目，用以核算行政单位购入的有价证券。购入有价证券时，按照实际支付的款项，借记该账户，贷记“银行存款”账户；兑付本息时，借记“银行存款”账户，贷记“有价证券”账户（本金）和“其他收入”（利息）账户。该账户的借方余额，反映尚未兑付的有价证券本金数。

【例5－5】 2005年4月5日，东昌市卫生局用上年结余资金19 600元，认购总面值为20 000元的2年期、年利率为5%的国债。开出转账支票一张交付银行，同时取得国债。根据有关凭证，填制记账凭单，编制会计分录如下：

借：有价证券　19 600

　　贷：银行存款　19 600

【例5－6】 2006年4月5日该单位到期收到国债利息，根据有关凭证，填制记账凭单，编制会计分录如下：

借：银行存款　2 000

　　贷：其他收入　2 000

【例5－7】 2007年4月5日该单位到期兑取国债本金及利息。根据有关凭证，填制记账凭单，编制会计分录如下：

借：银行存款　22 000

　　贷：有价证券　19 600

　　　　其他收入　2 400

（二）暂付款的核算

暂付款是行政单位在业务活动中与其他单位、所属单位或本单位职工发生的临时性待结算款项。一般包括预付款、职工预借的差旅费、报销单位领用的供周转使用的备用金等。行政单位的支出核算原则要求，只能以预算经费的实际支出数作为经费支出的依据，从银行已支取但尚未消耗的款项，如预付的设备款、职工预借的差旅费、报销单位领用的供周转使用的备用金等，这类资金在未报销前不能按照银行支取数列支，所以作为暂付款进行核算。

行政单位的暂付款应依据下列原则进行管理。

1. 应当在规定的范围内、办理规定的审批手续后发生暂付款。各种暂付款项，要按核定的预算或计划，取得手续完备的借据，经核实后支付。暂付款只能用于公用开支，不能用于私人借款，财会部门对于不符合规定或超过计划的借款，应予以拒绝。

2. 应当控制暂付款的占用时间。借款人办事结束后应在规定的日期内结算报销，如有余款应同时交回，结清尾欠。前借未清的，原则上不得再借。年终，暂付款原则上应全部及时清理、结算，原则上，除外出未归人员预借的差旅费、预付订货款以外，不能跨年度挂账。

3. 应当控制暂付款的额度。拨给所属单位的备用金，要核定一个定额加以控制，平时报销后再予补充。年终余款应全部交回清账，下年再办理借款。

行政单位会计设置“暂付款”总账账户，用以核算行政单位发生的待核销的临时性结算款项。发生暂付款时，借记该账户，贷记“现金”、“银行存款”等有关账户；结算收回或核销转列支出时，借记“经费支出”等有关账户，贷记本账户。该账户借方余额，反映尚待结算的暂付款累计数。该账户应按债务单位或个人名称设置明细账户进行明细核算。行政单位对所属报销单位拨付供周转使用的备用金时，应通过该账户核算。

现将暂付款的核算举例说明如下：

【例5-8】 某日，李局长因公出差，预借差旅费600元，根据有关借款凭证，填制记账凭单，编制会计分录如下：

借：暂付款——李局长　　600

　　贷：现金　　600

【例5-9】 某日，以现金拨付下属报销单位新年度备用金300元，根据有关借款凭证，填制记账凭单，编制会计分录如下：

借：暂付款　　300

　　贷：现金　　300

【例5-10】 李局长出差回来，报销差旅费550元，余款当即退回。根据有关凭证，填制记账凭单，编制会计分录如下：

借：经费支出——基本支出——差旅费　　550

　　现金　　50

　　贷：暂付款——李局长　　600

三、库存材料的核算

行政单位的资产包括所有它占有或者使用的，能以货币单位计量的经济资源，所以行政单位的库存材料及其占有的固定资产都属于其会计核算的范畴。

为了加强材料管理，严密核算手续，行政单位对于库存的材料，应建立材料的收入、发出和保管制度，并确立材料的储备定额。

（一）材料的分类和计价

行政单位耗用的材料分为一般材料和低值易耗品。一般材料指属于使用以后即行消耗或逐渐消耗不能复原的物资，包括各种原材料、燃料、实验材料，装、改使用的元件、零件和配件等。低值易耗品指不够固定资产标准[①]的工具设备，如低值仪表仪器、小工具、器具、量具、器皿、一般用具和低值劳动保护品等。由于各类行政单位的业务活动不同，其使用的材料也不相同。所以各行政单位的材料分类，应由其主管部门根据具体情况分别加以确定。

行政单位购进材料一般按实际价格计算。购入、调入材料分别按购进价和调拨价记账。购入、调入材料过程中发生的差旅费、运杂费，为了简化核算手续，均不计入材料价格，可直接列有关支出，这一点与企业财务会计不同。对发出材料的核算，如何进行计价是一个重要的问题，由于每种材料是分批购进、分批领用的，而每批购进的材料因进料来源、质量不同，单价也不一样，因此在发料时，就不能以某一次购料的价格来计算，行政单位可根据实际情况，按“加权平均法”或“个别计价法”、“先进先出法”、“后进先出法”确定出库成本，记账。报损和清点中多出或短少的材料，也需根据实际情况，采用上述方法确定出库成本，记账。

---

① 《行政单位财务规则》第二十六条规定：行政单位一般设备单位价值在500元以上，专用设备单位价值在800元以上，为固定资产。单价虽然未达到规定标准，但使用时间在一年以上的大批同类物资，应作为固定资产核算。

（二）材料购入的核算

行政单位的材料核算，分别在会计部门和材料管理部门进行，会计部门只记金额，不记数量，并设置总账账户，进行总账核算。为核算行政单位材料的收入、发出、结存情况，应设置“材料”（资产类）总账账户。借方，记材料验收入库数（金额）；贷方，记领用出库数（金额）。借方余额反映库存材料的总值。材料管理部门，既要记金额，又要记数量，按物品和规格设明细账户，进行数量和金额的明细核算。

各单位按计划采购材料，无论是购入或是调入，都要办理入库手续，经保管员验收无误后，即在原始单据上加盖“验收”戳记，并填制“材料入库单”（见表5－2），一式二联，经加盖章后，一联由材料管理部门据以登记材料明细账；一联连同有关原始凭证交会计部门据以填制记账凭单，登记总账。库存材料的记账管理方法介于“永续盘存制”和“定期盘存制”之间。对材料的购入，会计部门直接进行记账；但对于材料的发出，会计部门须在月终根据材料管理部门盘点核定的材料单价进行记账。

表5－2　　　　　　　　　**入　库　单**

供应单位　　　　　　　　　2004年7月8日　　　　　　　　　编号121

材料编号	材料名称及规格	计量单位	实收数量	单价	金额
2014	甲种材料	千克	200	10.5	2 100

现将材料收入的核算方法，举例说明如下：

【例5－11】 7月8日，东昌市卫生局购入甲种材料200千克，每千克10.5元；7月28日，又购入80千克，每千克10元。以上货款均由银行支付，运杂费共计80元以现金支付。根据入库单，填制记账凭单，编制会计分录如下：

借：材料——甲种材料　　2 100

　　贷：银行存款　　2 100

借：材料——甲种材料　　800

　　贷：银行存款　　800

借：经费支出——基本支出——专用材料费　　80

　　贷：现金　　80

（三）材料发出的核算

发出材料时，由用料部门根据用料计划填制“领料单”（见表5－3），领料单必须由领料单位负责人审核，查明该项目用料是否符合用料计划，或有无超过部门计划的控制数，经签章后，方能作为发出材料的根据。

材料保管员对于用料部门填制的“领料单”进行审核后，核定实发数量，并且将实发数量填写在领料单内的实发栏，在凭单上加盖“发讫”戳记，及时登记材料明细账（见表5－4）。同时由领料人员在领料单上签章，以便明确经济责任。

表 5－3 **领　料　单**

用途：业务用　　2004 年 7 月 12 日

领用部门：　　编号 88

材料类别	材料编号	材料名称及规格	单位	数量		单价	金额
				请领数	实发数		
* * * * *	2014	甲种材料	千克	60	60		

备注：　　经常性经费　　发讫

表 5－4 **库存材料明细账**

类别：××　品名：甲种材料　　计量单位：千克　规格：　　第　页

年		凭证号	摘要	收入			发出			余额		
月	日			数量	单价	金额	数量	单价	金额	数量	单价	金额
6	30		本月累计							100		1 020
7	8	收 21	购入	200	10.5	2 100						
7	12	发 88	发出				60					
7	18	收 22	购入	80	10	800						
7	27	发 94	发出				140					
			本月合计	280		2 900	200	10.3	2 064	180		1 856

月终，材料管理部门对于发出的材料要编制“发出材料汇总表”，核定材料单价，连同领料单送会计部门审查记账。“发出材料汇总表”的格式见表 5－5。

表 5－5 **发出材料汇总表**

年　　月

编号	材料名称及规格	单位	单价	业务用		…	…	合计	
				数量	金额			数量	金额
2014	甲种材料	千克	10.32	60	619.2			60	619.2
本月发料合计			10.32	200	2 064			200	2 064

行政单位对发出材料的核算，如何进行计价是一个重要的问题，为了简化核算，很多单位在计算库存材料平均单价时直接采用“加权平均法”来计算。“加权平均法”就是以某种材料的上期结存材料总金额加本期购入材料总金额，除以上期结存材料的数量加本期购入材料的数量，计算出材料的平均单价。其计算公式如下：

$$\text{某种材料平均单价}=\frac{\text{上期结存材料总金额}+\text{本期购入材料总金额}}{\text{上期结存材料的数量}+\text{本期购入材料的数量}}$$

发出材料的实际金额 = 发出材料数量 × 材料平均单价

平时，材料管理部门发料后，在“领料单”上加盖“发讫”戳记，并在库存材料明细账上进行登记，只记发出的数量，不记单价和金额。到月终，材料保管员根据库存材料明细账计算出材料的平均单价乘以本月发出材料的数量，即得出发出材料的总金额，登入“库存材料明细账”的金额栏。月终，材料管理部门对于发出的材料要编制“发出材料汇总表”，核定材料单价，连同领料单送会计部门审查记账。

现将材料发出的核算方法举例如下：

【例 5－12】 东昌市卫生局 7 月份发出以下材料：7 月 12 日，发出甲材料 60 千克，7 月 27 日，又发出甲材料 140 千克，均为业务上使用。

甲种材料平均单价 ＝（1 020＋2 100＋800）／（100＋200＋80）＝10.32（元）

7 月份发出材料总金额＝（60＋140）×10.32＝2 064（元）

材料管理部门编制“发出材料汇总表”。连同领料单送会计部门，会计部门根据材料管理部门送来的“发出材料汇总表”所列发出材料总额 2 064 元，填制记账凭单，编制会计分录如下：

借：经费支出——基本支出——专用材料费　　2 064
　　贷：材料——甲种材料　　2 064

（四）材料调出及售出的核算

各单位多余不用的材料，经上级批准可以调拨给其他单位或进行出售。调出或出售材料收回的价款，恢复本单位的银行存款，变价发生的损溢，相应增减当期经费支出，不作为“其他收入”处理。

【例 5－13】 东昌市卫生局调出丙种材料 100 千克，通过银行收回价款 500 元，该材料的账面原价为 700 元。根据有关凭证，填制记账凭单，编制会计分录如下：

借：银行存款　　500
　　经费支出——基本支出——其他　　200
　　贷：材料——丙种材料　　700

（五）材料盘盈、盘亏的核算

各单位的库存材料，应定期盘点，以保证材料核算的真实性，如实反映材料的实有数额。对盘点中发生的盘盈、盘亏情况，要查明原因，按照规定办法进行处理，并及时调整账面记录，对于当年的材料盘盈、盘亏，属于正常的溢出或损耗，应作冲减或增加本年的经费支出。属于非正常性的毁损，应按规定程序经批准后处理。

【例 5－14】 12 月 24 日，东昌市卫生局在年末盘点中，发现甲种材料盘盈 20 千克，计 200 元；乙种材料盘亏 10 千克，价值 40 元。根据批准的“材料盘盈、盘亏表”填制记账凭单，编制会计分录如下：

借：材料——甲种材料　　200
　　贷：经费支出——基本支出——专用材料费　　200
借：经费支出——基本支出——专用材料费　　40
　　贷：材料——乙种材料　　40

第三节
行政单位固定资产的核算

一、行政单位固定资产的分类

《行政单位会计制度》定义的固定资产是指使用年限在一年以上，单位价值在规定标准以上[①]，并在使用过程中基本保持原来物质形态的资产。包括房屋及建筑物、专用设备、一般设备、文物和陈列品、业务性图书[②]、其他固定资产。单价虽然未达到规定标准，但使用时间在一年以上的大批同类物资，应作为固定资产核算。

为适应各单位的具体情况，中央和地方的各级主管部门对以上固定资产的分类，可根据本部门的具体情况做适当变更，并且具体规定各类固定资产目录，但分类目录应尽可能做到简明、适用。

二、固定资产的计价

固定资产的计价就是以货币表现固定资产的价值。在《行政单位会计制度》中，固定资产的计价规定主要有以下几点：

1. 购入、调入的固定资产，按实际支付的买价、调拨价以及运杂费、保险费、安装费、测试费、车辆购置附加税[③]之和入账。

2. 购置固定资产过程中发生的差旅费，不计入固定资产价值。差旅费作为固定资产购置费用应列入经费支出——“设备购置费”这一“目”级科目。

3. 自行建造的固定资产，按建造过程中实际发生的全部支出入账。

4. 在原有固定资产基础上进行改、扩建的，应按改、扩建发生的支出，减去改、扩建过程中发生的变价收入后的净增加值，增记固定资产。

5. 接受捐赠的固定资产，应当按照同类固定资产的市场价格或者有关凭据记账。接受固定资产时发生的相关费用，应当记入固定资产价值。

6. 无偿调入和旧存的固定资产，不能查明准确价值的，估价入账。

7. 盘盈的固定资产，按重置完全价值入账。

8. 已投入使用但尚未办理移交手续的固定资产，可先按估计价值入账，待确定实际价值后，再进行调整。

9. 上述8条规定主要是在历史成本原则的指导下制定的。按历史成本原则已经入账的

---

① 《行政单位会计制度》第二十六条规定：行政单位一般设备单位价值在500元以上，专用设备单位价值在800元以上，为固定资产。

② 非业务性图书，如用于职工教育的图书，在购置时直接作为经费支出，不属于固定资产。

③ 车辆购置附加费已于2001年起改名为车辆购置税。因计价规定出自会计制度，故本教材对会计制度原文未作改动。

固定资产，除发生以下特殊情况外，不得对固定资产的价值任意变动，即：（1）根据国家规定对固定资产价值重新估价的；（2）增加补充设备或改良装置的（属于资本性开支）；（3）将固定资产的一部分拆除的；（4）根据实际价值调整原来暂估价值的；（5）发现原来记录固定资产价值有错误的。

10. 行政单位的固定资产，不计提折旧。

三、固定资产的核算

为了系统地、全面地核算固定资产的增减变动和结存情况，应设置“固定资产”（资产类）总账账户。用来核算行政单位所占有的固定资产价值。借方记增加固定资产的原值（新增、调入或盘盈）；贷方记减少固定资产的原值（调出、报废、出售或盘亏）。借方余额反映实有固定资产的原值。

为了总括地核算国家对行政单位在固定资产上投入的资金额，应设置“固定基金”（净资产类）总账账户，用来核算行政单位各项来源所形成的固定资产基金。借方记固定资产金额的减少；贷方记固定资产金额的增加。贷方余额反映行政单位拥有的固定资产基金总值。因为《行政单位会计制度》第二十四条规定行政单位的固定资产不计提折旧，所以该账户与“固定资产”账户的余额始终是相等的。

另外，要设立固定资产明细账，按固定资产的类别设立账页。

（一）固定资产增加的核算

行政单位固定资产的增加一般包括：基本建设竣工移交的房屋、建筑物；购入或自制及从其他单位无偿、有偿调入的固定资产；外单位或个人捐赠、盘盈等原因增加的固定资产。一切增加的固定资产，都应该有一定的验收制度和会计凭证。现将固定资产增加的核算方法，举例说明如下：

【例 5－15】 某建筑公司承建办公楼一幢 5 000 平方米，造价 40 万元，经验收合格交付使用，凭“固定资产交接单”及有关验收证件，填制记账凭单，编制会计分录如下：

借：固定资产——房屋及建筑物	400 000	
贷：固定基金		400 000

【例 5－16】 东昌市卫生局购买专用仪器一台，价款 7 万元，同时发生运杂费 150 元，差旅费 500 元，以银行存款支付，仪器验收合格。根据有关凭证，填制记账凭单，编制会计分录如下：

借：经费支出——基本支出——专用设备购置费	70 650	
贷：银行存款		70 650
借：固定资产——专用设备	70 150	
贷：固定基金		70 150

【例 5－17】 经省卫生厅协商，由外单位无偿调入本单位办公桌 20 张，每张原价 120 元，同时发生运杂费 150 元，以银行存款支付。根据有关凭证，填制记账凭单，编制会计分录如下：

借：固定资产——一般设备	2 550	
贷：固定基金		2 550

借：经费支出——基本支出——一般设备购置费　　150

　　贷：银行存款　　150

接受捐赠的固定资产，按评估确认的价值，借记“固定资产”和“固定基金”账户。对接受捐赠固定资产过程中发生的各项费用，如关税、运杂费等，一方面应记入有关支出账户，同时也应补充记入“固定资产”和“固定基金”等账户。

(二) 固定资产减少的核算

行政单位固定资产的减少，是指固定资产的有偿和无偿调出、报废、报损、丢失和变价处理等。单位发生固定资产减少时，财务部门应认真审核有关凭证，严格手续，对不符合规定的应拒绝办理，并及时报领导处理。

固定资产的调出、变价出售及毁损、报废应按以下规定办理：

1. 固定资产的有偿和无偿调拨，即指经批准在系统内无偿调给或作价调给其他单位的，应按各级财政机关的统一规定处理。

2. 有偿调出、变卖的固定资产，按其账面价值销账；同时将实际收到的变价款项记入“其他收入”账户。

3. 毁损、报废的固定资产，按规定的程序报经批准后，按账面价值销账。毁损、报废、清理的固定资产，其残值收入记入“其他收入”账户，清理过程中发生的费用，称为“清理费用”，记入“经费支出”账户，这一点与库存材料的处理不同。

现将固定资产减少的核算方法举例说明如下：

【例 5－18】 东昌市卫生局经批准，将一辆卡车无偿调出，卡车账面原价为 112 000 元，予以注销。根据有关凭证，填制记账凭单，编制会计分录如下：

借：固定基金　　112 000

　　贷：固定资产——专用设备　　112 000

【例 5－19】 东昌市卫生局经批准，将小轿车一辆作价出售。轿车账面原值 20 万元，售价为 15 万元，价款由银行收讫，出售过程中发生广告费用 800 元，以银行存款付讫。根据有关凭证，填制记账凭单，编制会计分录如下：

借：固定基金　　200 000

　　贷：固定资产——专用设备　　200 000

借：银行存款　　150 000

　　贷：其他收入——固定资产变价收入　　150 000

借：经费支出——基本支出——其他支出（清理费用）　　800

　　贷：银行存款　　800

【例 5－20】 东昌市卫生局经批准报废仪器一台，原价 1 120 元，残值变价收入 160 元，已由银行收讫。根据有关凭证，填制记账凭单，编制会计分录如下：

借：固定基金　　1 120

　　贷：固定资产——专用设备　　1 120

借：银行存款　　160

　　贷：其他收入——固定资产变价收入　　160

（三）固定资产盘盈、盘亏的核算

固定资产是行政单位完成工作任务的物质条件，为了保证国家财产的安全，提高固定资产的利用率，财务部门每年至少应对固定资产进行一次全面清查。清查的方法是盘点实物，并将实存数与账面数核对。若发现盘盈、盘亏，应查明原因，编制“固定资产盘盈、盘亏表”，经领导批准，作为盘盈固定资产补记入账或盘亏固定资产予以销账的依据。

【例 5－21】 年终财产清查，盘盈专用仪器一台，重置价 1 200 元，盘亏办公桌 2 张，原价每张 300 元。经领导批准分别补记入账和注销。根据有关凭证，填制记账凭单，编制会计分录如下：

借：固定资产——专用设备	1 200	
贷：固定基金		1 200
借：固定基金	600	
贷：固定资产——一般设备		600

固定资产除会计部门进行总账核算外，由财产管理部门设置一套固定资产明细账，根据固定资产的类别和财产品名设户，进行各种固定资产的明细核算。

第四节

行政单位负债的核算

一、行政单位负债的概念及分类

负债是行政单位承担的能以货币计量、需要以资产偿付的债务，包括应缴预算款、应缴财政专户款、暂存款等。

行政单位的负债主要由执行公务中收取的行政性收费，代收的纳入预算管理的政府性基金，一些虽未纳入预算、但必须纳入财政预算外资金专户管理的财政性资金以及资金运行与结算过程中发生的应付未付事项等组成。

这些体现政府职能的代收和应付的资金，虽然由行政单位收进，但各行政单位无权支配与使用，它们的所有权属于政府预算或财政专户的。应缴和代收款项在未上缴政府预算或未结算付出之前，就表现为行政单位对政府或对管理机构的负债。由于行政单位的特殊性，除非经过特定程序，否则不能申请有偿性的借入款项；同时，会计制度规定对政府预算及管理机构的负债必须按月结清，因此，行政单位的负债都是短期的，其会计核算中没有流动负债和长期负债之分。

二、应缴款项的核算

（一）应缴预算款

应缴预算款是指行政单位在业务活动中按规定取得的应缴财政预算的各种款项，主要包括纳入预算管理的政府性基金（收费）、行政性收费、罚款（指按国家规定由行政机关直接

收缴的部分)、没收财物变价款、无主财物变价款、赃款和赃物变价款、其他应缴预算的资金等。其具体内容如下:

1. 政府性基金(收费),是指各级人民政府及其所属部门依据国家有关法律、法规和有关规定,经过国家规定的审批程序批准,为了专项事业或者特定产业的发展需要,凭借政府行政职权和信誉,通过合理的渠道向公民、法人和其他社会组织征收的具有专项用途的资金,主要包括各种具有专门用途的基金、资金、附加税费、收费等,如养路费、农村教育事业附加费、市话初装费等。

2. 行政性收费,是指按国家规定,各级公安、司法、民政、工商行政管理等部门因颁发各种证照簿册或审批登记等业务而向有关单位和个人收取的工本费、手续费、商标注册费、企业登记费、公证费等。

3. 罚没资金与没收财物变价款,是指国家各级司法机关、行政执法机关和其他经济管理部门依法查处应上缴国库的各项罚没款项和没收物品的变价款项等。

4. 应上缴国库的无主失物变价款。

5. 赃款赃物变价款项。

6. 其他按国家预算管理规定应上缴国库的款项。

行政单位会计设置“应缴预算款”总账科目,用以核算行政单位按规定应缴入政府预算的款项。收到应缴预算款项时,借记“银行存款”等账户,贷记该账户;上缴时,借记该账户,贷记“银行存款”等账户。该账户贷方余额反映应缴未缴数。年终,该账户应无余额。该账户应当按照应缴预算款项的类别设置明细账。具体核算举例如下:

【例 5-22】 3月15日,东昌市卫生局对某餐饮营业场所的恶劣卫生状况依法进行行政处罚,收取罚款5 000元,直接存入银行。根据有关凭证,填制记账凭单,编制会计分录如下:

借:银行存款　　5 000

　　贷:应缴预算款——罚没收入　　5 000

【例 5-23】 3月18日,东昌市卫生局向某公共场所颁发公共场所卫生许可证,通过银行收取工本费310元(正本300元,副本10元)。根据有关凭证,填制记账凭单,编制会计分录如下:

借:银行存款　　310

　　贷:应缴预算款——行政性收费　　310

【例 5-24】 月末,东昌市卫生局将本月收取的应缴预算款项共计2.4万元上交同级国库。根据有关凭证,填制记账凭单,编制会计分录如下:

借:应缴预算款　　24 000

　　贷:银行存款　　24 000

(二)应缴财政专户款

应缴财政专户款是指行政单位按规定代收的应上缴财政专户的预算外资金①。财政专户

① 预算外资金,是指国家机关、事业单位和社会团体为履行或代行政府职能,依据国家法律法规和具有法律效力的规章而收取、提取和安排使用的未纳入国家预算管理的各种财政性资金。

实际上是财政预算外资金专户的简称，它是财政部门在银行设立的预算外资金专门账户，用于对预算外资金收支进行统一核算和集中管理。将预算外资金缴入财政专户，是加强预算外资金管理的一个有效办法。

对于预算外资金的管理，《国务院关于加强预算外资金管理的决定》中指出："对部门和单位的预算外资金收支按不同性质实行分类管理。国家机关和受政府委托的部门、单位统一收取和使用的专项用于公共工程和社会公共项目的基金、收费，以及以政府信誉强制建立的社会保障基金等，收入全额缴入同级财政专户，支出按计划和规定用途专款专用，不得挪作他用，收支结余可结转下年度专项使用；各部门和各单位的其他预算外资金，收入缴入同级财政专户，支出由财政结合预算内资金统筹安排，其中少数费用开支有特殊需要的预算外资金，经财政部门核定收支计划后，可按确定比例或按收支结余的数额定期缴入同级财政专户。"上述管理办法即我们常说的"收支两条线"。

根据"收支两条线"管理办法，行政单位在收到通过收费等办法取得的预算外资金时，除特殊需要经财政批准外，都应记入"应缴财政专户款"账户，不能直接作"预算外资金收入"入账。只有在财政拨回或确认留用时，才能作"预算外资金收入"入账，贷记"预算外资金收入"账户。

对应缴财政专户款的核算，行政单位会计设置"应缴财政专户款"总账科目，用以核算行政单位按规定代收的应上缴财政专户的预算外资金。"应缴财政专户款"账户的贷方余额，反映应缴未缴数。年终，该账户应无余额。该账户应按预算外资金的类别设置明细账。具体核算有以下三种情况：

1. 对全额上缴的单位[①]。

(1) 收到预算外资金时（是负债）：

借：银行存款

　　贷：应缴财政专户款

(2) 缴存财政部门设立的专户时：

借：应缴财政专户款

　　贷：银行存款

(3) 财政批准转回本单位时（是收入）：

借：银行存款

　　贷：预算外资金收入

2. 对比例上缴的单位。

(1) 收到预算外资金时（部分是收入、部分是负债）：

借：银行存款

　　贷：应缴财政专户款

　　　　预算外资金收入

(2) 将负债上缴财政专户。

借：应缴财政专户款

① 为避免重复，本节只根据会计制度中科目的用法写出会计分录模式，具体业务可参见第六章。

贷：银行存款

（3）财政批准转回本单位时（是收入）。

借：银行存款

贷：预算外资金收入

3. 对结余上缴的单位。

（1）收到预算外资金时（全部是收入）：

借：银行存款

贷：预算外资金收入

（2）发生支出时：

借：预算外资金收入

贷：银行存款

（3）结算预算外资金收支余额（将收支差额转为负债）：

借：预算外资金收入

贷：应缴财政专户款

（4）将预算外资金收支结余上缴财政专户：

借：应缴财政专户款

贷：银行存款

（5）财政批准转回本单位时（是收入）：

借：银行存款

贷：预算外资金收入

三、暂存款的核算

暂存款是行政单位在业务活动中与其他单位和个人发生的待结算款项，包括临时性暂存款项和应付未付款项。临时性暂存款项是指其他单位和个人存放在本单位的款项，如存入的押金、保证金等；应付未付款是指行政单位购买材料或其他物品，应付给供应单位而未付的款项（即类似于备用金、备付金）。

行政单位会计设置“暂存款”总账科目，用以核算行政单位发生的临时性暂存、应付等待结算款项。收到暂存款时，借记“银行存款”、“现金”等账户，贷记该账户；冲转或结算退还时，借记该账户，贷记“银行存款”、“现金”等账户。该账户贷方余额，反映尚未结算的暂存款数额。该账户应按债权单位或个人名称设置明细账。

各种应缴款及暂存款项应及时清理并按规定办理结算，不得长期挂账。应转做收入的，要及时转入收入账户；应退回的，要及时结算退回；对其他单位委托的数额较小的代管经费，要按委托单位的具体要求，办理支付，并及时结报，事后全面清算结余资金，交回原委托单位。

【例5-25】 4月16日，东昌市卫生局收到昌南县卫生局汇入的款项450元，用于购买本单位编印的“非典”防治学习材料。根据有关凭证，填制记账凭单，编制会计分录如下：

借：银行存款　　450

贷：暂存款　　450

【例 5-26】 4 月 20 日，东昌市卫生局将印好的学习资料寄给昌南县卫生局，材料工本费 420 元，余款 30 元当即退还。根据有关凭证，填制记账凭单，编制会计分录如下：

借：暂存款 450

贷：经费支出——经常性支出——印刷费 420

银行存款 30

第五节

实验——行政单位资产负债的核算

一、实验目的

练习行政单位会计中资产、负债类科目的会计核算，包括记账凭证的录入、交叉审核及记账，实验时间需 3 学时。

通过本次实验，要求学生们能够：

1. 对行政单位会计中与资产、负债相关的各类交易，通过软件来进行完整的会计流程的处理，包括录入交易、生成记账凭证；交叉审核记账凭证；并对审核后的凭证进行记账。

2. 掌握对记账凭证的其他日常处理，包括查询、修改、删除及打印。

3. 通过对行政单位会计资产、负债类交易的处理，熟悉并掌握行政单位资产、负债类会计科目及辅助核算的相关内容，更好地理解行政单位会计的核算范围及各类业务。

本节实验在性质上属于实务模拟实验。实验结果可使用打印输出的记账凭证列表，供教师批改和总结。

二、实验准备工作

在安排学生进行行政单位会计处理实验之前，需要为每个学生重新建立新账套，并进行相关的权限设置。建立账套和权限设置的基本操作与总预算会计中的相关操作相同。

注意：由于行政单位有一套独立的会计科目体系，所以，在进行行政单位账套的会计科目初始设置时，应注意与总预算会计进行区分。

另外，教师在进行账套的初始设置时，如果手头有实际单位的账套资料可供参考时，为节省初始设置的工作量，可使用“基础数据传出”和“基础数据传入”两项功能。该功能可将已有账套初始化确认前设置的基础数据传出，如“科目”、“外币设置”、“科目代码宽度”、“部门核算方式”、“凭证类型”、“往来单位通讯录”等，需注意的是，该操作只能由财务主管（教师）进行。在新账套初始化完成之前，可将上述基础数据传入新账套，在此基础上进行修改，完成初始设置。由此可以大大节省录入全套科目、凭证类型等基本信息的时间。

具体操作如下：（1）进入“账务管理”界面，在“9. 账套选择”中进入已有实际单位的账套；（2）在“账务管理”界面，选择“8. 系统管理”中进入“系统管理”界面；

（3）在菜单“Q. 其他控制”中选择“基础数据传出”，在“基础数据传出”窗口，指定存储路径（见图 5－1）。此处需要注意的是，虽然可传出的基础数据有很多项可供选择，但如果接受传入数据的账套是在初始化完成之前[①]，那么传出并随后可以传入新账套的数据只能是上述六项；（4）退出“系统管理”界面，在“账务管理”界面的“9. 账套选择”中进入新建的空账套；（5）再次选择“8. 系统管理”中进入“系统管理”界面；（6）在菜单“Q. 其他控制”中选择“基础数据传入”，在“基础数据传入”窗口，指定基础数据文件路径。此时，系统会自动根据所接受传入数据的账套的状态给定基础数据范围。图 5－2 就是当接受传入数据的账套是在初始化完成之前（新建的空账套）的“基础数据传入”窗口，灰色的数据项就是系统默认不可以传入的项目；（7）退出“系统管理”界面，在“账务管理”界面选择“1. 初始设置”，再逐项的补充或修改初始设置。

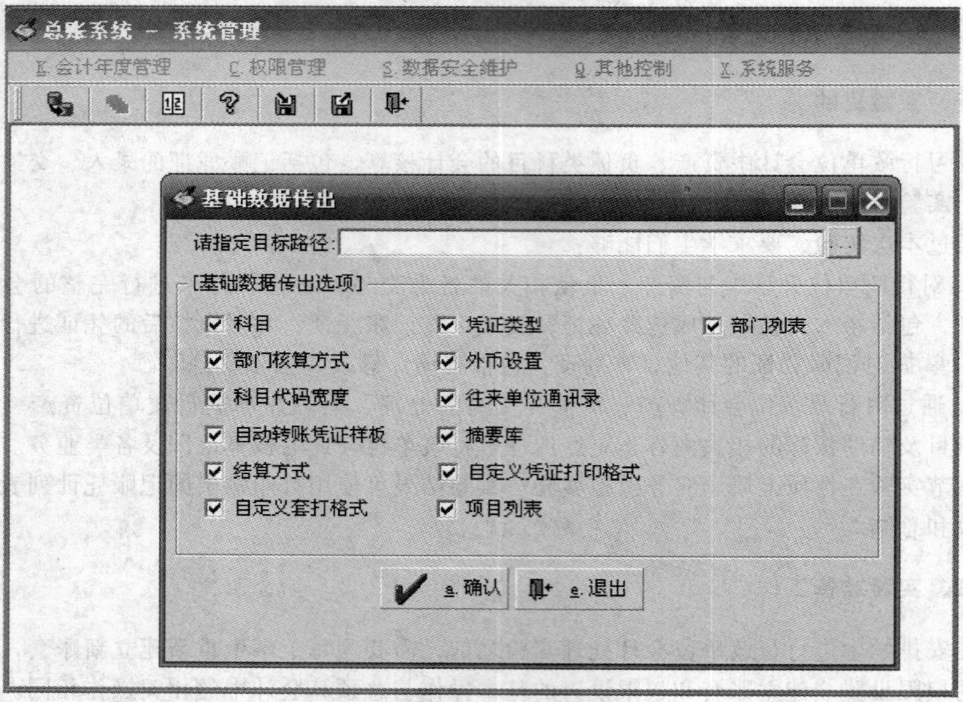

图 5－1 “基础数据传出”窗口

三、实验流程

本次实验的基本流程如下：

1. 指导学生进入各自账套。进入“账务管理”界面，在“9. 账套选择”中选择各自的行政单位账套。注意与总预算会计账套进行区分。

2. 在“账务管理”界面选择“2. 日常账务”，进入“日常账务”界面。本界面所有菜

① 即账套接受传入数据正是为了节省初始化的某些步骤和工作。

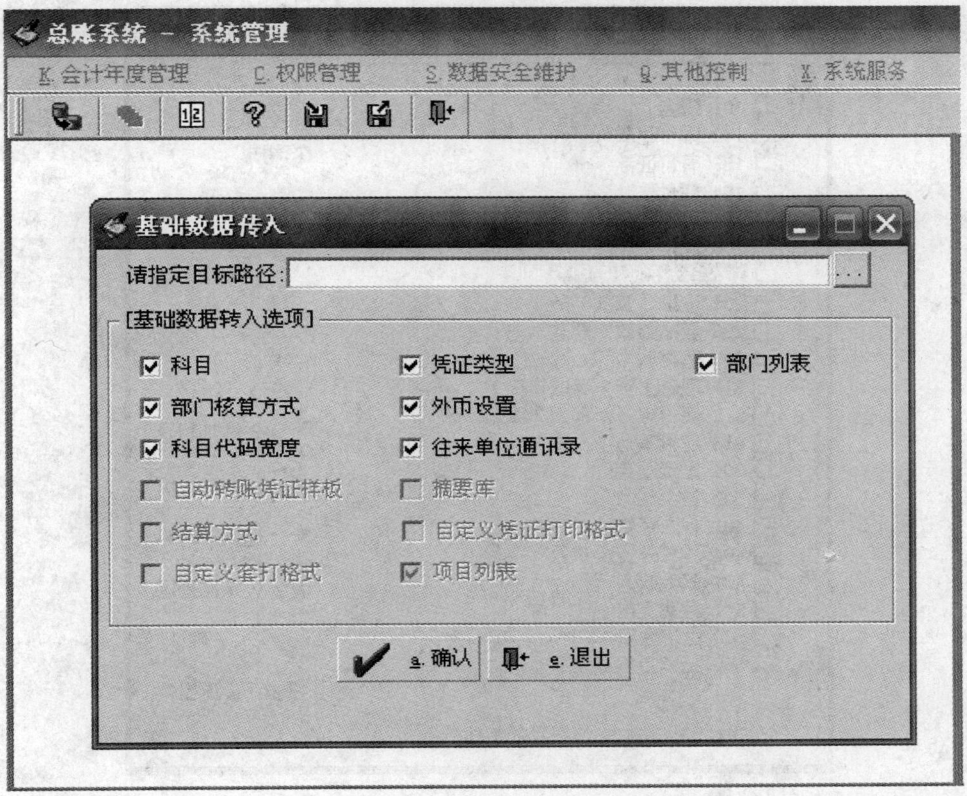

图 5－2　“基础数据传入”窗口

单的基本功能在新账套下不会发生任何变化。

3. 给出实验题目，练习录入记账凭证。在“凭证处理”菜单中选择“记账凭证录入”，进入“记账凭证录入”窗口。在录入会计科目时，可以直接双击后从科目列表中选择科目录入。此处可指导学生们对比总预算会计科目，以更直观地熟悉行政单位会计科目（见图 5－3）。

4. 完成全部实验题目的记账凭证录入后，退出各自账套。按照事前分组，彼此进入同组另一组员的账套，对其所作的记账凭证进行审核。

5. 记账员修改未通过审核的凭证。

6. 重新进行交叉审核，直至全部凭证审核通过。

7. 记账。将已通过审核的凭证试算平衡后，记入各账簿。

8. 查询各类账簿（明细账、分类账等），观察记账结果。

9. 打印记账凭证列表①。

四、实验题目

根据某市卫生局 2006 年发生的下列经济业务，录入记账凭证：

① 在未学习财务报表之前，实验结果的考察可采用打印输出的记账凭证列表的形式。

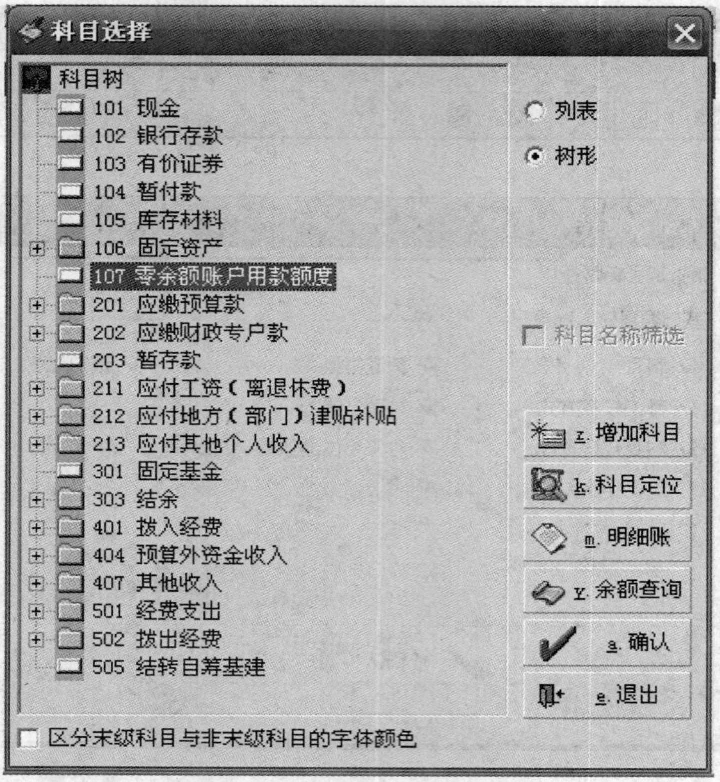

图 5－3　行政单位会计科目

1．1 月 3 日，市财政局预拨给市水利局本年经费 40 万元。

2．1 月 5 日，市卫生局用上年结余资金 2.1 万元认购总面值为 2 万元的 3 年期、年利率 5% 的国债。

3．1 月 8 日，市卫生局购入一批书籍，其中技术性图书 1 000 册，价值 3.5 万元；培训教材 1 000 册，价值 3 万元。购入过程中，共发生运输费 800 元，保险费 350 元，包装费 400 元，差旅费 1 100 元，都以银行存款支付。

4．1 月 12 日，市卫生局购入一批材料 100 千克，每千克 21 元，购入过程中发生运输费 250 元，保险费 150 元，差旅费 400 元，货款及上述费用已由银行支付。

5．1 月 14 日，有偿调拨给所属单位 50 千克上述材料，通过银行收回价款 1 080 元。

6．1 月 16 日，接收捐赠进口汽车 10 辆，估价为 120 万元，运输过程发生运费 5 000 元，保险费 6 000 元，关税 1 万元。

7．1 月 16 日，李副局长预借差旅费 1 000 元。

8．1 月 17 日，收到县卫生局汇款 8 000 元，委托购买专用仪器。

9．1 月 17 日，追缴前任局长贪污受贿赃款 20 万元。

第六章 DILIUZHANG

行政单位收入、支出的核算

学习目标

通过本章的学习，需要理解并掌握以下问题：

- ☐ 熟悉行政单位收入和支出的概念与分类
- ☐ 熟悉行政单位会计收入和支出的核算内容与会计科目
- ☐ 对行政单位会计中与收入、支出相关的各类交易通过软件进行完整的会计流程的处理，包括录入交易、生成记账凭证，交叉审核记账凭证，并对审核后的凭证进行记账

第一节　行政单位收入的核算

一、行政单位的收入及其分类

收入是指行政单位为开展业务活动，依法取得的非偿还性资金。与企业会计制度中的收入不同，行政单位会计的收入不是通过市场交易来实现的，它是政府无偿提供的，是财政资金的无偿性的典型体现。行政单位的收入是行政单位持续运转的先决条件。

行政单位的收入包括拨入经费、预算外资金收入、其他收入等项目，应缴预算款并不属于行政单位，而是属于财政所有，因而是行政单位的负债项目。

二、拨入经费的核算

拨入经费是指行政单位按照经费领报关系，由财政部门或上级单位拨入的预算经费，是行政单位最主要的收入来源。行政经费一般由财政部门拨到主管会计单位，再由主管会计单

位逐级下拨到基层会计单位。

（一）拨入经费的原则

1. **按预算（计划）领拨**，是指用款单位必须使年度预算指标具体化，以达到以月保季、以季保年的目的。

2. **按进度领拨**，是指财政部门或上级单位应结合各行政单位的预算执行进度和资金结存情况，从单位的实际需要出发拨付预算经费。

3. **按用途领拨**，是指不同“类”、“款”的预算经费之间未经允许不得随意领用。

4. **按预算级次领拨**，是指主管行政单位应当向同级财政部门请领预算经费，不得越级办理领拨经费的事项；下级行政单位只能向上级行政单位请领经费，不得越级或直接向财政部门请领经费。此外，同级行政单位之间、没有预算关系的不同级别的行政单位之间也不得发生经费领拨关系。

（二）拨入经费的内容

拨入经费由两部分组成：一部分是拨入的**经常性经费**，主要是指财政部门或上级主管部门拨给行政单位用于日常业务活动的行政经费，由于这笔行政经费每年比较固定，变动较小，所以称为经常性经费；另一部分是拨入的**专项经费**，是指财政部门或上级主管部门拨给行政单位用于完成专项工程或专项工作，并需要行政单位单独报账结算的资金。

拨入的专项经费必须具备两个必要条件：（1）资金的用途是指定的，行政单位在使用时必须作到专款专用，不得任意挪用；（2）专项资金拨款必须单独报账结算，不能单独报账结算的不能作为专项资金，而只能作为经常性经费。

（三）拨入经费的核算

行政单位会计应设置“拨入经费”总账科目，用以核算行政单位按照经费领报关系，由财政部门或上级单位拨入的预算经费。

收到拨款时，借记“银行存款”账户，贷记该账户；缴回拨款时，借记该账户，贷记“银行存款”账户。平时，该账户贷方余额反映拨入经费累计数。年终结账时，将该账户贷方余额（不含收到财政部门或上级单位预拨下年度的经费）转入“结余”账户。借记该账户，贷记“结余”账户。

该科目应按拨入经费的资金管理要求分别设置“基本支出”和“项目支出”两个二级科目，分别用以核算拨入的经常性经费和拨入的专项经费。二级科目下按“政府收支科目”的“支出功能分类科目”的“项”级科目设明细账。行政单位收到非主管会计单位拨入的财政性资金（如公费医疗经费、住房基金等），应在“拨入经费——项目支出”二级科目下，按拨入的单位分别进行明细核算。

【例 6-1】 （1）6月1日，根据核定的预算，东昌市卫生局收到市财政局拨入的本月经费90万元。根据银行收款通知书，填制记账凭单，做会计分录如下：

借：银行存款	900 000	
贷：拨入经费——基本支出——卫生款		900 000

（2）上述经费中，有70万元为该卫生局经费，其余为市卫生局下属单位的经费，通过银行转拨后，填制记账凭单，编制会计分录如下：

借：拨出经费——拨出基本经费——卫生款	200 000	

贷：银行存款　　200 000

（3）接到财政局通知，缴回多拨的10万元经费，编制会计分录如下：

借：拨入经费——基本支出——卫生款　　100 000

贷：银行存款　　100 000

（4）年底转账，将“拨入经费——基本支出”的贷方余额15万元转入“结余”账户，编制会计分录如下：

借：拨入经费——基本支出　　100 000

贷：结余——经常性结余　　100 000

【例6－2】（1）6月3日，东昌市卫生局收到省卫生厅下拨的“非典”防治专项经费100万元。根据有关凭证，填制记账凭单，编制会计分录如下：

借：银行存款　　1 000 000

贷：拨入经费——项目支出　　1 000 000

（2）用上述专项经费购买医用设备3.5万元，编制会计分录如下：

借：经费支出——项目支出　　35 000

贷：银行存款　　35 000

借：固定资产　　35 000

贷：固定基金　　35 000

（3）上述100万元专项经费中的20万元属于下属单位的经费，通过银行进行了转拨，编制会计分录如下：

借：拨出经费——拨出项目经费　　200 000

贷：银行存款　　200 000

（4）年底转账编制会计分录如下：

借：拨入经费——项目支出　　1 000 000

贷：结余——专项结余　　1 000 000

借：结余——专项结余　　235 000

贷：拨出经费——拨出项目经费　　200 000

经费支出——项目支出　　35 000

三、预算外资金收入的核算

预算外资金收入是指财政部门按规定从财政专户核拨给行政单位的预算外资金和部分经财政部门核准不上缴预算外资金的财政专户，而直接由行政单位按计划使用的预算外资金（比例上缴、结余上缴）。预算外资金收入中属于指定用途、用于完成专项工作、并实行单独报账结算的资金，应与正常的拨款分开核算。

行政单位会计应设置“预算外资金收入”总账科目，用以核算行政单位预算外资金的收入情况。年终结账时，将该账户贷方余额全数转入“结余”账户，结转后该账户无余额。该科目应按预算外资金收入管理要求，分别设置“基本支出”和“项目支出”二级科目，二级科目下按“政府收支分类科目”中的“支出功能分类科目”的“项”级科目设明细账。

【例6-3】 （1）东昌市财政局对卫生局的预算外资金实行全额上缴的管理办法。6月7日，卫生局收到行政性收费3万元。根据有关凭证，填制记账凭单，编制会计分录如下：

借：银行存款　　30 000

　贷：应缴财政专户款　　30 000

（2）对上述收费及时进行了上缴，编制会计分录如下：

借：应缴财政专户款　　30 000

　贷：银行存款　　30 000

（3）7月3日，卫生局收到财政局核拨回的预算外资金1万元，其中，属于应返回所属单位的预算外资金3 000元，编制会计分录如下：

借：银行存款　　10 000

　贷：预算外资金收入　　7 000

　　暂存款　　3 000

【例6-4】 东昌市财政局对卫生局的预算外资金实行结余上缴的管理办法。6月20日，东昌市卫生局收到某项预算外资金（经常性收入）2万元。6月25日，支用1.5万元，6月30日，将预算外资金结余5 000元上缴。根据有关凭证，填制记账凭单，编制会计分录如下：

6月20日：

借：银行存款　　20 000

　贷：预算外资金收入——基本支出　　20 000

6月25日：

借：预算外资金收入　　15 000

　贷：银行存款　　15 000

6月30日：

借：预算外资金收入　　5 000

　贷：应缴财政专户款　　5 000

借：应缴财政专户款　　5 000

　贷：银行存款　　5 000

【例6-5】 东昌市财政局对卫生局的预算外资金实行比例上缴的管理办法。6月20日，东昌市卫生局收到某项预算外资金（经常性收入）8万元，上缴比例为70%，编制会计分录如下：

借：银行存款　　80 000

　贷：预算外资金收入——基本支出　　24 000

　　应缴财政专户款　　56 000

四、其他收入的核算

（一）其他收入的内容

其他收入是行政单位其他资金收入的简称，是指行政单位按规定收取的各种收入以及其他来源形成的收入，主要包括以下一些内容：

1. 行政单位在业务活动中取得的不必上交财政的零星杂项收入，如变卖废旧物品的收入等。

2. 行政单位在业务活动之外取得的有偿服务收入，如出租固定资产取得的收入等。

3. 行政单位购买有价证券本金与兑付款项之间的差额以及银行存款利息收入等；以及固定资产处置收入。

其他收入在管理上要先收后支，保持平衡。对其他收入中应纳税的部分及时申报，缴纳税款，不得擅自隐瞒收入。

（二）其他收入的核算

行政单位会计应设置“其他收入”总账科目，用以核算其他资金收入的收纳情况。发生其他收入时，借记“银行存款”、“现金”等账户，贷记该账户；冲销转出时，借记该账户，贷记有关账户。平时，该账户贷方余额反映其他收入的累计数。年终结账时，该账户贷方余额全数转入“结余”账户，借记“其他收入”账户，贷记“结余——基本支出结余”账户。年终转账后，该账户无余额。该账户可按收入的主要类别设置明细账。

【例6-6】 6月10日，东昌市卫生局变卖旧报纸、纸盒等杂物获现金收入180元，编制会计分录如下：

借：现金　　180

　　贷：其他收入——变卖废旧物品　　180

【例6-7】 6月15日，东昌市卫生局收到银行存款利息450元，编制会计分录如下：

借：银行存款　　450

　　贷：其他收入——银行存款利息　　450

【例6-8】 年终，将“其他收入”账户5 600元贷方余额转入“结余”账户，编制会计分录如下：

借：其他收入　　5 600

　　贷：结余——基本支出结余　　5 600

第二节

行政单位支出的核算

一、行政单位的支出

《行政单位会计制度》第七章第三十九条规定：“支出是指行政单位为开展业务活动所发生的各项资金耗费及损失。”行政单位支出类会计科目包含“经费支出”、“拨出经费”和“结转自筹基建”等三个总账科目（见图6-1）。

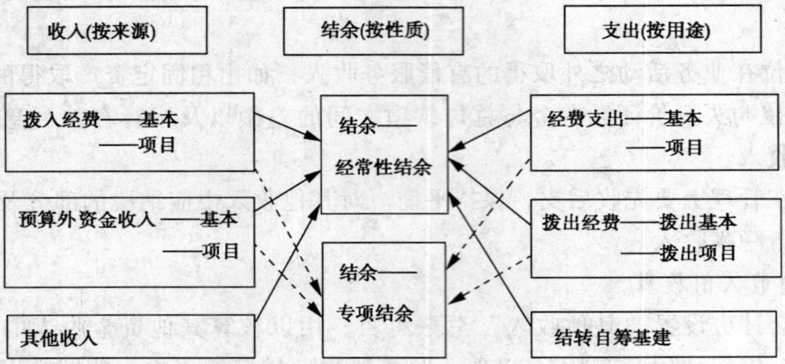

图 6－1 行政单位会计中的收支关系

二、经费支出的核算

（一）经费支出的分类

1. 按资金管理要求分类。《行政单位会计制度》第七章第四十条规定："行政单位的支出根据资金管理要求分为经常性支出和专项支出"。经常性支出是指行政单位为维持正常运转和完成日常工作任务发生的支出；专项支出是行政单位为完成专项或特定工作任务发生的支出。

2. 按支出的不同用途分类，就是按政府收支分类科目中"支出经济分类科目"的"款"级科目的内容进行分类。行政单位经费支出需按照"2007 年政府收支分类科目"中的"支出经济分类科目"的"款"级科目设立明细账进行核算。

（二）经费支出的列支口径

列支口径（或称报销口径）是指预算经费实际支出的确认标准。经费支出是预算资金支出的最后一个环节，必须严格确认其实际支出的标准。为使列支口径确认标准规范化，在历来的预算会计制度上都有相应的明确规定，其主要内容有：

1. 发给个人的工资、津贴、补贴和抚恤救济等，应根据实有人数和实发金额，并以取得本人签收的凭证（工资统发情况下的代发银行发来的"单位工资发放通知单"）列报，不得以编制定额或预算数字直接列支。

2. 购入办公用品和行政用的零星材料，一般按购入数直接列为支出；数量大宗的，应通过材料核算，使用时按领用数列报支出。

3. 社会保障费、职工福利费和管理部门支付的工会经费，按规定的标准和实有人数每月计算提取，直接列作经费支出。

4. 购入固定资产，经验收后列报支出，同时作固定资产入账。

5. 支付的各种罚款不能在经费支出中列支，而要由单位的自有资金支付；凡应由个人负担的罚款或其他费用，不得由单位支付。

6. 其他各项费用，除了财务制度另有规定的以外，均以实际报销数列支。

（三）经费支出收回的处理

已经列作经费支出后又收回的款项，称为经费支出收回。目前，对于经费支出收回的有关规定为：

1. 行政单位收回本年度已经列为经费支出的款项，冲减当年的经费支出，而不能作为收入处理。

2. 收回以前年度已经列为经费支出的款项，应增加上年度的结余，而不能冲减本年度的经费支出。

3. 材料的盘盈、盘亏和变价处理的差价，作为减少和增加本年度的经费支出处理。

4. 固定资产的变价净收入和报废收回的残值净收入作为本单位的其他收入，不能冲减当年的经费支出。毁损、报废的固定资产在清理过程中发生的净支出，应计入经费支出。

（四）经费支出的核算

1. 日常支出的核算。行政单位会计应设置“经费支出”总账科目，用以核算行政单位在业务活动中发生的各项支出。发生支出时，借记该账户，贷记“银行存款”、“现金”等账户；支出收回或冲销转出时，借记有关账户，贷记该账户。平时，该账户借方余额反映经费实际支出累计数。年终，该账户借方余额应转入“结余”账户，借记“结余”账户，贷记本账户。年终转账后，该账户无余额。

经费支出科目应按“基本支出”和“项目支出”分设二级科目，来分别核算经常性支出和专项支出，二级科目下按“支出经济分类科目”的“款”级支出科目设置明细账。

【例6-9】 6月10日，东昌市卫生局购买电脑两台，单价8 000元，运杂费200元，差旅费300元，运杂费和差旅费以现金支付，货款通过银行转账支付。根据有关发票，填制记账凭单，编制会计分录如下：

借：经费支出——基本支出——办公设备购置费	16 500	
贷：现金		500
银行存款		16 000
借：固定资产——一般设备	16 200	
贷：固定基金		16 200

【例6-10】 6月10日，接到付款通知，支付上月水电费670元，电话费300元，办公大楼物业管理费2 400元。根据银行付款通知，填制记账凭单，编制会计分录如下：

借：经费支出——基本支出——水电费	670	
——基本支出——邮电费	300	
——基本支出——物业管理费	2 400	
贷：银行存款		3 370

【例6-11】 月末，材料保管部门报送的“发出材料汇总表”列明，本月领用维修用材料共计820元，编制会计分录如下：

借：经费支出——基本支出——维修费	820	
贷：材料		820

2. 工资发放的核算。行政单位工资发放的核算因具体操作方式不同而略有差异。传统的工资发放业务是财政部门先行对行政单位划拨资金，行政单位于发放时从开户银行提取现

金后列为支出。随着国库集中支付制度改革的展开，财政逐渐对行政单位实行工资统一发放（即直接将实发工资打入职工的银行账户），因而传统的工资发放业务的会计核算也相应地发生了变化。

（1）传统的工资发放——以现金发放工资。根据应付工资、各种津贴和扣除项目计算出实发金额，然后提取现金；发生支出时，借记“经费支出”账户，贷记“现金”账户。

【例6-12】 6月6日，东昌市卫生局发放本月工资。工资汇总表列明：本月应付职工基本工资3.5万元，应付独生子女父母奖励费980元，应付职工上下班交通补贴650元，代扣职工宿舍水电费320元，代扣个人所得税800元。编制会计分录如下：

领取现金时：

借：现金　　35 510

　　贷：银行存款　　35 510

派发工资时：

借：经费支出——基本支出——人员支出——基本工资　　33 880

　　　　　　　　　　　　　　　　　　——津贴　　650

　　　　　　——对个人和家庭的补助支出——其他　　980

　　贷：现金　　35 510

借：经费支出——基本支出——人员支出——基本工资　　320

　　贷：暂存款——水电费　　320

借：经费支出——基本支出——人员支出——基本工资　　800

　　贷：暂存款——所得税　　800

上缴所得税和水电费后：

借：暂存款——所得税　　800

　　　　　——水电费　　320

　　贷：银行存款　　1 120

如果水电费已由单位经费支付，则发工资时应扣回：

借：经费支出——基本支出——人员支出——基本工资　　320

　　贷：经费支出——基本支出——日常公用支出——水电费　　320

（2）国库集中支付——财政统一发放工资。2001年，财政部下发了《财政国库制度改革试点会计核算暂行办法》（财库［2001］54号文），在不改变预算单位财务管理和会计核算的原则下，按照现行会计制度规定，对实行工资统发后有关账务处理问题明确如下：

①主管单位的会计核算。主管单位根据代发银行送达的“单位工资发放通知单”（包括所属单位）和个人工资表（单），作以下账务处理，其会计分录为：

借：经费支出（本单位）

　　拨出经费（转拨所属单位）

　　贷：拨入经费

②所属单位的会计核算。所属单位根据代发银行送达的“单位工资发放通知单”和个

人工资表（单），作以下账务处理，编制会计分录为：

借：经费支出

　　贷：拨入经费

【例6－13】 仍以例6－12为例，在工资统发的情况下，上述业务（不考虑下属单位）的会计分录为：

借：经费支出——基本支出——人员支出——基本工资　33 880

　　　　——基本支出——人员支出——津贴　650

　　　　——基本支出——对个人和家庭的补助支出——其他　980

　　贷：拨入经费　35 510

借：经费支出——基本支出——人员支出——基本工资　320

　　贷：经费支出——基本支出——日常公用支出——水电费　320

借：经费支出——基本支出——人员支出——基本工资　800

　　贷：暂存款——所得税　800

上缴时，作反向会计分录。

3. 实施政府采购制度后支出的核算。根据2001年财政部和中国人民银行联合下发的《政府采购资金财政直接拨付核算暂行办法》（财库［2001］21号文），对实行政府采购资金直接支付后有关账务处理问题明确如下：

（1）主管单位的会计核算。主管单位根据财政集中支付中心开具的“政府采购支付转账通知书”，作以下账务处理：

借：经费支出（本单位）

　　拨出经费（转拨所属单位）

　　贷：拨入经费

属于本单位固定资产管理范围的，同时要作以下账务处理：

借：固定资产

　　贷：固定基金

（2）所属单位的会计核算。所属单位根据由主管单位转送的“政府采购支付转账通知书”和供应商开具的发票或复印件，作以下账务处理：

借：经费支出

　　贷：拨入经费

属于固定资产管理范围的，同时要作以下账务处理：

借：固定资产

　　贷：固定基金

【例6－14】 以例6－9为例，在政府采购资金直接支付的情况下，编制会计分录为：

借：经费支出——基本支出——办公设备购置费　16 200

　　贷：拨入经费　16 200

借：固定资产——一般设备　16 200

　　贷：固定基金　16 200

4. 经费支出收回的核算。行政单位会计制度第四十条规定：“行政单位收回本年度已列为经费支出的款项，冲减当年的经费支出；收回以前年度已经列为经费支出的款项，增加上年结余，不得冲减当年经费支出。”

【例 6－15】 卫生局将应列为“经费支出——项目支出”的印刷费4 200元误列入“经费支出——经常性支出”，现改正。编制会计分录如下：

借：经费支出——项目支出——印刷费　　4 200

　　贷：经费支出——基本支出——印刷费　　4 200

【例 6－16】 4月 26 日，收到邮局退回某停刊业务杂志[①]订款 600 元，该款项于上年 10 月份列支。根据收款通知，编制会计分录如下：

借：银行存款　　600

　　贷：结余——基本支出结余　　600

5. 项目支出的核算。

【例 6－17】 卫生局为修理专项设备，向上级单位申请专项资金，已经批准并通过银行拨入款 5 万元。该单位用于购入修理用材料共计 2 万元，并已领用 1.5 万元用于修缮。编制会计分录如下：

借：银行存款　　50 000

　　贷：拨入经费——项目支出　　50 000

购入材料时：

借：库存材料　　20 000

　　贷：银行存款　　20 000

领用材料时：

借：经费支出——项目支出　　15 000

　　贷：库存材料　　15 000

三、拨出经费的核算

拨出经费是指根据核定的预算，对所属单位拨付的经费。 按政府的行政管理关系，我国实行预算的部门管理原则，即主管部门行政会计不仅管理自己的经费，而且对下属行政单位也负有供给预算资金和管理的责任，同时，下属单位的决算必须纳入本部门决算。因此，对于有多级机构的行政部门，在预算确定的经费范围内，经费必须逐级向下转拨，直至基层会计单位。

行政单位会计应设置“拨出经费”总账科目，用以核算行政单位按核定预算拨付所属单位的预算资金。转拨经费时，借记该账户，贷记“银行存款”等账户；收回或冲销转出时，借记有关账户，贷记该账户。平时该账户借方余额反映拨出经费累计数。年终结账时，将该账户借方余额（不含预拨下年经费）转入“结余”账户。

拨出经费应按拨出经常性经费和拨出专项经费分设二级科目“拨出基本经费”和“拨出项目经费”，并按所属拨款单位设置明细账。

【例 6－18】 6月 1 日，根据核定的预算，东昌市卫生局向所属某单位拨付经常性预算

---

① 属于办公费。

经费 20 万元，拨付专项经费 5 万元。编制会计分录如下：

借：拨出经费——拨出基本经费　　200 000
　　拨出经费——拨出项目经费　　50 000
　　贷：银行存款　　250 000

【例 6－19】 6月 25 日，东昌市卫生局收到上级拨给的自然灾害救济款为 4 万元，其中 1 万元通过银行转拨给所属单位。编制会计分录如下：

借：银行存款　　40 000
　　贷：拨入经费——项目支出　　40 000
借：拨出经费——拨出项目经费　　10 000
　　贷：银行存款　　10 000

四、结转自筹基建的核算

行政单位会计应设置“结转自筹基建”总账科目，用以核算行政单位经批准用拨入的经费拨款以外的资金安排基本建设，其所筹集并转存建设银行的资金。将自筹的基本建设资金转存建设银行时，根据转存数借记该账户，贷记“银行存款”账户。基本建设项目完工后剩余资金收回时，做相反的会计分录。年终结账时，应将该账户借方余额全数转入“经常性结余”账户，借记“结余”账户，贷记该账户。结转后，该账户年终无余额。

【例 6－20】 6月 25 日，东昌市公安局经批准用自筹资金 25 万元建设交通控制中心大楼，将 25 万元按基建计划转存建设银行。编制会计分录如下：

借：结转自筹基建　　250 000
　　贷：银行存款　　250 000

同时，在基建账上作会计分录（建设单位会计）如下：

借：建行存款　　250 000
　　贷：拨入自筹基建款　　250 000

【例 6－21】 年末，东昌市公安局的工程完工，缴回5万元剩余资金，并进行年终转账。编制会计分录如下：

公安局收到基建会计缴回剩余资金时：

借：银行存款　　50 000
　　贷：结转自筹基建　　50 000

工程竣工，移交公安局时：

借：固定资产　　200 000
　　贷：固定基金　　200 000

年终转账时：

借：结余——经常性结余　　200 000
　　贷：结转自筹基建　　200 000

第三节

实验——行政单位收入、支出的核算

一、实验目的

练习行政单位会计中收入、支出类科目的会计核算，包括记账凭证的录入、交叉审核及记账。实验时间需3学时。

通过本次实验，要求学生们能够：

1. 对行政单位会计中与收入、支出相关的各类交易通过软件进行完整的会计流程的处理，包括录入交易、生成记账凭证，交叉审核记账凭证，并对审核后的凭证进行记账。

3. 掌握对记账凭证的其他日常处理，包括查询、修改、删除及打印。

4. 通过对行政单位会计收入、支出类交易的处理，熟悉并掌握行政单位收入、支出类会计科目及辅助核算的相关内容，更好地理解行政单位会计的核算范围及各类业务。

本节实验在性质上属于实务模拟实验。实验结果可使用打印输出的记账凭证列表，以供教师批改和总结。

二、实验流程

本次实验的基本流程如下：

1. 学生进入各自的行政单位账套：进入"账务管理"界面，在"9. 账套选择"中选择各自账套。

2. 在"账务管理"界面选择"2. 日常账务"，进入"日常账务"界面。

3. 根据给出的实验题目，练习录入记账凭证：在"凭证处理"菜单中选择"记账凭证录入"，进入"记账凭证录入"窗口，录入记账凭证的各个要素。会计科目的录入可直接输入，也可以双击后从科目列表中选择录入，行政单位的主要收入、支出类科目如图6-2所示。

4. 完成全部实验题目的记账凭证录入后，退出各自账套。按照事前分组，彼此进入同组另一组员的账套，对其所做的记账凭证进行审核。

5. 记账员修改未通过审核的凭证。

6. 重新进行交叉审核，直至全部凭证审核通过。

7. 记账：在"凭证处理"菜单中选择"记账"，在"记账"窗口进行数据备份后选择"记账"。由此，将本次已录入且已通过审核的凭证试算平衡后记入各账簿。

8. 查询各类账簿（明细账、分类账等），观察本次记账结果对账簿的影响。

9. 打印记账凭证列表：在"凭证处理"菜单中选择"凭证查询、打印"。在未学习财务报表之前，教师对实验结果的考察可采用打印输出的记账凭证列表的形式。

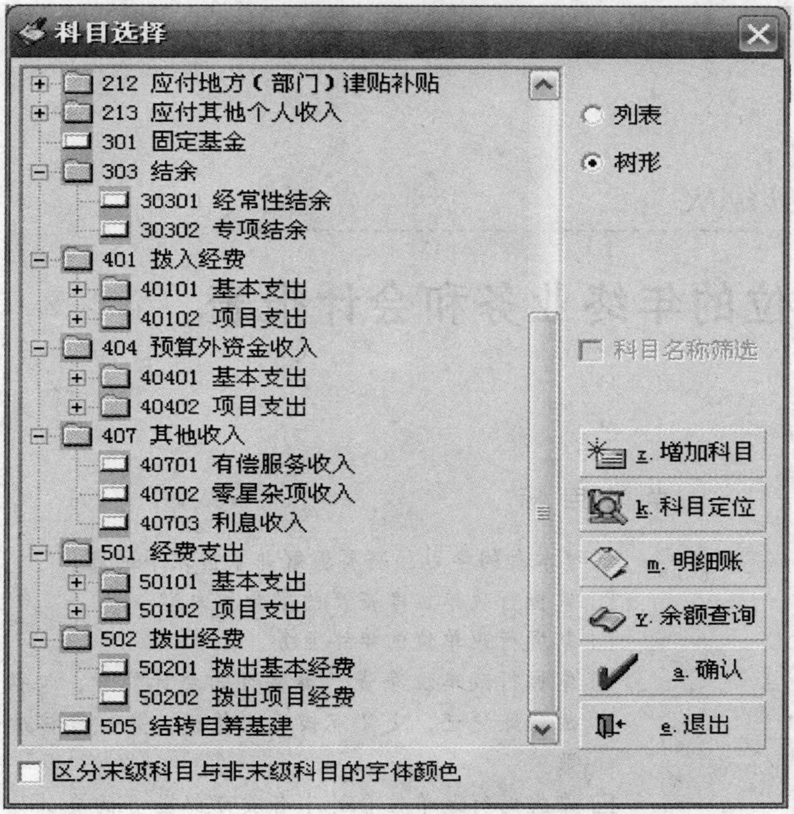

图 6－2　行政单位会计收支科目图

三、实验题目

根据某市卫生局 2006 年 1 月份发生的下列经济业务，录入记账凭证：

1. 1 月 17 日，收到省财政厅下拨的禽流感防治专项经费 20 万元。

2. 1 月 18 日，市卫生局收到市财政局拨入的本月经常性经费 50 万元。

3. 某市财政局对所属卫生局的预算外资金实行比例上缴的管理办法，上缴比例为 80%。1 月 19 日，该市卫生局收到某项预算外资金（经常性收入）1 万元，于次日进行了上缴。

4. 1 月 22 日，市卫生局以政府采购的方式采购防疫用卫生材料、药剂等物品，价值 30 万元。该批物资当即分发至市直各行政单位。

5. 1 月 30 日，李副局长出差归来，归还现金 85 元。

6. 1 月 31 日，第一届防禽流感培训班结束，支付授课教师劳务费 700 元，培训班费用开支共计 1.5 万元。

7. 市卫生局实行工资统发。1 月 31 日，市卫生局发放本月工资。工资汇总表列明：本月应付职工基本工资 4.5 万元，应付取暖费补贴 9 800 元，应付职工交通补贴 1 200 元，代扣个人所得税 900 元。

第七章 DIQIZHANG

行政单位的年终业务和会计报表

学习目标

通过本章的学习，需要理解并掌握以下问题：

- ☐ 掌握行政单位净资产的概念和内容
- ☐ 掌握行政单位的年终业务
- ☐ 掌握行政单位净资产类科目的会计处理，包括录入交易、生成记账凭证，交叉审核记账凭证，并对审核后的凭证进行记账
- ☐ 掌握对行政单位会计中各类年终业务的会计处理，包括录入交易、生成记账凭证，交叉审核记账凭证，并对审核后的凭证进行记账
- ☐ 掌握结账的原理，能够通过软件来设置并生成自动转账凭证
- ☐ 熟悉行政单位财务报表的基本格式，能够通过软件掌握报表的日常基本操作

第一节

行政单位净资产的核算

行政单位会计的净资产是指该单位所掌握的资产净值，即资产减去负债的差额，包括固定基金、结余等。

一、行政单位结余的核算

（一）行政单位结余的概念

结余是行政单位各项收入与支出相抵后的余额，行政单位的结余分为当年结余和历年滚

存结余。

当年结余为当年各项收入减去当年各项支出之后的余额。用公式表示为：

当年结余 = 本年收入额 - 本年支出额

=（拨入经费 + 预算外资金收入 + 其他收入） - （经费支出 +拨出经费 + 结转自筹基建）

历年滚存结余为年初结余资金数额与当年结余资金之和。用公式表示为：

历年滚存结余 = 年初结余资金 + 当年结余

（二）结余的核算

行政单位会计应设置“结余”总账科目，用以核算行政单位年度各项收支相抵后的累计余额。行政单位的经常性经费结余与专项资金结余应分别核算。经常性结余也可再按经费结余、预算外结余和其他结余进行明细核算。年终该账户贷方余额为行政单位滚存结余。

现将结余的核算方法举例说明如下：

【例7－1】 东昌市卫生局各收入账户12月31日余额如下：

账户名称	余额（单位：元）
拨入经费——基本支出	860 000
拨入经费——项目支出	140 000
预算外资金收入——基本支出	120 000
预算外资金收入——项目支出	20 000
其他收入	21 000

将上述各收入账户余额转入“结余”账户，编制会计分录如下：

借：拨入经费——基本支出	860 000	
预算外资金收入——基本支出	120 000	
其他收入	21 000	
贷：结余——经常性结余		1 001 000
借：拨入经费——项目支出	140 000	
预算外资金收入——项目支出	20 000	
贷：结余——专项结余		160 000

【例7－2】 东昌市卫生局各收入账户12月31日余额如下：

账户名称	月末余额（单位：元）
拨出经费	360 000
经费支出——基本支出	484 000
经费支出——项目支出	14 000
结转自筹基建	155 000

将上述各收入账户余额转入“结余”账户，编制会计分录如下：

借：结余——经常性结余	482 700	
贷：经费支出 ——基本支出		484 000
拨出经费		360 000
结转自筹基建		155 000

借：结余——专项结余　　14 000

　　贷：经费支出——项目支出　　14 000

二、固定基金的核算

固定基金是指行政单位固定资产所占用的基金。固定基金体现的是政府（行政单位的投资者）对行政单位固定资产的所有权。

行政单位会计应设置“固定基金”总账科目，用以核算行政单位因购入、调入、建造、接受捐赠以及盘盈固定资产所形成的基金。增加固定基金时，借记“固定资产”账户或有关账户，贷记该账户；减少固定资产基金时，借记该账户，贷记有关账户。该账户贷方余额反映行政单位固定基金总额。

固定基金按实际发生数额记账。由于行政单位的固定资产不计提折旧，所以，账面上固定基金的数额和固定资产始终是相等的。

【例 7－3】 东昌市卫生局购买专用仪器一台，价款7万元，以银行存款支付，仪器验收合格。根据有关凭证，填制记账凭单，做会计分录如下：

借：经费支出——基本项目支出——专用设备购置费　　70 000

　　贷：银行存款　　70 000

借：固定资产——专用设备　　70 000

　　贷：固定基金　　70 000

第二节

行政单位的年终业务

行政单位的年终业务主要包括年终清理和年终结账。**年终清理是指行政单位在年度终了前，根据财政部门或主管部门的决算编审工作要求，对各项收支账目、往来款项、货币资金和财产物资进行全面的清理、清查或结算工作。**只有在年终清理的基础上，行政单位才能办理年终结账和编报年度决算。

一、行政单位的年终清理

行政单位的年终清理主要有以下事项：

1. 清理、核对年度预算收支数字和预算缴拨款。年终清理期间，财政机关、主管部门和所属单位之间应当认真清理、核对年度预算收支数字和各项缴拨款，保证上下级之间的年度预算数和领拨经费数一致。为了准确反映各项收支数额，凡属本年度的应拨款项，应当在 12 月 31 日前汇达对方。主管会计单位对所属各单位的预算拨款和预算外资金拨款截至 12 月 25 日为止，逾期一般不再下拨。

2. 清理预算内外各项收支和应缴款项。凡属本年的各项收入，都要及时入账。本年的各项应缴预算款和应缴财政专户的预算外资金，要在年终前全部上缴。属于本年的各项支出，要按规定的支出渠道如实列报。年度单位支出决算一律以基层用款单位截至 12 月 31 日止的本年实际支出数为准，不得将年终前预拨下级单位的下年预算拨款列入本年的支出，也不得以上级会计单位的拨款数代替基层会计单位的实际支出数。

3. 清理往来款项。行政单位的往来款项年终前应尽量清理完毕。按照有关规定应当转做各项收入或各项支出的往来款项要及时转入各有关账户，编入本年决算。主管单位收到财政专户核算的预算外资金属于应返还所属单位的部分应及时转拨所属单位，不得在“暂存款”挂账。

4. 清理银行存款。行政单位年终要及时同开户银行对账，银行存款账面余额要同银行对账单的余额核对相符；现金账面余额要同库存现金核对相符；有价证券账面数字要同实存的有价证券实际成本核对相符。

5. 清理盘查财产物资。年终前，应对各项财产物资进行清理盘点，发生盘盈、盘亏的，要及时查明原因，按规定作出处理，调整账务，作到账实相符、账账相符。

二、行政单位的年终结账

年终结账是在年终清理结算的基础上进行一系列账务活动，包括年终转账、结清旧账和记入新账。

1. **年终转账**。账目核对无误后，首先计算出各账户借方或贷方的 12 月份合计数和全年累计数，结出 12 月末的余额。然后，编制结账前的资产负债表，试算平衡后，再将应对冲结转的各个收支账户的余额按年终转账办法，填制 12 月 31 日的记账凭单，办理结账冲转。

2. **结清旧账**。将转账后无余额的账户结出全年总累计数，然后在下面划双红线，表示本账户全部结清。对年终有余额的账户，在“全年累计数”下行的“摘要”栏内注明“结转下年”字样，再在下面划双红线，表示年终余额转入新账，旧账结束。

3. **记入新账**。根据本年度各账户余额，编制年终决算的资产负债表和有关明细表。将表列各账户的年终余额数（不编制记账凭单），直接记入新年度相应的各有关账户，并在“摘要”栏注明“上年结转”字样，以区别新年度发生数。

第三节

行政单位的会计报表

行政单位的会计报表是反映行政单位财务状况和预算执行结果的书面文件，包括资产负债表、收入支出总表、经费支出明细表、基本数字表等。会计报表是将分散的会计记录转化为全面完整的会计信息的重要步骤。

一、行政单位的报表体系

（一）按照会计报表提供信息的时间范围分类

1. 月报，是反映行政单位截止报告月度资金活动和经费收支情况的报表。月报要求编报资产负债表、支出明细表。

2. 季报，是分析、检查行政单位季度资金活动情况和经费收支情况的报表，应在月报的基础上，较详细地反映单位经费收支的全貌。各行政单位的季报要求在月报的基础上加报基本数字表。月报和季报统称为中期报表。

3. 年报（年度决算），是全面反映年度资金活动和经费收支执行结果的报表。年度决算报表的种类和要求等，按照财政部门和上级单位下达的有关决算编审规定组织执行。

行政单位几乎所有的报表都必须至少每年编报一次，因此，年报包含的报表种类最多、揭示的信息最为完整。年报主要有资产负债表、收入支出总表、支出明细表、基本数字表等。有专款收支业务的行政单位，还应按专款的种类编报专项资金支出明细表。

（二）按照会计报表提供信息的空间范围分类

1. 本级报表，是指各会计主体在日常会计核算的基础上，对账簿记录进行加工而编制的，仅反映自身财务状况和预算执行情况的会计报表。

2. 汇总报表，是主管单位对自身及其所属单位的财务状况和预算执行情况进行汇总加工后编制的报表。汇总财务报表所反映的信息超出了某一单独的会计主体的空间。在编制汇总报表时，必须将上下级之间的拨缴往来账项相互冲销，以免重复计算。

二、行政单位的资产负债表

资产负债表是反映行政单位在某一特定日期财务状况的报表，是行政单位最基本、最重要的报表，应于每月末、季末、年末报出。它提供的资料包括行政单位在某一特定日期的资产、负债和净资产以及收入、支出等。

现行制度中，资产负债表的参考样式采用的是账户式资产负债表，其表体分为左右两方，左方资产部类列示行政单位所拥有的资产（结账前还包括支出），包括流动资产、有价证券和固定资产项目；右方负债部类列示行政单位的负债和净资产（结账前还包括收入），包括应缴款项、暂存款、固定基金和结余等项目。

资产负债表的基本平衡公式为静态等式“资产 = 负债 + 净资产”。在月报中，采用动态等式“资产 + 支出 = 负债 + 净资产 + 收入”。报表左右两方的总计金额必然相等、平衡。

三、行政单位的收入支出总表

收入支出总表是反映行政单位年度收支总规模的报表。收入支出总表按单位实有各项收支项目汇总列示，由收入、支出、结余三部分内容组成。收入支出总表可以反映行政单位经费收支及其结余情况。

收入支出总表收入部分反映行政单位为开展业务活动，依法取得的各项非偿还性资金，包括拨入经费、预算外资金收入和其他收入，其中，专项经费应单独列示。支出是行政单位为开展业务活动所发生的各项资金耗费及损失，包括拨出经费、经费支出和结转自筹基建，经费支出中的经常性支出和专项支出应分别反映。结余是行政单位各项收支相抵后的余额，对当年结余和累计结余也应分别反映。

在年报中，收入支出总表改称收入支出决算表。

四、行政单位的支出明细表

支出明细表是反映行政单位在一定时期内预算执行情况的报表。《行政单位会计制度》第五十五条规定："支出明细表的项目应当按'国家预算科目'列示。对于用财政拨款和预算外资金收入安排的支出应按支出的用途分别列示。"

五、行政单位会计报表附表及报表说明书

行政单位会计报表的附表是指根据财政部门或主管会计单位的要求编报的补充性报表，如基本数字表（反映单位各类人员数量或车辆数量）等。

报表说明书是对会计核算相关事项进行补充分析说明所提供的非表格化的书面文字材料。《行政单位会计制度》第六十条规定："行政单位在报送月报、季报、年报时都应编写报表说明书。报表说明书包括报表编制技术说明和报表分析说明。"报表技术说明主要内容包括：采用的主要会计处理方法，特殊事项的会计处理方法，会计处理方法的变更情况、变更原因以及对收支情况和结果的影响等。

第四节

实验——行政单位年终业务及会计报表

一、实验目的

练习行政单位会计的年终业务，包括年终结算、结账等；了解行政单位会计财务报表的基本分类及编制原理；熟悉行政单位财务报表的基本格式。实验时间需 3 ~4 学时。

通过本次实验，要求学生们能够：

1. 掌握行政单位净资产类科目的会计处理，包括录入交易、生成记账凭证，交叉审核记账凭证，并对审核后的凭证进行记账。

2. 掌握对行政单位会计中各类年终业务的会计处理，包括录入交易、生成记账凭证，交叉审核记账凭证，并对审核后的凭证进行记账。

3. 掌握结账的原理，能够通过软件来设置并生成自动转账凭证。

4. 熟悉行政单位财务报表的基本格式，能够通过软件掌握报表的日常基本操作。

本节实验在性质上属于实务模拟实验。实验结果可使用打印输出的记账凭证列表或年终财务报表的形式，供教师批改和总结。

二、实验流程

本次实验的基本流程如下：

1. 学生进入各自账套：进入"账务管理"界面，在"9. 账套选择"中选择各自的行政

单位账套。

2. 在“账务管理”界面选择“2. 日常账务”，进入“日常账务”界面。

3. 设置自动转账凭证：(1) 进入“日常账务”界面，在“凭证设置”菜单中选择“设置自动转账凭证”，进入“自动凭证分录管理”窗口，点击“增加”，设置生成自动转账凭证的方式。(2) 选择好结转方式后即进入“自动转账凭证会计分录”的定义窗口，在该窗口需录入转账凭证的各项基本要素。图 7－1 中录入的就是将用于“基本支出”的“拨入经费”（行政单位收入）转入“经常性结余”的自动转账凭证。注意，在选择转出方和转入方时，要选到最末一级科目。(3) 逐条录入全部转账凭证，存入后，在“自动凭证分录管理”窗口可以显示所有设置好的转账凭证，在此窗口还可以对设置好的转账凭证进行进一步删除或修改。关于自动转账凭证的详细操作，可参见附录一第 3 节。

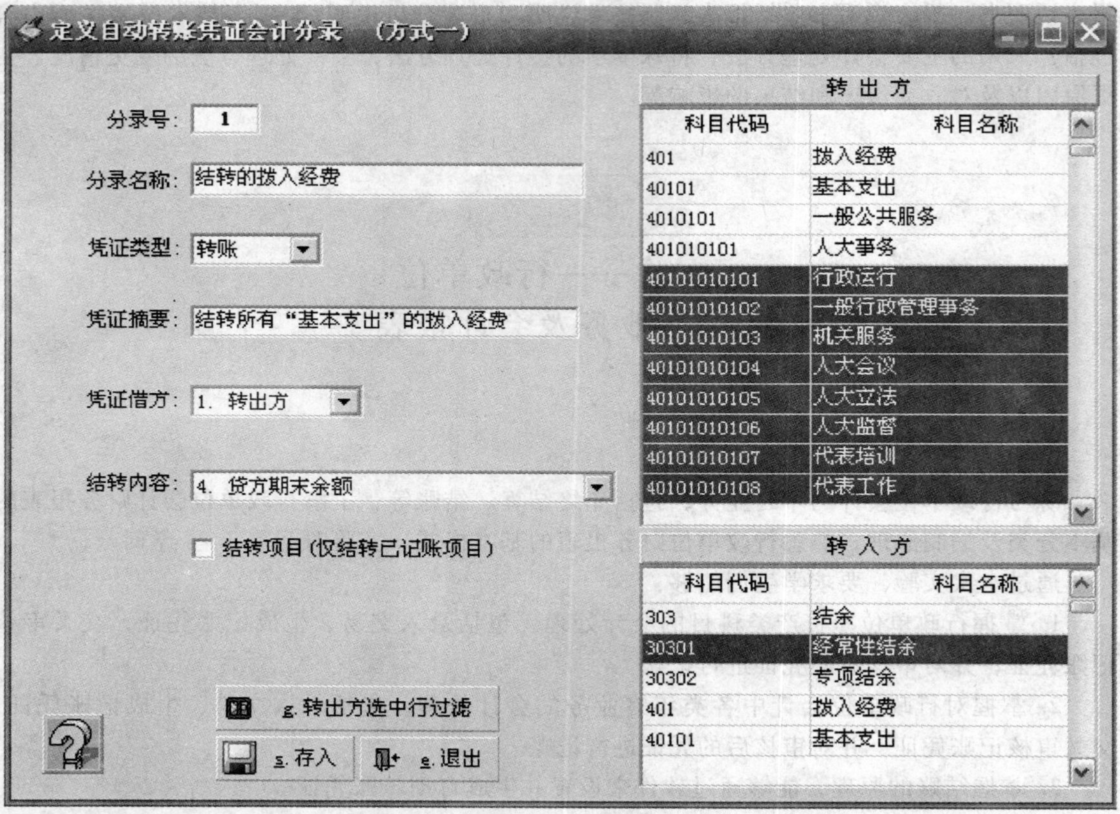

图 7－1 “自动转账凭证会计分录”的定义窗口

4. 根据实验题目（一），生成自动转账凭证：(1) 在“日常账务”界面“凭证处理”菜单中选择“生成自动转账凭证”。(2) 在窗口中，根据本期间的业务情况选择要生成的自动转账凭证（为避免遗漏，可直接点击“全选择”）。确认后，系统就会自动生成全部转账凭证。

5. 退出各自账套。按照事前分组，彼此进入同组另一组员的账套，交叉审核自动转账凭证。

6. 记账员修改未通过审核的自动转账凭证：需先删除已生成的、出错的转账凭证，然后重新设置自动转账凭证并生成转账凭证。

7. 重新进行交叉审核，直至全部转账凭证审核通过。

8. 记账：在“凭证处理”菜单中选择“记账”，在“记账”窗口进行数据备份后选择“记账”。由此，将本次已录入且已通过审核的转账凭证试算平衡后，记入各账簿。

9. 结账：在“凭证处理”菜单中选择“月结”。结账是每个会计期末（本软件中即指每个月末）必须执行的一项工作。通过记账，所有资产、负债和净资产类账户的期末余额都结转到下期，成为下一个月的期初余额。需要注意的是，在软件中，结账需有两个前提条件：（1）本月不能有未记账凭证；（2）上月已结账。

10. 查询结账后的总分类账，观察结账结果。

11. 空结至12月份，练习录入12月份凭证。在软件中，如某月份未发生任何交易，可直接空结至下一个月份。

12. 根据给出的实验题目，继续录入12月份的记账凭证。

13. 完成全部实验题目的记账凭证录入后，生成本月的自动转账凭证。

14. 交叉审核记账凭证。

15. 记账员修改未通过审核的记账凭证。

16. 重新进行交叉审核，直至全部转账凭证审核通过。

17. 记账。

18. 结账。此时由于结账日期为12月份，软件自动作为年结处理。年结需要由系统管理员在“账簿管理”模块中完成。

19. 退出“账务处理”模块，进入“报表编制系统”：（1）熟悉“报表编制系统”的基本操作及功能。（2）生成该单位本年度的资产负债表、收入支出总表和支出明细表（见图7－2）。由于这三个报表是行政单位最基本的三个财务报表，所以事先可由教师在“报表编制系统”定义好报表的基本公式，由此学生进入“报表编制系统”后，就可以直接生成

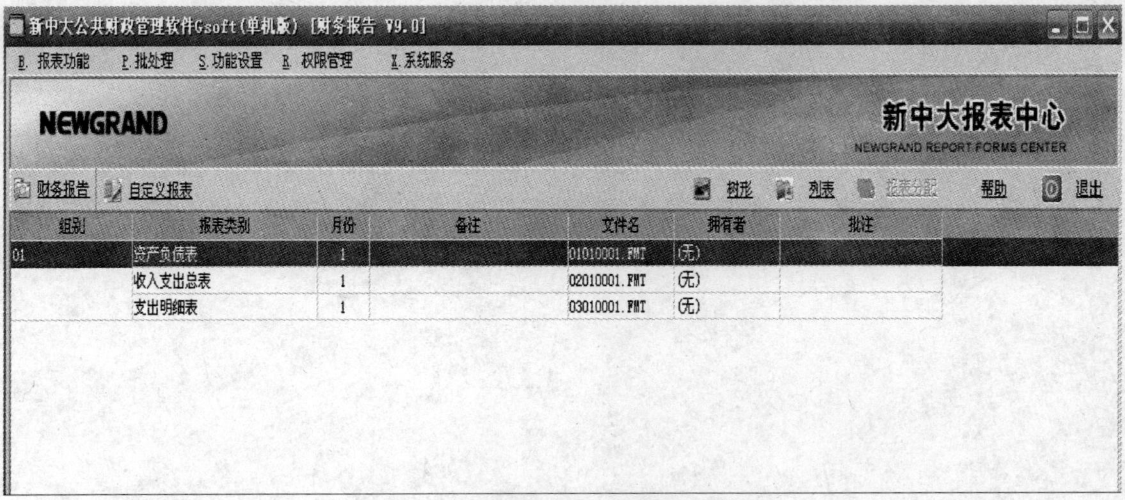

图7－2　行政单位的三个基本财务报表

资产负债表、收入支出总表和支出明细表。对学生而言，熟悉行政单位报表的编制原理和基本格式、能够分析报表信息就可以了。关于报表处理的详细操作可参见附录二。

三、实验题目

（一）练习转账和结账

1. 1月31日，设置转账凭证，将各项经常性收入、支出转入经常性结余。

2. 设置转账凭证，将各项专项收入、支出转入专项结余。

3. 生成自动转账凭证并月结。

（二）根据某市卫生局2006年12月份发生的下列经济业务录入记账凭证

1. 12月2日，市卫生局经批准，将卡车一辆作价出售。轿车账面原值50万元，售价为15万元，价款由银行收讫，出售过程中发生评估费用800元，以银行存款付讫。

2. 12月15日，为做好来年春季的流感防范工作，市财政局返还给卫生局预算外资金5万元。

3. 12月15日，市卫生局出售多余的材料，材料成本为1 900元，售得现金2 000元。

4. 12月20日，市卫生局收到所属县卫生局缴回的经常性预算经费5 000元。

5. 12月30日，市卫生局进行年终固定资产盘点。盘盈专用仪器一台，重置价5 600元；盘亏办公桌2张，原价每张300元。经领导批准，分别补记入账和注销。

6. 12月30日，市卫生局处置报废的办公桌椅等固定资产，原价为4 000元，取得变价收入800元。

7. 12月30日，接到银行通知，全年存款利息为870元，增记银行存款。

（三）生成财务报表

练习生成该市卫生局本年度的资产负债表、收入支出总表和支出明细表。

附录一

FULUYI

Gsoft 软件账务处理系统基本使用指南

第一节

基本操作流程

账务处理是整个财务管理过程之根本。在 Gsoft 公共财政管理软件中，“账务处理系统”、“公共财政业务处理系统”和“报表处理系统”需联合使用。作为公共财政管理软件的核心部分，“账务处理系统”与该软件其他管理系统之间的关系如附图 1－1 所示。

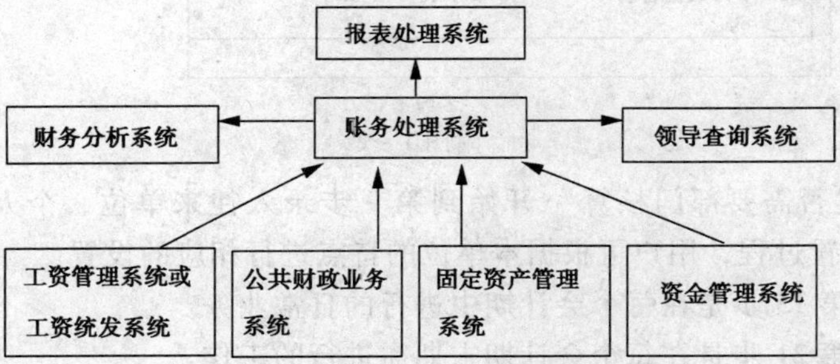

附图 1－1　账务处理系统在公共财政管理软件中的地位

按照账务处理所涉及到的会计业务，可以将本系统划分为以下几大子模块：(1) 初始设置；(2) 日常账务；(3) 部门核算；(4) 往来账管理；(5) 项目核算；(6) 出纳及对账；(7) 系统间转账；(8) 系统管理。

账务处理系统的整个操作流程见附图 1－2。

附图 1－2 中各操作流程说明如下：

1. 安装“账务处理系统”。

2. 进入“账套管理系统”，增加新账套。

3. 进入“账务处理系统”。

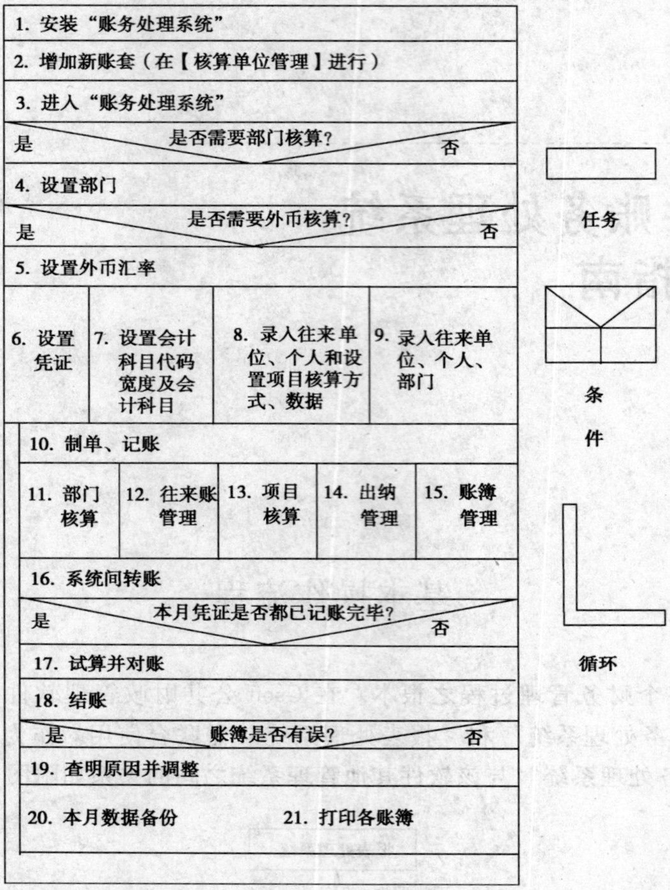

附图 1－2

4. 从判断“是否需要部门核算”开始到第 9 步录入往来单位、个人、部门期初余额，是对账套的初始设置过程，用户可根据本单位的特点进行相应的设置。

5. 第 10 步到第 15 步是在每个会计期中进行的日常业务。

6. 第 16 步到第 21 步是在每个会计期末期需进行的工作。

第二节

初 始 设 置

系统初始化将要实现的是对系统日常应用中的一些重要的初始信息进行设置，只有完成这些信息的设置，系统才能进入正常应用状态。在此设置的有些信息在初始化完成后仍然可以修改，如外币汇率、往来单位、个人等；但另外一部分重要信息将被完全固化，初始化完成后，将不允许修改，如凭证类型、科目代码宽度、项目核算方式等。

单击“账务处理系统主窗口”的“初始设置”图标即可进入“初始设置主窗口”。下面就按各菜单内容逐一加以说明。

一、基本设置

单击“基本设置”菜单，系统包括凭证类型设置、部门核算方式、部门设置、外币设置、汇率设置、项目核算方式、小数位数设置七项子菜单。

二、凭证类型设置

记账凭证，按其反映的经济业务内容的不同，可分为收款凭证、付款凭证和转账凭证；收款凭证和付款凭证具体又可分为现金收款凭证、现金付款凭证、银行收款凭证、银行付款凭证；系统提供五种凭证类型。用户可根据单位的实际情况选择其一。

若用户选择“5. 凭证类型自定义”，此时“自定义凭证类型设置”按钮被激活，用户便可按要求设置所需要的类型。

三、部门核算方式

许多企业、单位往往需要通过启用部门核算这一辅助管理来进行部门绩效考核与评价，进而达到控制费用、为本年度财务分析和下一年度财务预算的编制提供具有参考价值资料的目的。是否进行部门核算这一辅助管理，由用户自主决定。

四、部门设置

如果在“部门核算方式”子菜单中选择了“核算到部门”选项，则要输入每个需要核算到的部门，具体的操作步骤如下：（1）单击菜单“基本设置\部门设置”；（2）单击“增加”功能键，在弹出的“部门设置”窗口设置部门的具体内容；（3）当选择了“账务模块更改时，同时更改其他模块”选项，则“账务处理系统”中的部门发生变化，系统可以同时改变工资、固定资产等相关联模块中的部门设置；（4）单击“修改”、“删除”功能键，可以对已有的部门进行修改和删除操作。

五、外币设置

该功能主要用于涉及外币业务的单位。单击菜单“基本设置\外币设置”，在空白行中依次输入“代码”、“币名”和“汇率方法”。一旦汇率方法设置好后，以后软件对外币的计算将遵循此汇率方法的规则。

六、汇率设置

该部分是设置本账套所使用的外币（即“外币设置”子菜单中所设置的外币）的汇率。此处设置的汇率在录入需外币核算的凭证时将被系统调用，这样便大大地减少录入汇率的次数和差错率。

由于汇率经常在变动，这就意味着您可能需要经常对其进行更新，考虑到操作的方便性，系统在日常账务子模块的“辅助管理”中也增设了该功能。

七、小数位数设置

用户通过该菜单可自由定义数量、单价、外币和本币的数据精度。

数量数据精度：0~6位；单价数据精度：0~6位；外币数据精度：0~2位；本币数据精度：0~2位。

八、科目及余额设置

（一）科目代码宽度设置

该部分用于设置会计科目体系中最基本的参数：科目总级数以及各级科目代码的宽度。

本软件最多允许有10级科目，科目代码总宽度最多不得超过20个字节。一般每级科目代码宽度为2或3（也有4），对于不需要的X级科目，将其代码长度置为0或不输即可。注意：科目代码宽度在初始化完成后是不能修改的。

（二）科目设置

这部分是初始设置中的重中之重，在此需要设定所有的总科目、明细科目。为了充分发挥计算机的管理优势，系统要求的科目结构有别于手工会计科目，主要体现在将采用辅助核算的管理方法，即不再将往来单位、部门、个人、项目作为明细科目，而是将它们的上级科目设为辅助核算科目，这样在输入凭证时，当涉及到辅助核算科目时，只要再额外输入该笔业务的往来单位、部门、个人或项目信息即可。所以在进行具体设置前，用户应该已整理好了该部分的会计资料。

单击菜单“科目及余额初始\科目设置”，在会计科目表窗口增加、删除、修改科目，也可以打印该科目表。如果是首次使用，您会发现已经有一级科目设置在里面了，这是新财务制度规定的相应行业的一级科目（由系统默认），但可根据客户自己的实际情况调整修改这些科目，如修改科目的属性，并可新增二级、三级等科目。

窗口下方排列着一些功能键：“刷新”、“定位”、“成片复制”、“筛选”、“打印”、“文件转换输入/输出”、“增加”、“删除”、“修改”，用以进行相应的操作设置。

在会计科目表窗口输入完毕后，单击“确认”键存盘，如果遇到以下情况，软件将阻止存盘并作出提示：（1）科目代码级数或宽度不对；（2）科目代码级数跳空，如在“102”科目不存在的情况下输入“10201”科目；（3）需要增加的科目代码在科目表中已存在，即重复输入；（4）“助记码”以外，其他任一项未输入；（5）下级科目的科目特征与上级科目不一致。

存入成功后，新增科目将列入科目列表窗中，并且已自动按科目代码进行排序，处于表中适当的位置上。

（三）科目余额设置

会计科目设置好后，单击菜单“科目及余额初始\科目余额设置”，需要在此输入各科目的年初余额、年初至建账日期的借贷累计发生额。窗口的“当前余额”栏是软件根据输入的年初余额、借方累计、贷方累计自动计算出来的。

逐级汇总：末级科目的余额输入完成后，点击“逐级汇总”键，系统将自动逐级向上汇总至上级科目的余额。

内容切换：对于数量、复币类科目，除了在本窗口录入金额外，还需点击“内容切换”键切换到数量类科目输入数量的窗口、复币类科目输入外币的窗口，按同样的方法录入数量类科目的年初结存数量、收累计、发累计，复币类科目的外币年初余额、外币借方累计、外币贷方累计。录入完毕后，点击“逐级汇总”键，系统将自动逐级向上汇总非末级科目的数量、外币余额。

九、初始单位往来账

在手工做账中，往来单位通常是设置成往来科目的明细科目，而在电子账簿中，对往来单位改用辅助核算进行管理，即将往来单位明细科目的上级科目设为辅助核算科目，这样在录入凭证时，当涉及到的科目为往来性质时，只要额外再输入该笔业务的往来单位即可。

单击“初始单位往来账”子菜单，可录入往来单位通讯录、初始单位往来账。

十、初始部门账

凡是在科目表中被列为部门核算的科目，一般都需对其进行初始部门账操作。系统根据部门核算科目同时是否是数量类科目，将初始部门账又分为初始部门账、初始部门数量账两项。

对于仅需要进行部门核算的科目，只需在“初始部门账”中录入余额即可；而对于既需要体现金额又需要体现数量的科目，则不仅要在“初始部门账”中录入余额，还要在“初始部门数量账”中录入结存数量。

十一、初始完成确认

在做完前面的工作后，可以认为已基本完成初始化工作了，但还需在“初始完成确认”菜单中进行初始工作验证和确认。

（一）验证

通过此菜单来验证初始工作正确性，共有四类检验项目：1. 科目设置合法检查；2. 科目余额逐级汇总检查；3. 核对部门账、往来账余额；4. 试算平衡。

以上检查也可以连续进行，单击菜单“连续完成上述工作”即可。但当上述检查中有任何一步未通过检查时，下一步则不予进行，操作员应进行更正操作。

（二）初始完成确认

以上工作都做完后，就可以在此确认完成初始工作了。其自动执行的步骤为：检验——数据备份——确认完成初始化。具体步骤在进入该菜单所对应的窗口后，屏幕将会详细显示并附有说明。

数据备份是把所有数据压缩处理后强制备份至软盘或硬盘上，以供初始完成后可反悔。强烈建议用户执行该步操作，因为初始化的工作是相当繁重的，若用户选择“不备份”，而在后期操作中又发现初始设置有误，那后果将不堪设想。

十二、系统服务

“系统服务”和前面具体的初始工作没有什么执行顺序的关系，它随时可运行。在其他所有子模块内，都有这么一个类似的“系统服务”主菜单，并且都位于菜单栏的最后，功能也大致相同。“系统服务”包括以下子菜单：“帮助”、“计算器”、“更换操作员”、“数据备份与恢复”、“当前操作信息”、“关于”和“退出”。

（一）更换操作员

由于使用本软件进行财务管理后，可以非常细化地对各操作员的操作范围进行分工和严格的权限控制，因此可能需要经常更换软件的操作员，该功能能够方便地使您在不退出软件的情况下更换当前操作员。

（二）数据备份

数据备份是本软件操作过程中很重要的一个环节。所谓“备份”，是指将当前电子账簿中数据文件全部拷贝复制到其他硬盘或软盘上。这样做的目的是为了应付当前硬盘损坏而导致电子账簿数据丢失的情况，所以应定期备份。

做备份的另一个目的是可以将账本数据恢复到以前某一天的状态。如在 10 月 7 日做了一次备份，而在 10 月 10 日发现数据有无法修改的错误，那么可将数据恢复过来。

（三）数据恢复

在硬盘数据丢失或损坏的情况下，可将保存在软盘或其他目录下的最新备份数据再复制回来，这个过程叫做“恢复”。数据恢复时，将备份的数据恢复到当前账套，并完全覆盖当前账套的数据，因此要谨慎进行。

十三、注意事项

在初始设置的整个过程中，还有以下几点需特别注意：（1）由于初始化完成以后不能再进行“科目代码宽度设置”，所以设置科目级数时要考虑其可扩展性。（2）在设置会计科目时，应尽可能设置得完善些，因为在完成初始设置后，已不能作很大的修改了。

第三节 日常账务

日常账务是账务处理的主要组成部分，账务处理的大部分业务都是在本子模块中完成的。进入“日常账务”窗口后，日常账务有一套菜单系统（见附图 1－3）。

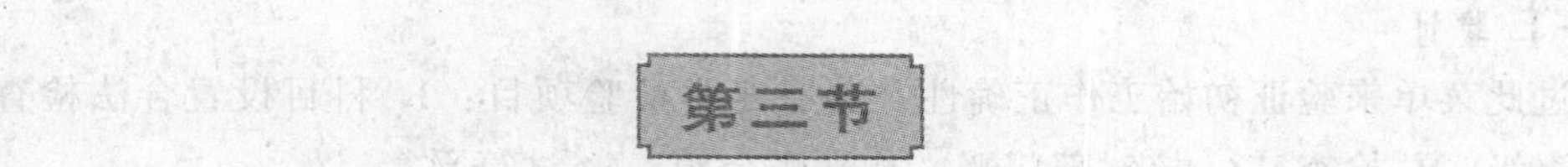

附图 1－3　日常账务菜单栏和工具栏窗口

由于凭证处理和凭证的各项设置有着密切的关系，所以下面先介绍“凭证设置”、“基础设置”和“辅助管理”，然后再介绍“凭证处理”和“账簿查询打印”。

一、凭证设置

单击“凭证设置”主菜单，可以看到它包括以下三个子菜单：（1）设置快速凭证；（2）设置自动转账凭证；（3）设置原始单据自动转换关系。

（一）设置快速凭证

在实际的录入凭证过程中，操作员往往要重复录入大量相类似的凭证，这些凭证只是金额不一样，其他内容如科目、摘要都基本一致。为了节省录入时间，减少重复劳动，可以在此预先设计好作为模板，在录入凭证时随时调用，然后填入当前发生额即可。若发生额也基本固定（如发工资），可以先填入。

在实际录入凭证时，单击凭证录入窗口中的按钮，屏幕显示快速凭证分录选择窗，用鼠标双击其中要调用的快速凭证，即可调出该快速凭证。

（二）设置自动转账凭证

每个核算单位在月底都必须制作转账凭证，诸如结转收入、支出或费用等。这类凭证相对较为相似而繁复，可通过设置自动转账凭证，使之在以后期间能够自动生成转账凭证。在自动生成前，必须先在此定义凭证中的内容，如科目、数据来源等等。

（三）设置原始单据自动转换关系

设置原始单据自动转换关系较为简单，用户只需在“设置原始单据自动转换关系”窗口中确定凭证类型、双方科目、部门（若该科目需进行部门核算）即可。

二、辅助管理

（一）会计科目更改

由于在初始设置中已要求用户尽可能仔细地设置科目体系，所以在这里不宜对科目体系作大规模的调整。此时窗口中的主要功能键有“增加”、“修改”、“删除”、“其他”、“报告”。由于在“会计科目更改”中，“修改”键已不能修改科目的科目特征、部门核算方式等属性，若用户确需修改，可通过“其他”键实现。

（二）摘要库维护

为了方便凭证输入时摘要内容的输入，软件专门设立了一个“摘要库”，可将常用的摘要术语放入该库中，每条摘要对应一个助记码。输入摘要时只要输入助记码，软件会自动将其转换成相对应的摘要内容，也可通过单击按钮选择输入。

（三）结算方式设置

该子菜单用于设置本单位与往来单位间进行货币给付及其资金清算行为的结算方式。

（四）预算管理

在本系统中，预算管理主要是对科目、部门、项目的管理，并可以查询预算进展情况的报告。

单击“辅助管理\预算管理”，弹出一个菜单框，它包括如下菜单：“科目预算设置”、“部门预算设置”、“项目预算设置”、“项目部门预算设置”、“科目预算报告”、“部门预算报告”、“项目预算报告”、“项目部门预算报告”等。

（五）账套间对账

通过该菜单可实现在上下级单位间多个科目的对账，具体操作步骤如下：（1）单击“辅助管理\账套间对账”，弹出“对账列表窗口”；（2）单击“增加”，设置对账条件；（3）设置完毕，存盘。用户可根据需要选择单个科目或多个科目进行对账。如选择的是单个科目，单击其中的“账套间对账”键，选择了日期范围，确定后，屏幕显示对账窗口。

对账窗口分为左右两部分，分别显示本账套与对方账套的情况，用户可通过拖拉窗口下方的横向滚动条查看详细情况。同时，用户还可单击“其他月份”键直接查看其他日期范围内的对账情况。如用户选择的是多科目对账，在对账过程中系统发现有余额不平的情况，都将以红字来表示科目余额。

三、基础设置

（一）凭证处理设置

“凭证处理设置”包括“凭证录入方式选项”、“凭证处理方式选项”和“凭证界面设计”三个界面（见附图1-4）。

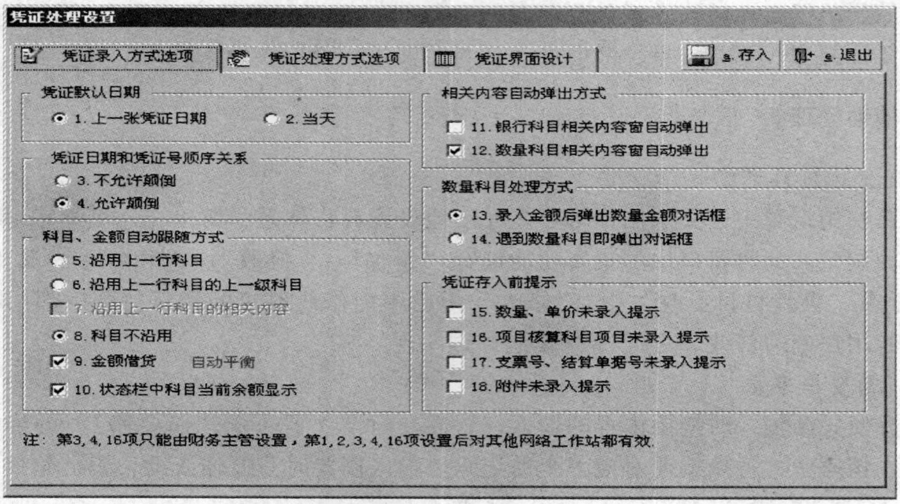

附图1-4　凭证处理设置界面

凭证日期和凭证号顺序关系：该参数可用于控制用户是否按日期先后顺序录入同类型的凭证，如当用户选择“不允许颠倒”选项时，就决定了用户必须按照日期从小到大的顺序逐一录入同类型的凭证，否则系统会给出提示窗口，阻止操作的继续进行。该设置参数只能由财务主管控制，并且设置结果对其他网络工作站也有效。

科目自动跟随方式：用户在一张凭证中要录入多条明细时，如果选择了“科目不沿用”

以外的选项，后一条明细会自动沿用上一条明细的科目或上一级科目，甚至是上一行科目的相关内容，这在特定的情况下会给操作带来很大的便利。

金额自动跟随方式：除了拥有与科目自动跟随方式相同的选项功能外，系统还提供自动平衡借贷方金额（即系统根据用户录入的借贷任一方的金额，自动填入另一方的金额，并且确保借贷平衡）和在凭证录入窗口的状态栏中显示当前科目余额的功能。

相关内容自动弹出方式：该设置参数用于控制在凭证录入过程中，当涉及到银行科目或数量科目时是否自动弹出相对应的相关内容窗口供用户设置。

凭证存入前提示：该设置参数提供的四个选项能进一步确保凭证的完整性和准确性。其中选项“项目核算科目项目未录入提示”只能由财务主管控制，并且设置结果对其他网络工作站也有效。

凭证修改选项：该设置参数用于控制是“任何有录入修改权的操作员都能修改凭证”还是“凭证只能由制单人本人修改”。

允许删除凭证：该设置参数可控制是否允许删除凭证，在允许删除凭证的前提下，可进一步控制“仅能删除最后一张”还是“能删除中间凭证”。

凭证号是否允许重排：在默认状况下，该选项呈未选中状态，即“重新排列凭证号”菜单失效。

确定需出纳签字的凭证类型：用户一旦确定某类凭证类型需进行签字流程，则在审核该类凭证前得预先履行“出纳签字”流程，这样可进一步确保凭证的完整性和正确性。

凭证录入预算控制：此处的设置将决定“日常账务 \ 辅助管理 \ 预算管理”中对凭证设置的预算控制是否有效。

凭证查询显示方式：系统提供“前后翻页（标准）”和“列表方式”两种显示方式。

摘要中自动加入个人、项目的信息：在这里进行设置后，可将辅助核算的内容（如往来单位、个人、部门、项目等信息）有选择的添加在凭证的摘要栏中。

凭证特殊处理：在工作组版或大型版的多用户操作中，可能会出现其中某个用户在凭证录入中调用的科目正被另一工作站的用户删除、修改，如果选中该设置参数中的“在凭证存入前检查科目合法性”选项，可避免这种情况的发生。

“凭证界面设计”主要用于用户从“字体”、“科目栏显示内容”、“栏宽”、“凭证颜色”等方面设置出自己所满意的“凭证录入窗口”的格式。

（二）账页处理设置

“账页处理设置”包括“默认方式设置”、“账本格式设置”、“其他设置”、“账本打印格式选择”和“满页打印设置”五个界面的内容设置。其中，默认方式设置包括查询条件默认“包括未记账凭证”：若用户在该处选中“普通明细账、余额表”、“往来账、部门账”选项，则在查询相应账表时，系统默认“包括未记账凭证”为查询条件之一。

账本格式设置包括：

1. 明细账格式——多栏账格式及自定义多栏账本月合计等信息简洁显示：若选中该选项，则系统不提供“借方合计”、“贷方合计”、“借方累计”、“贷方累计”栏（横向）内容。

2. 总分类账格式：可按“单个科目方式”查看，也可按“所有科目方式”查看。

四、凭证处理

会计凭证是记录经济业务发生和完成情况的书面证明，也是登记账簿的依据，所以确保录入凭证的准确完整对于能否保证会计信息质量具有至关重要的影响。

在“凭证处理”中主要包括对凭证的录入、修改、审核、查询、记账、结账等操作。平常企业录入工作量最大的就是录入会计凭证。凭证录入后经出纳签字、审核或直接审核就可以记账，即自动将凭证内容记入各类明细账和总账。

（一）记账凭证录入

凭证录入是进行会计核算工作的第一步。单击“凭证处理\记账凭证录入”，弹出窗口见附图 1－5。

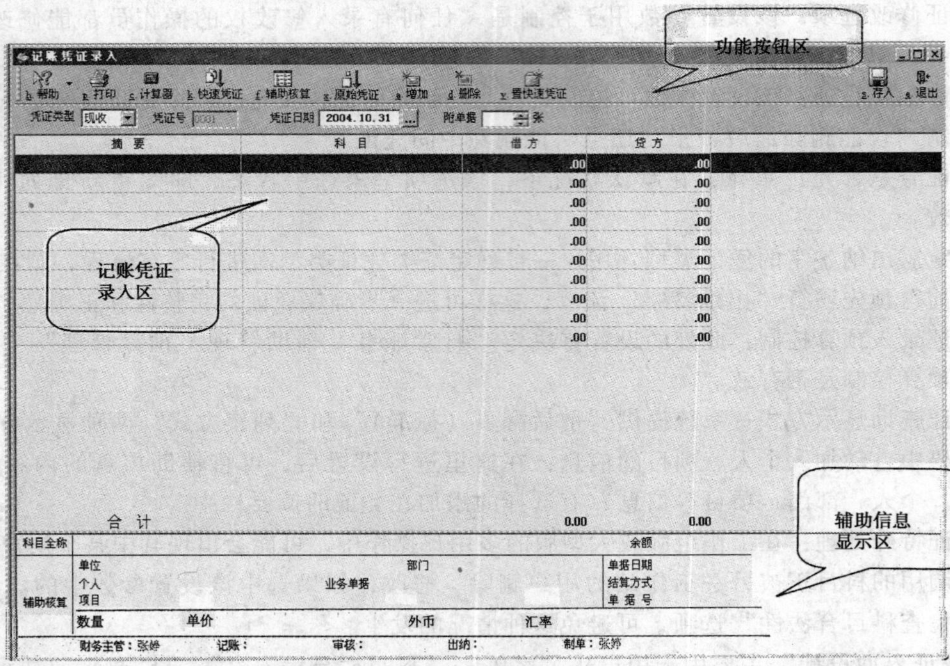

附图 1－5　记账凭证录入窗口

功能按钮区：提供产生各类型完整记账凭证的功能按钮，包括“系统帮助”、“摘要帮助”、“科目帮助”、“查询凭证”、“快速凭证”、“计算器”、“打印”、“增加”、“删除”、“辅助核算”、“原始凭证”、“存入” 和 “退出”。

1. 摘要帮助：供用户随意调用“辅助管理\摘要库维护”菜单中设置的内容，用户还可以在此调用窗口中添加新的摘要内容。

2. 科目帮助：提供功能十分强大的“科目选择” 窗口，此窗口不仅能帮助您快速地选择所需的科目，还向您提供以下功能：增加科目、科目定位、联查到当前科目的明细账、凭证、原始单据信息及账面余额。

3. 辅助核算：该功能按钮只有当输入的当前科目与“部门核算”、“个人往来”、“银行科目”、“外币类”、“数量类”、“单位往来”、“项目核算” 中任一科目属性有关时才能被激活。系统将这些辅助核算设置内容分别归集在“辅助核算项”、“外币及单位”、“单位往来”和“项目核算”四个界面中，每个界面对应一个选项卡，然后将它们组合在一个窗口中。

4. 原始凭证：该功能按钮只适用于以下两类科目：（1）银行类并且非复币类科目；（2）部门核算但不是往来核算类科目。当录入的科目为这两类科目中的任一科目，单击“原始凭证”功能按钮后，会弹出一选项框，在弹出窗口中，您便可以模拟手工录入原始凭证的方式进行操作。

5. 保存：对当前窗口中的记账凭证进行合法性、完整性、正确性检测，检测通过，进行保存。遇到下列情况时，系统会列出错误信息，阻止存盘，并将当前行置于错行之上：（1）借贷不平衡；（2）已经输入金额，但未输入科目；（3）是收款/付款类凭证，但没有现金或银行科目；（4）是现付/银付凭证，但贷方没有现金/银行科目；（5）是现收/银收凭证，但借方没有现金/银行科目；（6）是转账凭证，但出现现金/银行科目；（7）属于单位往来科目，但往来单位未输入；（8）属于部门核算科目，但部门未输入。

遇到下列情况，系统可提示您是否需要输入（是否提示与用户在菜单“基础设置\凭证处理设置”中的设置有关）：（1）是银行科目，但未输入银行内容；（2）属于数量类科目，但数据、单价未输入；（3）属于复币类科目，但未输入外币金额、汇率；（4）附件未录入。

6. 凭证类型：本软件中，凭证类型由“初始设置”中设定，如果设定的不是“1. 不分类”，那么左上角将有一个凭证类型下拉框，用鼠标点击就可选择所需凭证类型。

7. 凭证号：将根据凭证类型的变化而自动变更，每张凭证的凭证号是由电脑自动产生的，每种凭证类型拥有各自独立的凭证号。凭证号每个月都从 0001 开始。对于工作组版和大型版的用户，如果是几个操作员同时录入凭证，此时系统给出的凭证号为一个参考凭证号，真正的凭证编号只有在凭证保存完毕后才真正确定。

8. 凭证日期：系统默认为操作当日或上一张凭证录入的日期，这与用户在“基础设置\凭证处理设置\凭证录入方式选项”中的设置有关。如果日期不对，可进行修改。

9. 附单据数：用于输入原始单据的张数，可用键盘直接输入数字，也可用鼠标按动数字旋钮输入。

在记账凭证分录输入区内，可以看到凭证的每笔分录都由以下四部分内容组成：（1）摘要；（2）科目名称；（3）借方金额；（4）贷方金额。

10. 摘要：用于简单说明该笔经济业务内容。

11. 科目：“科目”的输入，系统也提供了几种方法：（1）输入科目代码；（2）输入科目助记码；（3）直接输入科目名称；（4）点击窗口下方的“科目帮助”功能按钮，打开科目帮助窗，双击选择所需科目；（5）此外，软件还支持一定的智能操作，例如只输入“5”后，屏幕将自动弹出科目代码以“5”开头的所有科目；输入“102”后，屏幕弹出“102”的所有下级科目，以供进一步选择。

辅助信息显示区：反映当前科目全称、余额、相关辅助核算信息以及财务主管、制单人的姓名等信息。

用户输入科目后，系统便会在该显示区内显示本科目的代码和科目全称；如果该科目有余额，将显示余额；如果该科目为银行类、数量类、单位往来、个人往来、复币或进行部门、项目核算，则相关信息在“辅助核算”中体现；另外，还显示财务主管、记账、审核、出纳、制单人的姓名。

凭证存入成功后，屏幕被刷新，即可开始下一张凭证的输入。

在凭证录入过程中还应注意以下问题：

第一，如果在“系统管理\权限管理\操作员权限管理”中进行了“科目权限”、“凭证权限”、“部门权限”设置，那么在录入凭证时不能使用科目权限设置范围外的科目，不能录入凭证权限设置范围外类型的凭证，不能录入部门权限设置范围外部门所发生的业务凭证。

第二，在填制凭证时，部门核算至末级部门科目。

第三，项目核算的科目必须预先在“项目核算\项目维护\核算项目设置”菜单中设置好具体的核算项目，才能在填制凭证过程中调用成功，但合同代码和付款序号可在凭证录入过程中新增。

第四，凭证可以跨月录入，但是对已结账的月份则不能再录入。

第五，凭证一经保存，凭证类型和凭证号不再允许修改。

（二）原始单据录入

会计凭证可分为原始凭证和记账凭证。在原始单据整理成正式记账凭证前，通过本菜单可以先根据原始单据输入每笔业务，然后通过菜单“原始单据转成记账凭证”，将这些业务转成正式记账凭证。

（三）银行单据信息批录入

该功能是指集中录入银收和银付类凭证的银行结算单据号。其具体操作为：

1. 单击“凭证处理\银行单据信息批录入”，首先弹出窗口如附图1-6所示。文档中没有指定样式的文字。

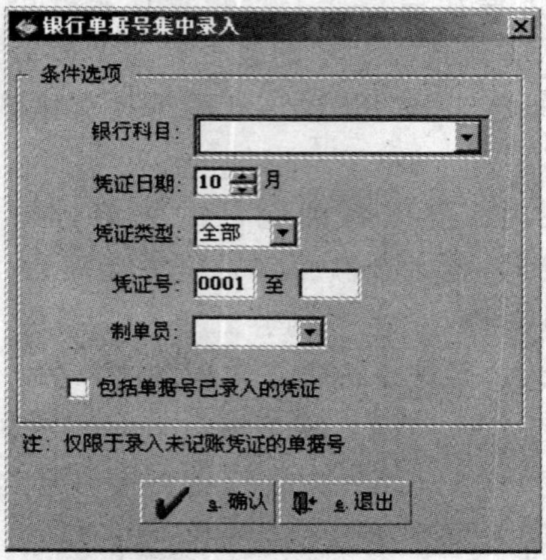

附图1-6 银行单据号集中录入窗口

2. 选择“银行科目”等条件后，单击“确认”按钮，进入“结算单据号集中录入窗口”，最后“存入”。

（四）生成自动转账凭证

在“凭证设置”中设置好的自动转账凭证分录，在此便可以自动生成相应的记账凭证。由于在“自动凭证会计分录”中可以设置三种分示，所以点击“生成自动转账凭证”菜单条后首先需选择分录号，可以选择其中的一条或多条，接着软件将开始自动生成，生成完成后，屏幕将出现类似“记账凭证录入”的窗口，凡是符合自动分录规则而生成的每一笔业务均列在窗口中。本张凭证是否合法以及是否需要再修改等等全由用户决定，并且此后的操作均和凭证录入时一样。

（五）期末特殊转账

该功能主要为实现会计核算所需的全部辅助核算灵活进行余额结转业务，一般用于年末余额结转，也可以根据实际需要在平时使用。其功能是可以将转出方科目的所有辅助核算项目根据转放方科目的辅助项目一对一的自动结转，在结转入系统默认，将转出方的辅助核算带入转入方，用户可以对转入的金额和辅助核算进行修改调整后再生成凭证存入。

单击“日常账务→凭证处理→期末特殊转账”菜单，系统打开“期末特殊转账”窗口，如附图 1－7 所示。

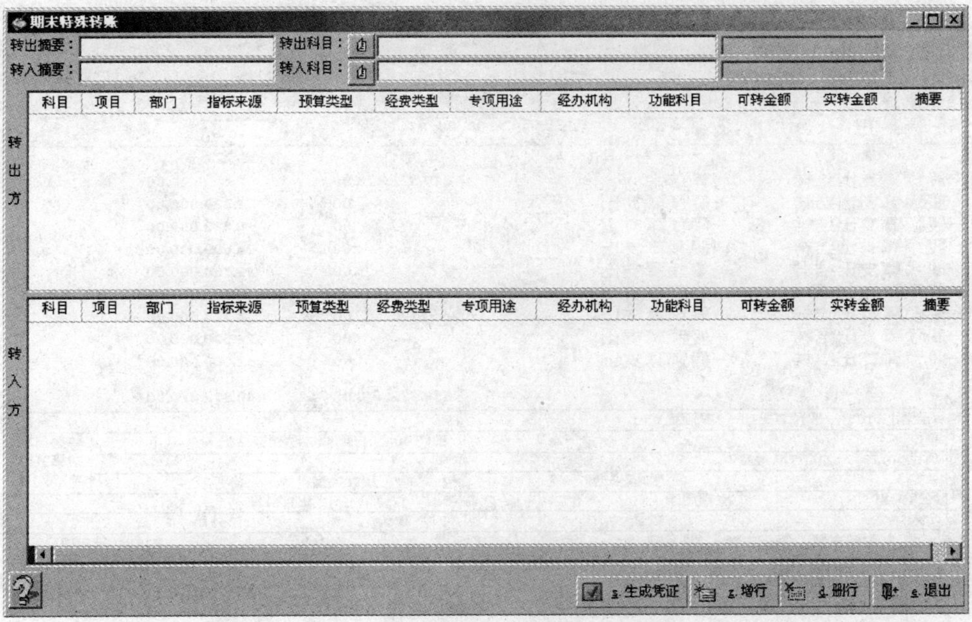

附图 1－7　期末特殊转账窗口

在该窗口上方录入转出摘要后，再选择转出方科目，系统会自动将该科目需转出结平的辅助核算全部列示在转出方窗口中；再录入转入摘要和转入科目，系统自动根据转入方科目的辅助核算将转出方列表中的数据合并列示在转入方窗口中，操作员可以对转入方窗口的所有自动带出的辅助核算项目和实转金额进行修改调整（见附图 1－8）。

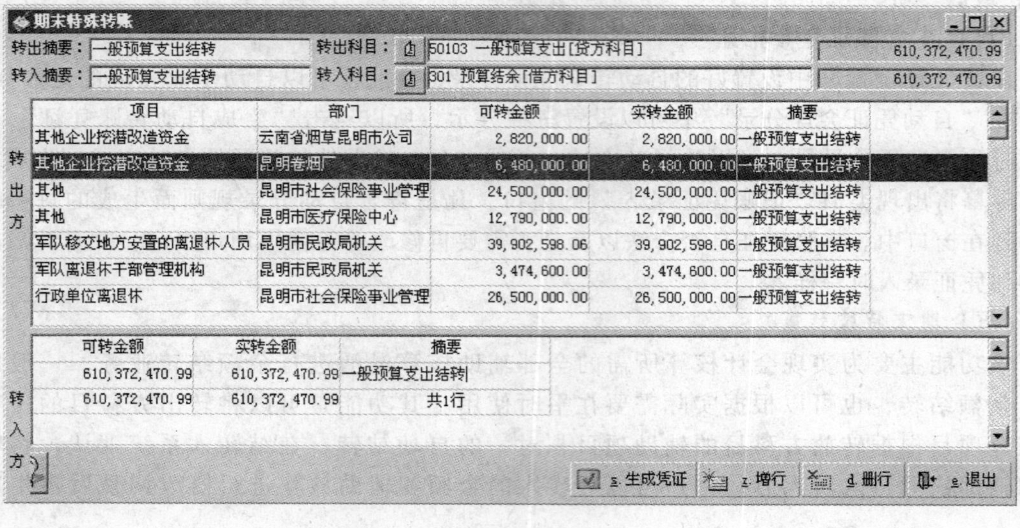

附图 1 -8 期末特殊转账窗口

确认转账正确无误后，单击“生成凭证”按钮。系统根据窗口内的记录自动生成一张转账凭证，如附图 1 -9 所示。

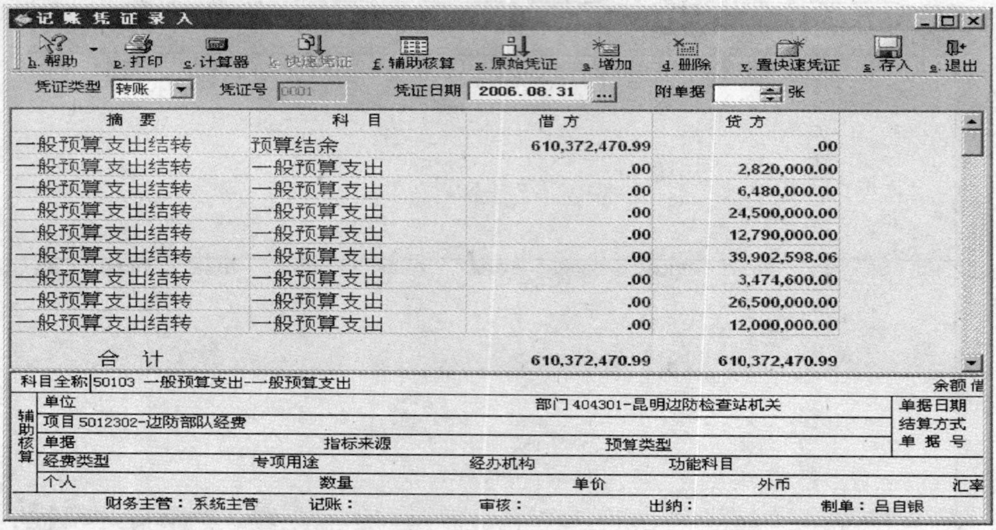

附图 1 -9 转账凭证窗口

（六）重新排列凭证号

因为系统允许凭证日期与凭证号之间顺序颠倒，如果用户要反悔、更正已存在颠倒关系的凭证间的正确顺序关系，可通过该功能实现。该功能只有在选中了“基础设置\凭证处理设置\凭证处理方式选项”中的“允许按凭证日期重排凭证号”选项的情况下才能起效。

（七）凭证查询、打印

系统提供两种查询法：简单查询、复合查询；另外，该菜单还提供“凭证数量统计”

功能和“凭证按录入、部门分类统计表”功能。

（八）凭证修改、删除

要修改、删除凭证必须先选择凭证范围，所以也要进行类似“凭证查询”这样的操作。在查询窗口中，查询条件数目比“凭证查询”少，因为只有未记账、未审核的凭证才能被修改，所以有些条件项就可免去了。确定了凭证修改的检索条件后，便可进入具体的“凭证修改”窗口，如附图 1－10 所示。

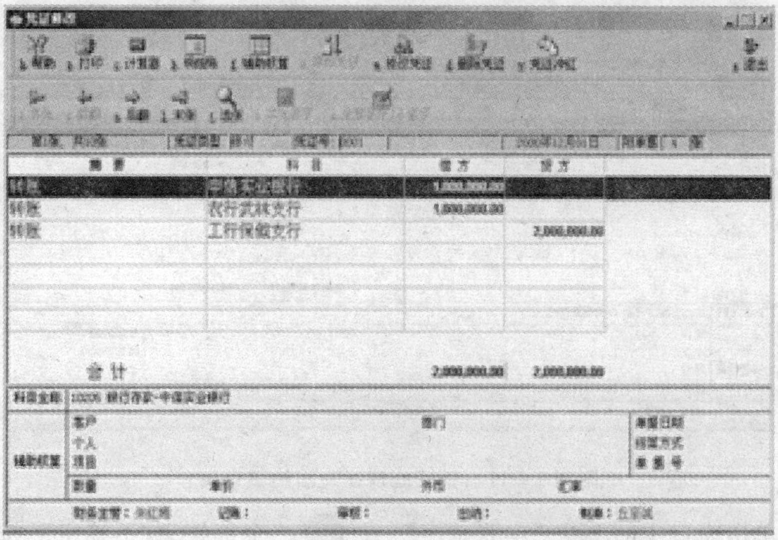

附图 1－10 凭证修改窗口

在该窗口中，用户可进行凭证的修改、删除、冲红等操作，但对凭证的修改操作并不是直接在该窗口中进行，用户要定位至需修改的凭证，单击窗口中的按钮进入当前凭证的修改窗口。在修改窗口中，凭证的有些内容是不允许修改的，如“凭证类型”、“凭证号”。若要修改制单日期、附单据张数、摘要、科目、借贷方金额，可直接将光标移至需修改的地方进行修改即可。若要修改辅助信息，只要单击 

按钮，即可进入相应的辅助信息录入界面中，然后直接进行修改即可。通过按钮还可插入、删除凭证分录，总之，修改窗口中所能提供的功能和录入窗口中的完全相同。

在本系统中规定只能对未记账并且未审核的凭证进行删除操作，但若确实需要删除已记账的凭证，请先到“系统管理\数据恢复”菜单中将本月数据恢复至未记账状态，然后再对凭证解除审核后，也可进行删除操作。在确保凭证处于未审核状态下，然后点击附图1－10中的“删除凭证”按钮，就完成了删除操作。凭证一经删除，系统将自动对剩下的凭证重新排号。

系统增加了对凭证的“冲红”操作。在附图 1－10 所示窗口中单击

按钮，进入当前凭证的冲红窗口。凭证冲红窗口与凭证录入窗口也基本一致，用户可修改原凭证中除了“凭证号”外的任何数据，其中凭证号由系统自动生成，它的编号原则为“预冲红凭证凭证号＋0001”，预冲红单据后续的单据的凭证号也将相应地在原来的基础上加“0001”。

（九）科目汇总表

可以随时统计任一类凭证、任一段时间范围、任一凭证号范围内的凭证总账科目以及对方科目的借方发生额、贷方发生额、借方本月累计额、贷方本月累计额等内容。

（十）出纳签字

出纳签字窗口如附图1－11所示。

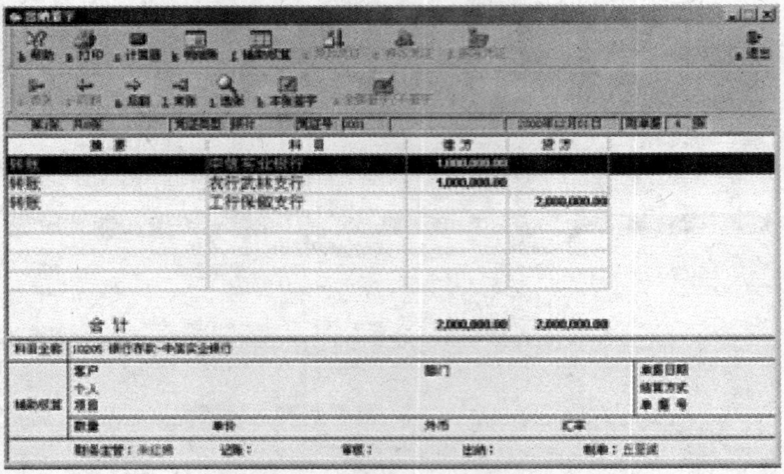

附图1－11 凭证处理——出纳签字窗口

用户只需单击窗口中的“本张签字”或“全部签字/不签字”按钮即可，但要使“出纳签字”流程顺利通过，系统要求你遵循如下的基本规则：

第一，在制作凭证后可对凭证进行“出纳签字”，原则上只需对现金银行凭证进行出纳签字，当然系统也不排除对转账凭证进行出纳签字。

第二，出纳签字被视为出纳核对凭证过程，一旦经出纳签字后，本凭证将不允许修改，如确需修改，则应先解除凭证的已出纳签字状态。

第三，同一操作员允许对本人制单的凭证进行出纳签字。

第四，在凭证的查询及打印中均有出纳字样，以标识出纳流程。

（十一）凭证审核

凭证在记账前都必须审核，若在“凭证处理方式选项”中定义有需进行出纳签字的凭证类型，则处理流程为先进行出纳签字，然后允许进行凭证审核。

在凭证审核窗口中，可通过“本张签字”、“全部签字/不签字”这两个功能按钮完成该步操作。签字表示通过审核，不签字表示解除审核，“全部签字/不签字”则可对全部选中的凭证都起作用。进行“本张签字”操作后，该按钮改成“本张取消签字”。

凭证需通过审核或解除审核有以下三条原则需遵循：（1）所有审核必须由具有审核权限的操作员操作；（2）不能审核由审核人本人制单的凭证；（3）只能由审核人本人解除审核。

所以，要审核凭证或解除审核，必须保证当前操作员为一合适的操作员（有审核权限、是不是制单本人），否则应在“系统服务”下的“更换操作员”中选择别的操作员。

凭证审核后不能修改；而解除审核的凭证可以修改。

另外，系统中还提供了凭证驳回功能。该功能主要实现加强凭证审批管理功能，用于凭证审核人员在审批凭证时发现凭证录入信息有误码时，将凭证驳回为待修改状态并录入驳回原因，凭证录入人员根据驳回原因对凭证修改后再次将凭证提交审批。在系统中提供“驳回”和“取消驳回”两个功能。

对被驳回后的凭证，操作员可以在凭证修改中进行修改后，自动将“被驳回”状态取消，重新将凭证提交审核。操作员修改时，可以单击窗口右上角的“驳回”按钮查询驳回原因。

（十二）删除凭证列表

为了加强对凭证删除操作的痕迹纪录，本系统特设“删除凭证列表”菜单记录那些已被删除的凭证，通过此处的备案可追踪到哪个操作员在何时删除了某张凭证，且可查询此删除凭证的原始会计分录。

（十三）记账

凭证经审核后可记账，记账过程实际上是完成会计循环中以下两部分的工作：

第一，试算平衡。在此过程中，系统统计参与本次记账的已审核凭证张数、发生总笔数、借方金额、贷方金额和本月未审核凭证张数。如果借贷不平衡或凭证数为0，则不再继续下去。当出现借贷不平衡时，用户应认真检查，找出错误，及时予以更正，因为该步工作顺利与否将直接影响系统后续的“过账”处理。

第二，过账，就是把已审核过的凭证记入各类序时账簿和分类账簿。序时账簿如现金日记账和银行存款日记账；分类账簿又分为根据一级账户设置的总账（如总分类账、数量汇总账、复币汇总账等）和各类明细账（如普通明细账、部门账、往来账、银行账（银行未达账）等）。

每个月记账的次数没有限制，可以只记一次，也可以分多次记。但是记账的日期是有限制的，如果上月尚未结账，则本月不能记账；如果本月已结账，则不能再在本月记账。

经过记账处理后的凭证将不能再被修改，所以进入记账窗口后，窗口上有数据备份提示，要求您准备好软盘，以供记账后一旦后悔还可以恢复数据。

（十四）结账

结账是每个会计期末（在本系统中即指每个月末）必须执行的一项工作，是会计循环中的一个重要环节。具体地说，月末结账的内容如下：（1）将所有收入类账户（科目）的本期发生额结转至本年“结余”账户。（2）将所有费用类账户的本期发生额结转至“本年结余”账户。（3）将资产、负债和所有者权益类账户的余额结转至下期，作为下一个月的期初余额。

以上结转内容由系统在后台自动进行处理，用户无法看到结转的整个过程，只需要预先在“设置自动转账凭证”中完成了相应转账凭证的设置。

在本系统中进行结账操作的前提条件：（1）本月不能有未记账凭证；（2）上月已结账。

结账有月结和年结之分，如果结账日期为12月份即为年结，年结需要到账套管理中进行。

五、账簿查询打印

由于通过对账簿的查询可以全面、系统地了解企业、单位的经济活动情况，在本软件中系统提供了各式账簿供查询。

（一）明细账

本系统根据明细账所反映经济业务内容的特点以及实物管理的不同要求，将明细账分为普通三栏明细账、多栏明细账、固定资产明细账和自定义多栏账，其中，多栏明细账又有普通格式和费用类科目格式等五种格式之分。

（二）日记账

企业、单位为了能够清晰地反映各类经济业务的发生或完成情况，便于记账的分工，一般采用几本日记账。在本系统中，日记账包括现金日记账和银行日记账。

（三）日报表

日报表是反映各个科目在某一天所发生的借贷发生额及本日余额。

日报表分为现金银行日报表和其他日报表。现金银行日报表的显示对象为现金银行类科目，而其他日报表的显示对象可由用户通过“科目筛选”键随意设置。查询的具体操作方法和日记账相似，只是不需要选择科目。

（四）总分类账

通过总分类账可以查询到所有一级科目各个月的借贷方发生额及余额，以集中反映各账户所发生的增减变动。

进入总分类账的操作非常简单，您只需选择查询日期范围即可。总分类账窗口中有“剔除”、“筛选”、“其他月份”、“连续打印”、“打印”、“退出”等键可用。通过选中“包括未记账凭证”选项，还可查询包含未记账凭证的总分类账。

（五）科目余额表

科目余额表是比较重要的一个表，通过本功能可查询某月或某几个月的总账科目或明细科目的期初余额、借方发生额、贷方发生额、借方累计发生额、贷方累计发生额、期末余额等信息。查询窗口下方排列有“定制”、“模块核对”、“其他”、“全部展开”、“明细账”、“筛选”等功能键。

（六）数量科目收付结存表

收付结存表格式同“科目余额表”，只是表中数据为数量而非金额，表中显示对象为数量类科目，分别包括：期初结存、本期收入、本期付出、收入累计、付出累计、本期结存。用户还可以在右上角的“数量金额格式”前的小框内打上勾，同时就会显示相应的金额。

（七）外币科目余额表

外币科目余额表可以查询所有复币类科目某月或某几个月的外币期初余额、借方发生额、贷方发生额、借方累计、贷方累计、期末余额。

（八）会计科目表

会计科目表所示内容和“初始设置”中的“会计科目设置”相似，但该账表中增加了“科目表是否以简洁方式显示”选项。简洁方式与相对复杂方式显示的科目表相比，减少了下级科目信息。

（九）其他分析表

其他分析表目前只有资金收付款情况分析表。

在查看资金收付款情况分析表前，需要首先设置收付款的分析内容。

（十）综合明细账

点击“综合明细账”子菜单，对“日期范围”进行选择后，系统进入综合明细账列表，如附图 1－12 所示。

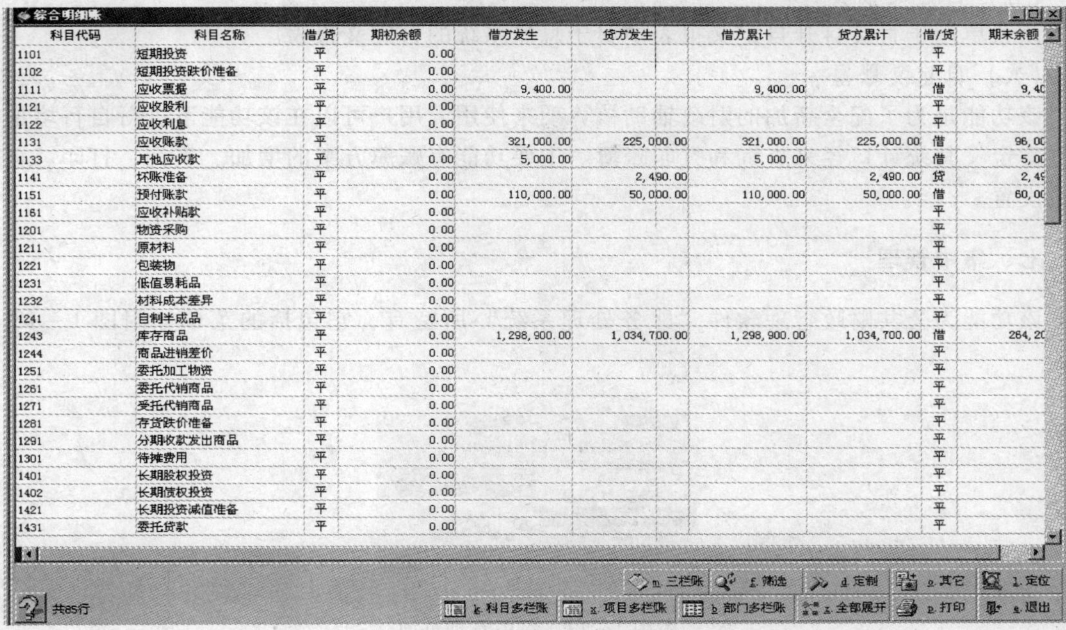

科目代码	科目名称	借/贷	期初余额	借方发生	贷方发生	借方累计	贷方累计	借/贷	期末余额
1101	短期投资	平	0.00					平	
1102	短期投资跌价准备	平	0.00					平	
1111	应收票据	平	0.00	9,400.00		9,400.00		借	9,40
1121	应收股利	平	0.00					平	
1122	应收利息	平	0.00					平	
1131	应收账款	平	0.00	321,000.00	225,000.00	321,000.00	225,000.00	借	96,00
1133	其他应收款	平	0.00	5,000.00		5,000.00		借	5,00
1141	坏账准备	平	0.00		2,490.00		2,490.00	贷	2,49
1151	预付账款	平	0.00	110,000.00	50,000.00	110,000.00	50,000.00	借	60,00
1161	应收补贴款	平	0.00					平	
1201	物资采购	平	0.00					平	
1211	原材料	平	0.00					平	
1221	包装物	平	0.00					平	
1231	低值易耗品	平	0.00					平	
1232	材料成本差异	平	0.00					平	
1241	自制半成品	平	0.00					平	
1243	库存商品	平	0.00	1,298,900.00	1,034,700.00	1,298,900.00	1,034,700.00	借	264,20
1244	商品进销差价	平	0.00					平	
1251	委托加工物资	平	0.00					平	
1261	委托代销商品	平	0.00					平	
1271	受托代销商品	平	0.00					平	
1281	存货跌价准备	平	0.00					平	
1291	分期收款发出商品	平	0.00					平	
1301	待摊费用	平	0.00					平	
1401	长期股权投资	平	0.00					平	
1402	长期债权投资	平	0.00					平	
1421	长期投资减值准备	平	0.00					平	
1431	委托贷款	平	0.00					平	

附图 1－12 综合明细账列表

用户可在附图 1－12 选中某个科目，点击“三栏账”对该科目进行三栏账查询，如该科目有项目核算、科目核算或部门核算，则可进行项目账、科目账和部门账查询，而不用退出后再切换到项目账、科目账或部门账进行查询。

（十一）三栏账

三栏菜单主要以三栏账页的格式实现财政所需的所有账簿的查询打印等功能。另外，在账本连续打印中还实现了自动根据打印的账页自动记录生成目录及目录打印功能。

（十二）财政辅助核算报表

针对财政辅助核算提供了三栏账、多栏明细账、余额表等查询打印功能。

六、财政查询

该菜单下主要提供财政辅助核算项对应的相关账表查询功能。

（一）综合明细账

该菜单功能与 3.5.10“综合明细账”一节中的功能相同，请参考 3.5.11 一节。

（二）三栏账

该菜单功能与 3.5.11“三栏账”的功能相似，请参考该节进行操作即可。

（三）单栏对账表

该账表用于财政局内部同各业务处（科）室之间分月对账使用。

（四）多栏对账表

该账表用于财政局内部同各业务处（科）室之间按拨款、直接支付和授权支付三种口径对账使用。

（五）自定义报表

该菜单用于直接打开自定义报表中属于总账系统的自定义报表。

（六）自定义账簿

该功能是为了配全新加的财政辅助核算项来使用，用户可以在该功能下进行自行增加账簿方案定义其统计口径来查询和打印账簿。主要功能有账簿方案的增加、查询、打印、页码格式设置。

七、集中管理

该功能为公共财政管理软件“账务处理系统”所特有，它包括的菜单如附图 1－13 所示。

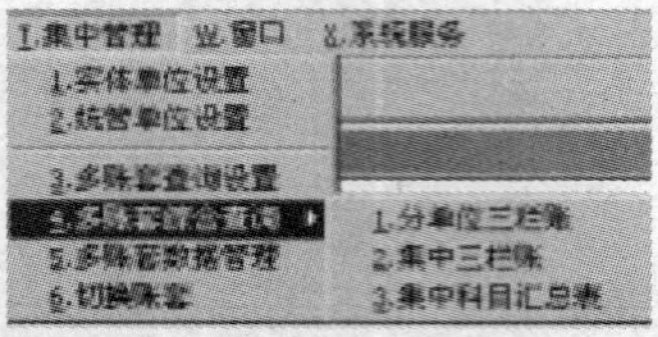

附图 1－13　集中管理页面

（一）多账套综合查询

统管单位通过多账套综合查询可以在一张账表中同时查询到多个实体单位就某个项目的收支情况，这样便于统管单位随时按项目来查询考核各实体单位的收支情况。为满足用户不同的查询侧重点，系统相应地提供了“分单位三栏账”、“集中三栏账”和“集中科目汇总表”。

（二）多账套数据管理

多账套数据管理用于在不切换账套的情况下，集中对多个账套的数据进行管理。

点击“多账套数据管理”子菜单，系统弹出“数据集中管理”窗口，其中“单位代码”、“实体单位名称”、“负责人”和“账套号”均引用自“实体单位设置”和“统管单位设置”。系统提供“集中审批”、“集中出纳签字”、“集中记账”、“集中月结”、“集中取消审核”和“集中取消出纳签字”六个功能，用户可根据需要进行选择操作。

第四节
系统管理

“系统管理”子模块主菜单中提供了五项重要功能：会计年度管理、权限管理、数据安全维护、其他控制和系统服务。

一、会计年度管理

（一）切换至其他会计年度

在软件运行时，所有子模块通常都是对某一会计年度的账本进行操作的，如果已经有两年以上的电子账簿，那么有可能要查看前几年的账，或者做下一年的凭证等跨年度的工作，在此处可以通过“切换”年度，任意切换至其他已有年度（见附图 1－14）。

附图 1－14　会计年度切换窗口

切换成功后，其后进行的所有操作包括对“日常账务”、“往来账管理”等的操作都是对当前年度的账进行的。

（二）生成下一年度账本

按照沿袭下来的财务软件的做法，往往是在本年年结后才能形成下一年的账本，但是实际情况却往往是本会计年度的账尚未年结，下一年的凭证已经发生。在这种情况下，可使用“生成下一年度账”功能，以提前生成新年账本。

但有以下几点需要注意：（1）如果本年 11 月份未结账，不能生成下一年度账；（2）在上年未年结的情况下，系统只允许输入下一年度 1～4 月份的凭证；（3）在上年尚未年结的情况下，系统也允许对下一年度账进行记账、月结等操作，这样财务数据就不会因为上年尚未年结而滞后；（4）在系统结转至下一年度后，才能对新年度账执行初始化操作，在这过程中，系统会强制执行数据修复操作，所有已记账数据又变为未记账状态。

（三）结转到下一年度初始凭证

该功能在年结时使用，使用该功能将以记账凭证的方式将本年度的年终余额结转到下一年度的初始凭证中。

使用该功能时需注意，当前年度的年初余额必须也在初始凭证中录入正确，否则无法进行凭证生成。

二、权限管理

（一）操作员权限管理

操作员权限管理包含两项工作：其一是增、删、改操作员；其二是赋予各类操作员权限（系统管理员除外）。严格说来，操作本软件需要三类操作员：系统管理员、财务主管、普通操作员。在所有这些操作员中，系统管理员负责注册、撤销其他操作员（包括财务主管），并且赋予财务主管操作权限，但本身不能介入财务操作；财务主管则负责为普通操作员分配权限。只有这样严格控制各类操作员的授权操作范围，才能确保各人操作范围的稳定性和保密性。

常规操作步骤为：（1）系统管理员增加财务主管、普通操作员，并为财务主管赋予权限。（2）财务主管为普通操作员分配操作权限。

（二）审核授权控制

“审核授权控制”使系统对审核操作的控制更为细化，它可以从“审核员”、“科目”、“控制内容”、“额度”几方面进行细分。其中，审核员必须是具有凭证审核权的操作员。在额度上，一旦实际审核凭证的发生额超过此处设定的额度，系统会给出提示，表明该张单据已超出您审核的范畴。

三、数据安全维护

（一）数据库重建索引

在正常情况下，数据库中的数据应该和索引库中的数据严格对应，并且索引库通常是自动随数据变化而变化的；但是也有可能因为各种因素，如操作者直接修改数据库不当、磁盘读写错误等等而导致索引错乱，此时可使用“重建索引”功能，操作者可以随时重新建立正确的索引关系。“数据库重建索引”和“数据备份”一样，需要定期检查，以防意外的数据处理错误。

（二）操作日志

“操作日志”用于监控软件的使用过程，以达到确保系统数据安全的目的。在本系统中，每一个操作员每使用一次财务软件，都会自动留下使用记录，比如操作员姓名、进入时间、退出时间、使用了哪些功能等等。

在操作日志窗口中，财务主管和普通操作员对操作日志只能进行查看和打印处理，对日志的“清理”工作只能由系统管理员来执行。

（三）数据修复

当已完成了记账操作后，按规定这就意味着不能对已记账的凭证进行修改、删除等操作。但若确实还需要对已记账的凭证进行修改、删除等操作，可通过“数据修复”功能来完成这一工作。可以利用“数据修复”工具将本期已记账的凭证恢复成未记账的状态，然后再“取消审核”，就可以按您的要求进行删改操作了。

当用户进行了月结操作后，这就意味着该月的会计核算工作已完成，不能再进行次月凭证录入等操作。这时，如果还想录入凭证，也可通过“数据修复”功能使其回到未结账状况，然后进行相应的反悔操作。

可见，本系统的“数据修复”功能实际上可分解为“反结账修复”和“反记账修复”两个工具，系统根据本账套所处状态（已记账或已月结）采取相应的修复方式。具体规则如下：如果当前月存在已记账凭证，则将执行“反记账修复”；反之，则执行“反结账修复”。

（四）调整科目年初余额

在完成了账套的初始化工作（包括下一年度账）后，若发现某科目的年初余额数据有误，那么可通过该功能进行调整。注意：调整科目年初余额操作只能在建账后 3 个月内进行。

（五）审计数据生成

审计数据生成有三种格式，即为审计数据（格式一）、审计数据（格式二）、审计数据（格式三）。其中，审计数据（格式三）是按照国家审计署接口标准提供的财务数据转换接口，系统提供传出报表及其明细设置功能，并支持按 TXT 或者 XML 两种格式生成审计接口文件。

四、其他控制

“其他控制”的内容包括“电算化考试格式转换输出”、“月结控制模式设置”、“年结科目余额控制”、“年结科目余额清零控制”、“基础数据传出”和“基础数据传入”。

（一）月结控制模式设置

系统提供两种月结控制模式：(1) 账务月结时不判断其他模块的月结情况；(2) 账务月结前须先月结其他模块。

两种月结控制模式中提及的“其他模块”是指【库存管理系统】、【固定资产管理系统】和【工资管理系统】。

月结控制模式在下列两种情况下不起作用：(1) 本核算单位中未安装“其他模块”；(2) 本核算单位安装有“其他模块”，但在本系统月结前已完成月结工作。

（二）年结科目余额清零控制

用于年结时，通过清零设置将某科目的余额转至另一个科目中，达到将该科目余额全部结转的效果。例如，设置转出代码为 321“本年利润”科目，转入代码为 322“利润分配”科目，可以在年结时将本年利润剩下的金额全部结转至利润分配，“本年利润”科目年结至下一年后，显示余额为 0。

（三）基础数据传出

该子菜单可将系统中某账套初始化前的基础数据传出，如“科目”、“凭证日期”、“部门核算方式”、“外币设置”、“科目代码宽度”、“往来单位通讯录”、“自动转账凭证样本”、“摘要库”、“结算方式”、“自定义凭证打印格式”、“自定义套打格式”。基础数据传出操作只允许财务主管进行，转出的具体信息可供选择。

（四）基础数据传入

基础数据传出是无条件进行的，即只要本账套具备相关数据系统就能将其传出，而在数据传入时则是有条件的。

第一，接受传入数据的账套在初始化完成之前，只允许转入“科目”、“部门核算方式”、“科目代码宽度”、“凭证类型”、“外币设置”和“往来单位通讯录”信息。

第二，接受传入数据的账套在初始化完成之后，将不允许转入“科目”、“部门核算方式”、“科目代码宽度”和“凭证类型”信息。

第三，不同的信息事项转入的方式不尽相同，如“科目”的转入为全盘转入，即将转入的科目代替本账套现存在的科目体系，而“往来单位通讯录”信息的转入采用追加转入，即只有本账套不存在的往来单位通讯录才选择转入。

第四，该项操作也只允许财务主管进行。

附录二 FULUER

Gsoft 软件报表编制系统基本使用指南

第一节 财务报告

一、基本功能

财务报表系统的功能特点主要包括以下方面：（1）与“账务处理系统”紧密结合；（2）除提供了大量通用报表外，也提供了自定义报表的口径，并且提供了丰富的取数函数，这样用户可制作非常复杂、全面的报表；（3）可快捷生成现金流量表；（4）具有审计追踪功能和表间平衡关系校验功能；（5）强大的报表汇总功能；（6）具有成批计算、成批打印等批处理功能；（7）可以多口径进行报表编辑，既可以通过系统主菜单进入相应编辑状态，也可以通过常用工具栏上的按钮进入，还可以通过选中需编辑的“单元”，单击鼠标右键，在随即出现的弹出式窗口中选择相应的编辑菜单；（8）单元“保护”功能可以防止某些单元被更改或因为其他误操作而丢失；（9）每张报表可以进行权限（口令）设置；（10）可以自由定义账表打印的范围、页边距、打印方向、打印比例；（11）传出和汇入功能可以方便地实现上下级单位间的数据传递，并且提供多种传递方式，其中包括远程传递。

二、进入财务报告

在工作管理平台中选择报表中心，进入报表中心。点击左上角的财务报告，系统就进入到财务报告（见附图 2－1）。

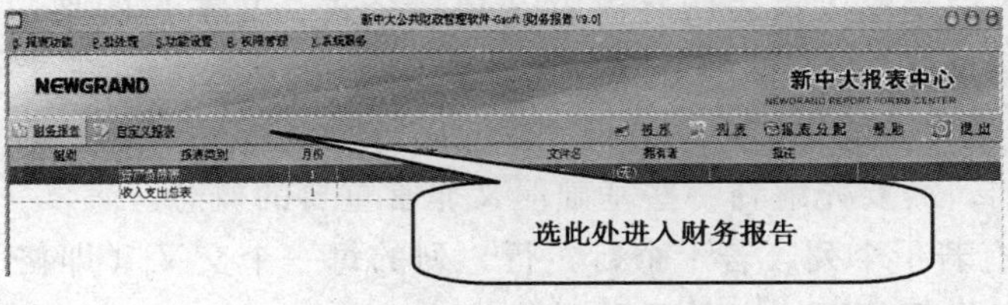

附图 2－1

三、建表

再次点击财务报告系统，会出现一个下拉菜单列表，选“建表”，系统提供两种建表方式（见附图 2－2）：

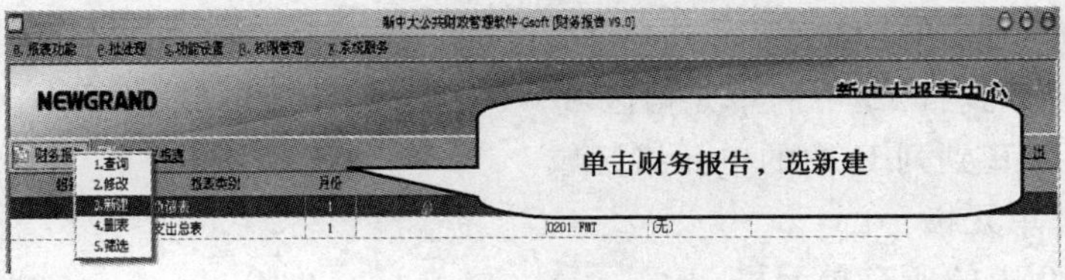

附图 2－2

“1. 从原有报表格式中复制”是从已有同类报表中复制过来的简捷生成方法，屏幕将列出当月所有报表供用户挑选，您可以按不同的报表组别、报表类型、月份及下级单位的报表中进行报表筛选，然后再选择要进行复制的报表。

“2. 新建格式”即建立全新的报表，报表的所有格式也将都由用户自行定义。

新建过程中，系统提供对报表名称、具体格式的设置选项。关于该窗口中的格式，行高和列宽建议用户不必作改动，其他参数则可根据需要作出调整。格式定义好之后，系统将给出一张空白报表，该报表的格式和定义的相符合。在具体制作前，我们首先来熟悉一下报表编辑窗口的结构，它主要包括的部分如附图 2－3 所示。

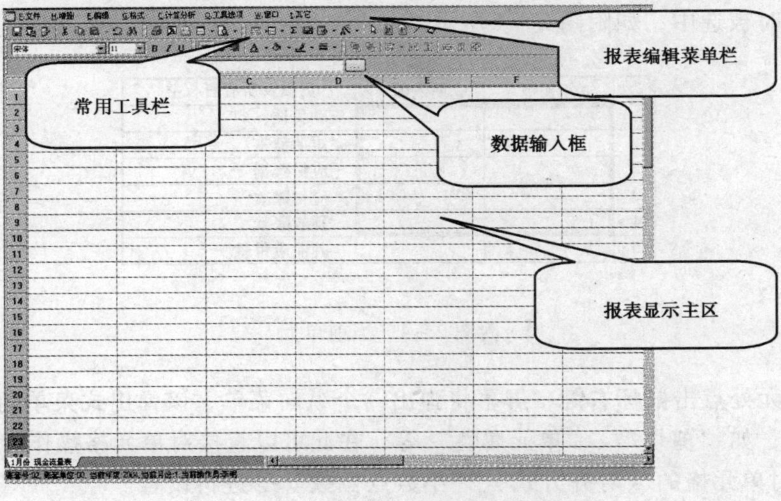

附图 2－3　新建格式生成的报表窗口

其中，数据输入框是输入报表所有内容（包括公式、文本）的唯一入口。报表显示主区显示报表的编辑结果。

（一）报表制作若干概念

在具体制作之前，需要先解释一些基础但又非常重要的概念。

1. 单元。报表有若干个列，若干个行，行、列的每一个交叉（即格子）称为“单元”，报表制作的大部分工作都是围绕“单元”进行的。

为了方便报表的制作，每一个单元赋予了唯一的名称，像 A1、C12、FF2 等等，前面的英文字母表示该单元所在的列，后面的数字则表示该单元所在的行，在编制报表的整个过程中，经常需要引用单元格，如公式 SUM（B4，B7）中就引用了单元格 B4 和 B7。引用单元格的情况大致有以下几种：

如果要引用	请使用
在列 A 和行 8 中的单元格	A8
属于列 B 和行 1 到行 15 中的单元格区域	B1:B15
属于行 10 和列 E 到列 H 中的单元格区域	E10:H10
行 2 中的所有单元格	2:2
从行 2 到行 10 中的所有单元格	2:10
列 F 中的所有单元格	F:F
从列 F 到列 S 中的所有单元格	F:S
从 A 列第 1 行到 E 列第 5 行的单元格区域	A1:E5

如果要改变单元的宽度、高度，可将鼠标移动至顶行（或最左列）两单元的交界处，此时鼠标的光标形状将改变，即可改变单元的宽度和高度。但是这样只能较粗略的改变单元的宽度和高度，若用户需要精确的控制单元的宽度和高度，可通过报表编辑菜单“编辑\其他属性\行高（列宽）”实现。

当鼠标点击任一单元，该单元将以醒目的黑色边框显示，表示该单元已经是“当前单元”，菜单上的许多功能都是针对确定的单元即当前单元的。当用鼠标作上下左右拖拉时，多个单元将同时被选中，如附图 2－4 所示。

行次	年初数	期末数	负债及所有者权益
			流动负债：
1			短期借款
2			应付票据
3			应付账款
4			预收账款
5			其他应付款

附图 2－4　当前单元

在当前单元处点击鼠标右键，屏幕将弹出一个纵向菜单，该弹出式菜单内有和本单元格式有关的功能，如“剪切“、“单元属性”等，在此可以直接对单元格操作。点击“单元属性”，用户可对单元格的“对齐方式”、“小数点位数”等进行设置。

2. 边界。尽管报表中每一个单元有上、下、左、右四个边界线，但是系统规定，每单元只拥有上、左两条边界，其他两条边界线分别属于下方和右侧的单元，所以在菜单中只能够修改上、左边界线的宽度、颜色。

3. 保护。为了防止某些单元被他人更改或其他误操作而丢失而引入了保护的概念，“保护”主要有以下两种用途：

第一，防止被更改。对于有上下级关系的单位、上级单位设计好报表并下传以后，不希望下级单位擅自改动时很有用。

第二，在以后对各下级单位的报表进行“同类报表汇总”功能时，对某些有行号的单元需要禁止汇总，那么也可以对这些单元设置保护。

经保护的单元左上角会出现一个红色的三角形以示区别。

当设置了保护以后，您还必须对报表设置口令，否则保护将无法生效。口令的设置功能在报表编辑菜单的“1. 文件 \ 5. 报表修改口令”处。

取消“保护”的操作为一个逆向过程，即首先通过菜单“F. 文件 \ 5. 报表修改口令”输入口令，使当前单元由锁定状态转变为可编辑状态，然后再在当前单元的位置上单击鼠标右键，在随即弹出的菜单中单击一下“保护”菜单，当“保护”菜单左边的“√”符号消失时，便表明取消“保护”的操作完成了。

4. 组合。组合是很常用的单元功能，所谓单元“组合”就是将多个单元合并成为一个单元，组合单元的内容以参加组合的左上角第一个单元的内容为准。

5. 实表行列号。许多报表的内部本身就有“行号”，如附图 2－5 所示的资产负债表。

	A	B	C	D	E	F
1				资 产 负 债 表		
2						
3			月			
4	资　产	行次	年初数	期末数	负债及所有者权益	行
5	流动资产：				流动负债：	
6	货币资金	1			短期借款	5
7	短期投资	2			应付票据	5
8	应收票据	3			应付账款	5
9	应收账款	4			预收账款	5
10	减：坏账准备	5			其他应付款	58

附图 2－5　资 产 负 债 表

报表中的当前单元的单元名为 C7，即第 7 行第 3 列，而按照实际的行列号计算，应该为第 2 行第 3 列，为了便于记忆和以后的公式定义，可以对该单元定义实表行列号，定义实表行列号操作在附图 2－6 中进行。实表行列号的书写方法为 \ 行 \ 列，如上述单元可定义为“\ 2 \ 3”，同时也可定义相对于当前单元的后继几行几列所包括的单元的实表行列号。例如，就针对附图 2－4 和附图 2－5 而言，当用户定义了 C7 单元的实表行列号以后，如果还设置了“自动定义后继 1 行”，那么执行的结果是 D8 单元的实表行列号也将由系统自动计算得出。一旦定义了实表行列号后，在窗口左上角的当前单元名中将以该行列号显示。

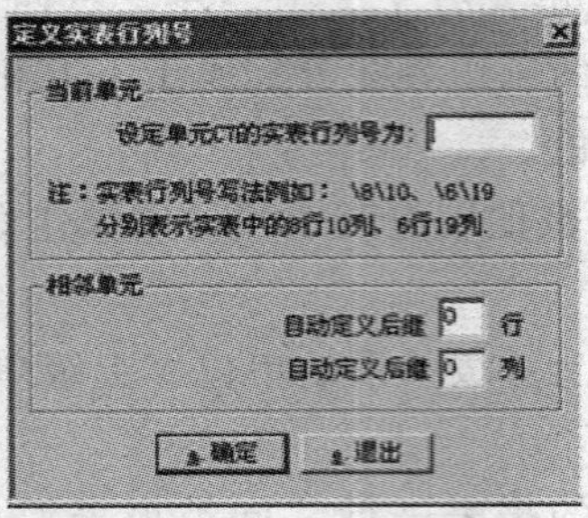

附图 2－6　定义实表行列号窗口

（二）报表编辑菜单

报表编辑还有一些重要功能没有被包括在弹出式菜单中，如打开、存入、单元内容清除、串替换、集中录入公式、平衡校验等等，下面就按照编辑窗口菜单栏中各菜单的排列先后顺序逐一加以介绍。

1. 在执行“另存为”命令时，可选择将当前报表转换成千元、万元、……、千万元报表。系统弹出转换范围窗口供用户设置转换范围。有些报表中会含有“行次”栏目，行次一般用数字 1、2、3……表示，这样在报表进行千元、万元等转化时，系统也会自动将它们转换成以千元、万元格式表示，这是不合乎常理的。但如果用户将“行次”栏设为保护状态，然后选中“（保护）的单元不转换”选项，这样便可避免上面所述现象的出现。如果用户需要禁止某些数据的转换，也可通过该选项进行控制。

2. 系统在另存为中还提供自动删除行、自动删除列的功能，如删除行，则以列为判定标准；如删除列，则以行为判定标准。

3. 文件转换格式输出：提供四种输出格式。*. DBF 格式、*. XML 格式（超文本文件，用于记录数据）、*. TXT 格式（纯文本文件）和*. DIF 格式（Excel 的文件格式之一）。

4. 转换 Excel 输出：此项功能可轻松地将当前整张报表或某个单元格的内容转换成 Excel 输出，并且提供三种不同层次的转换方式。

5. 从 Excel 导入：此项功能可将用 Excel 制成的报表的内容导入本报表系统，并且提供三种不同层次的转换方式：只转换报表的数据、报表内容全部转换、转换报表的格式与数据。

在选择导入的报表时，可以选择第几张报表进行导入，如不选则为全部导入。

6. 报表修改口令：报表是企业重要的财务资料，一般都要经过授权的人员进行修改、处理，因此为了提高安全程度，本系统提供对每张报表进行口令设置功能，由制表人自己设置口令及设置。

（三）行列增删

可在报表的任意位置改变报表行列的数量。包括前插一行、后插一行、删当前行、前插一列、后插一列、删当前列。

插入工作表：在不退出当前报表的情况下，插入新的报表，便于用户切换操作。此功能类似 Excel 报表的 sheet 功能。

行列筛选设置：用户可自定义行、列筛选方案，剔除符合筛选条件的行、列，提高报表查看效率。

（四）编辑

整表属性：整表属性用于设置报表的公共属性、工作表属性、背景和工作表属性、其他。

插入图片：在当前表页中插入图片，一般用于对多组数据的比较。在插入图表前，可控制插入的图片是否以透明或带有边框的方式显示。

集中录入公式：当用户对本系统中的报表函数相当熟悉以后，便可利用该菜单直接手工录入有关单元格所对应的函数。

（五）格式

“格式”菜单包括：“工作表重命名”、“行/列的行/列高”、“隐藏、取消隐藏设置和零计算结果显示”三个子菜单。

（六）计算分析

1. 整表计算：对报表中所有以“＝”开头的单元格进行计算。

系统在计算的过程中同时对各单元格进行语法检查，当在计算的过程中出现差错时，系统会提供“计算消息窗”反映相关的信息，用户可将该提示信息打印出来。

2. 当前单元计算：对当前选定的单元进行计算。

3. 整表计算（包括未记账凭证）：如果用户在“账务处理系统”中未对当月的凭证进行记账操作，而用户又需了解相关的报表数据，这时用户可执行该菜单。

4. 当前单元计算（包括未记账凭证）：对当前选定的单元进行计算，计算的数据源包括未记账凭证。

5. 全工作表计算：对报表中所有工作表进行计算。

6. 全工作表计算（包括未记账凭证）：对报表中所有工作表进行计算，计算的数据源包括未记账凭证。

7. 当前单元各下级单位数值比较：用于对各下级单位就各个项目的发生额进行比较，以便上级单位了解、比较各下级单位的财务状况和经营成果，据以制定正确的管理方向、确定重点的管理对象。

8. 当前单元各月数据比较：用于提供当前单元所在项目每个月的发生额和所占比例情况。

9. 生成指标分析表：指标分析表可对上级单位与各下级单位或各下级单位之间就有关指标进行比较、分析。有关参数说明：

指标分析表格式：主要是确定“下级单位”和“指标”哪个作为指标分析表的行？哪个作为列？指标分析表的行数最多不得超过 50 行，这样就意味着：用户如果将“分析指标”作为行，则该指标分析表中的反映的指标不得超过 50 个；如果将“下级单位”作为行，则指标分析表中最多只能反映 50 个下级单位的情况。

指标分析提取方式：包括设置指标每次提取的列数、指标各数据单元名称和确定指标单元每列的内容是取自指标单元的右边还是下方的单元格内容。

10. Σ 求和：对选定的单元进行求和运算。

（七）工具选项

1. 科目表：可以以列表或树形的方式列出本核算单位所有会计科目的名称、代码，以帮助手工快速录入公式。

2. 审计追踪：可供用户查看当前单元所对应科目的账本数据，如总分类账、普通明细账、项目明细账以及凭证，各类账本之间用选项卡进行划分，要查询哪类账本，只需单击相应的选项卡即可。

在审计追踪窗口中，系统能通过“总分类账”界面反映某科目总括的会计信息；通过“普通明细账”界面反映当前科目详细的会计信息；若当前科目从属某项目核算，则可通过“项目明细账”界面查询到相关的会计信息；提供的审计追踪“凭证”界面能够按照科目性质显示对应的相关内容，基本与账务凭证保持一致，并且各账本所反映内容可包括“未记账凭证”。若要查看未记账凭证信息，只需用鼠标在“包括未记账凭证”选项卡内打上“√”即可。

需要说明的一点是审计追踪的对象并非是当前单元本身，而是当前单元所涉及的各个科目，并且只能逐个分开反映各自的审计追踪结果，也就是说，当当前单元的计算表达式中涉及多个科目（项目）时，系统的处理方式为：自动将当前单元所涉及的科目（项目）都罗列在窗口中“科目（项目）”参数的下拉框内，用户通过切换此处的选项，逐一查看各个科目（项目）的审计追踪结果。

3. 设置平衡校验：该菜单用于用户录入平衡公式，如 A12 = D12，A13 > = B13 + C13 等式子。平衡公式支持加减乘除、括号及支持引用 10 类公共函数（如 ABS（ ）、Sum（ ）、Average（ ））运算，系统提供“平衡校验函数引导录入”窗口。平衡表达式的关系可以为“=”、“< >”、“>”、“<”、“> =”和“< =”。

4. 平衡校验：可对“设置平衡校验”菜单中设置的平衡公式进行校验，如果等式设置有误，系统会提供“计算消息窗”反映相关的信息，用户还可将该提示信息打印出来。系统在执行计算操作时，包括“平衡校验”这步工作。

5. 平衡校验传入与导出：报表平衡校验的结果以文件的形式传出与导入，系统默认的报表平衡校验文件为“balance. ini”。

6. 变元设置：此功能是为了方便用户制作报表。当用户制作报表经常用到一些值很长或很复杂的数字或文字时，就可以使用变元设置功能，实现简单化的操作。

点击“增加一行”即可进行变元设置，需要特别提醒用户的是，变元必须以“@”开头，并以“@”结尾，中间用户可以根据自己的习惯设置一些简单易记的字符，“值”就是变元所对应的一些比较长或复杂的数字或文字等。变元设置好之后，在以后的报表制作过程中随时可调用设置好的变元，以简化报表制作过程。

7. 导入公式函数：将公式函数导入系统，以备用户制作报表时取用系统的各种函数。

8. XML 转换输出：将当前报表以 XML 超文本文件形式输出。

9. 其他选项：用于设置与其他账套、年度数据库连接的数目。

（八）窗口

在本系统中可以进行多窗口操作。

（九）其他

1. 双击报表自动计算：选中此选项，系统在用户双击打开报表时自动进行报表计算。

2. 报表改动提示报表计算：选中此选项，系统在用户进行报表改动后，退出时系统会自动提醒用户进行报表计算，保证报表数据的及时更新。

（十）报表输入

报表支持直接输入，也可在报表公式录入窗口中进行录入，它是数据录入的唯一入口。

输入内容有公式和非公式之分，当输入内容以等号“=”开头时，软件自动将该内容默认为公式，公式是由函数和数字、运算符组成，并且必须要经过计算以后才能在报表中显示。在数据录入行的最右侧有一个图标，点击后将出现公式编辑窗口，在此您可以查看所有可用函数、各函数的参数等内容，帮助您快速查找函数、录入公式。

各函数实现的功能、使用方法参见 1.4“报表函数”。

在“报表处理系统主窗口”中，系统提供了六张供参考的报表：资产负债表、损益表、现金流量表、资产负债表（2000 年版）、利润分配表（2000 年版）和现金流量表（2000 年版）。用户可以在这些报表的基础上作适当的修改，使其成为适合反映本单位财务状况的会计报表。

若要新建报表，则首先需要进行格式设计，确定报表标题、表尾和报表各项目名称等内容。报表格式设计完毕，便可设计报表数据，如对于资产负债表，需定义各资产、负债、所有者权益项目的年初数和期末数。下面以编制资产负债表为例说明整个编制过程：

1. 首先定制资产负债表的整体轮廓，包括报表标题、编制单位信息、报表所含栏目、报表表尾。

2. 依次录入资产、负债和所有者权益所包括的项目。在录入资产全部项目时，遵循将流动性大的资产排在前面、流动性小的资产排在后面的原则；负债及所有者权益的全部项目按求偿权先后顺序排列。

3. 设计各项目的数据，在资产负债表中包括“年初数”和“期末数”。

4. 对当前单元或整表进行计算，系统便根据用户所设置的公式自动计算出各项目的数值。

5. 单击工具栏上的按钮或单击菜单“文件\存入”，保存当前所设置的报表。

四、报表函数

（一）报表公式的设置

每个单元中的内容可以有两种数据来源：直接填数、填字和公式。公式由函数、数字、运算符、括号组成，公式输入时一律以等号“=”开头。在软件中，函数细分为 11 类。函数的书写规则为：函数名（参数 1，参数 2，…，参数 n）。

以下将函数分 11 类介绍，括号中用粗体加黑的参数表示规定必须输入的参数，用斜体小写的参数表示是可选参数。11 类函数分别为：（1）公共函数；（2）财政业务函数；（3）普通金额类函数；（4）数量类函数；（5）外币类函数；（6）项目核算函数；（7）预算函数；（8）固定资产系统取数函数；（9）工资核算系统取数函数；（10）银行代发工资系统取数函数；（11）现金类函数（现金流量表专用）。

1. 公共函数。

参数含义：C——科目、D——账套、X——下级单位代码、m——月份、N——任意数字（见附表 2 - 1）。

附表 2 - 1

KMMC（C）	科目名称
DWMC（d）	核算单位名称
XJDWMC（X）	下级单位名称
ZBR（）	制表人
ZBRQ（）	制表日期
Year（）	当前年度
Month（）	报表的当前月份
Last Day（m）	某月最后一天
Sum（左上单元：右下单元）或 Sum（单元 1，单元 2，…，单元 n）	单元求和
Average（左上单元：右下单元）或 Average（单元 1，单元 2，…，单元 n）	求平均值
Max（左上单元：右下单元）或 Max（单元 1，单元 2，…，单元 n）	求最大值
Min（左上单元：右下单元）或 Min（单元 1，单元 2，…，单元 n）	求最小值
ABS（N）	绝对值
ROUND（N，小数位数）	四舍五入
INT（N）	求小于参数的最大整数
CEILING（N）	求大于参数的最小整数
MOD（被除数，除数）	被除数除以除数的余数
IF（条件等式，满足值，不满足值）	条件判断
REF（报表类型，月份，“单元”，“下级单位代码”，年度，“账套号”，“组别”）	表间引用
NEWREF（报表类型，月份，“单元”，“单位代码”，年度，“账套号”，长度，起始，结束，“组别”）	带通配符的表间应用
DBF（“文件名”，行，列）或 DBF（“文件名”，“行/列：行/列”）	从 DBF 文件取数

注意事项：

- SUM（）、AVERAGE（）、MAX（）、MIN（）函数的参数写法举例如下：

=SUM（B4，B7）：将 B4、B7 单元内容相加；

=SUM（B6：D9）：从 B6 到 D9 单元这一矩形区域的多个单元的内容相加；

条件判断函数 IF（T，V1，V2）按条件求值，如果 T 为真，返回 V1，否则返回 V2，条件表达串 T 必须为 =、>、<、>=、<=、<>中的一个。

- REF（）函数中的“单元”可以取自其他报表某一单元或某一矩形区域内的多个单元数值，单元名前后须有单引号或双引号。函数用法举例：

=REF（01，03，“A3”）：表示取3月份、类型码为01的报表的A3单元；

=REF（01，，“A3：B5”）：表示将当前月、类型码为01的报表从A3到B5这一区域共6个单元的内容填入至本表以本单元为左上角的区域内；

=REF（01，03，“A3：B5”，0002）：表示取下级单位码为0002的表从A3到B5这一区域的内容；

=REF（02，，“A41”，，2004，03）：表示取03账套2004年02类型表A41单元内容。

• NEWREF（）函数与REF（）函数用法基本一致，它支持账套号使用通配符，以简化书写。用法举例：

=NEWREF（01，03，“A3”，，，0<＊>，1，1，5）：表示取3月份、类型码为01，账套号从01至05的报表的A3单元之和。

=NEWREF（01，03，“A3”，，，0<＊>，1，A，C）：表示取3月份、类型码为01，账套号从1A至1C的报表的A3单元之和。相当于REF（01，03，“A3”，，，0A）+REF（01，03，“A3”，，，0B）+REF（01，03，“A3”，，，0C）。

• DBF（）函数的文件名必须包括路径在内的文件名全称，“列”可以用数字顺序号或字段名表示，例如：

=DBF（“\ INFS. DBF”，3，6）：取文件中第3行第6个列的内容；

=DBF（“\ INFS. DBF”，3，“COST”）：取文件中第3行COST字段的内容；

=DBF（“\ INFS. DBF”，“3/DEPT：5/COST”）：取文件中从第3行到第5行、从DEPT字段到COST字段的内容，DEPT字段必须在COST字段前面。此外，该DBF文件的行删除标记不起作用，所以如果文件中有临时删除的记录，建议先执行PACK命令。

2. 财政业务函数（见附表2-2）。

附表2-2

gs_dwmc（预算单位代码/名称简写，账套，年度）	预算单位名称
gs_yskm（类款项代码/名称简写，账套，年度）	类款项名称
gs_mjkm（目级科目代码/名称简写，账套，年度）	目级科目名称
gs_cgml（采购代码/名称简写，账套，年度）	政府采购目录
ys_ysdwde（预算单位代码，定额代码，年度，账套号）	预算单位定额
ys_dwysde（预算单位代码，预算项目类别代码，目级支出科目代码，资金来源代码，年度，账套号）	单位预算定额
ys_srxmje（单位代码，预算项目代码，编制序列，年度，账套号）	收入项目预算金额
ys_zcxmje（单位代码，预算项目代码，编制序列，年度，账套号）	支出项目预算金额
ys_xmkmzj（单位代码，预算科目代码，目级支出科目，资金来源代码，年度，账套号）	单位某项目某支出科目的资金来源的预算额
ys_mjkmje（单位代码，目级支出科目，编制序列，年度，账套号）	目级支出科目预算金额
ys_tpkmje（单位代码，类款项代码，项目类型代码，编制序列，年度，账套号）	某类项目的科目预算金额

续表

ys_kmmjje（单位代码，类款项代码，目级支出科目，编制序列，年度，账套号）	单位某科目某目级支出科目预算金额
ys_kmzjje（单位代码，类款项代码，资金来源代码，编制序列，年度，账套号）	单位科目资金来源的预算支出额
ys_tpmjje（单位代码，项目类型代码，目级支出科目，编制序列，年度，账套号）	单位某类项目目级科目的预算额
ys_tpsrje（单位代码，项目类型代码，编制序列，年度，账套号）	单位某类收入项目的预算额
ys_tpzcje（单位代码，项目类型代码，资金来源代码，编制序列，年度，账套号）	单位某支出类项目资金来源的预算额
ys_tpkmmjje（单位代码，项目类型代码，预算科目，目级支出科目，编制序列，年度，账套号）	单位某类项目某类款项的目级支出科目预算金额
ys_zfcgje（单位代码，预算项目代码，预算项目的采购序列代码，编制序列，年度，账套号）	政府采购项目预算金额
ys_zfcgzj（单位代码，资金来源代码，预算项目代码，预算项目的采购序列代码，编制序列，年度，账套号）	政府采购资金来源预算金额
ys_sr（单位代码，编制序列，年度，账套号）	单位收入预算总额
ys_zc（单位代码，编制序列，年度，账套号）	单位支出预算总额
ys_xzsr（单位代码，行政收费代码，编制序列，年度，账套号）	单位行政收费项目收入
ys_zckz（单位代码，年度，账套号）	单位支出控制总额
ys_srkz（单位代码，编制序列，年度，账套号）	单位收入控制总额
ys_cgsl（单位代码，项目代码，预算项目的采购序列代码，编制序列，年度，账套号）	政府采购商品数量
ys_bzs（单位代码，基础项目类别代码，基础数据项目代码，年度，账套号）	单位基础数据编制数（量）
ys_sjs（单位代码，基础项目类别代码，基础数据项目代码，年度，账套号）	单位基础数据实际数（量）
zb_zje（给款单位，预算类型，预算性质，指标来源，开始日期，结束日期，年度，账套号）	总指标金额
zb_mxje｛给款单位代码，受款单位代码，预算科目，目级科目，预算项目，预算类型，预算性质，经费类型，经费渠道，指标来源，经办机构，专管员，总文号，明细文号，是否审批（已审\未审\全部），单位属性（全部\本级\下级\下级财政），开始日期，结束日期，年度，账套｝	明细指标金额
zb_mje（单位代码，预算科目，预算项目，预算类型/性质，经费类型/渠道，指标来源，经办机构，月份）	分月用款计划额
zb_fyje（单位代码，费用类型代码，月份，收入/支出，预算类型，年度，账套）	费用预算金额
zb_kmje（单位代码，科目代码，月份，收入/支出，预算类型，年度，账套）	科目预算金额

续表

sr_yzb（预算科目代码，年度，账套）	税款征缴年度指标
sr_mzb（预算科目代码，月份，年度，账套）	税款征缴月度指标
sr_ije（预算科目代码，开始日期，结束日期，国税/地税/财税，年度，账套）	税款征缴收入金额
sr_qzb（预算科目代码，季度，年度，账套）	税款征缴季度指标
sr_ysje（预算单位，开始日期，结束日期，收入项目，年度，账套）	预算外收入金额
fs_yfje（预算单位，性质，摘要，开始日期，结束日期，年度，账套）	预付款金额
fs_rksl（票据类型，开始日期，结束日期，年度，账套）	票据入库数量
fs_sqsl（单位代码，银行代码，网点代码，类别，票据类型，开始日期，结束日期，年度，账套）	票据领购申请数量
fs_cksl（单位代码，银行代码，网点代码，票据类型，开始日期，结束日期，年度，账套）	票据出库数量
fs_jkje（单位代码，结算方式，项目代码，是否进专户，开始日期，结束日期，年度，账套）	缴款书金额
fs_fdeje（单位代码，银行代码，网点代码，票据类型，结算方式，项目代码，开始日期，结束日期，年度，账套）	非定额票据金额
fs_skje（单位代码，票据类型，起始号，终止号，开始日期，结束日期，年度，账套）	收款单金额
bk_sqje {单位代码，预算科目，目级科目，预算项目，预算类型，预算性质，经费类型，经费渠道，指标来源，拨款类别，拨款性质，经办机构，是否审批，开始日期，结束日期，拨款状态（已拨 \ 未拨 \ 全部），制单人，单位属性（全部 \ 本级 \ 下级 \ 下级财政），年度，账套}	拨款申请金额
bk_je {付款单位代码，收款单位代码，预算科目，目级科目，预算项目，预算类型，预算性质，经费类型，经费渠道，指标来源，拨款类别，拨款性质，经办机构，制单人，是否审批，是否支付确认，开始日期，结束日期，单位属性（全部 \ 本级 \ 下级 \ 下级财政），年度，账套}	拨款金额
bk_tzje {单位代码，预算科目，目级科目，预算项目，预算类型，预算性质，经费类型，经费渠道，指标来源，拨款类别，拨款性质，经办机构，调整原因，是否审批，制单人，开始日期，结束日期，单位属性（全部 \ 本级 \ 下级 \ 下级财政），年度，账套}	拨款调整金额
gk_zjsq（预算单位代码，付款账号，预算科目，目级科目，专项用途，预算类型，经费类型，指标来源，支付类型，结算方式，经办机构，开始日期，结束日期，收款账款，审批状态，打印状态，登记人，审批）	直接支付申请核准金额
gk_sqsq（预算单位代码，付款账号，预算科目，目级科目，专项用途，预算类型，经费类型，指标来源，支付类型，结算方式，经办机构，开始日期，结束日期，收款账款，审批状态，打印状态，登记人，审批）	授权支付申请核准金额

续表

gk _ zjsq（预算单位代码，付款账号，预算科目，目级科目，预算项目，预算类型，经费类型，指标来源，支付类型，结算方式，经办机构，开始日期，结束日期，年度，账套）	直接支付申请金额
gk _ sqsq（预算单位代码，付款账号，预算科目，目级科目，预算项目，预算类型，经费类型，指标来源，支付类型，结算方式，经办机构，开始日期，结束日期，年度，账套）	授权支付申请金额
gk _ zjzf（预算单位代码，付款账号，收款账号，预算科目，目级科目，预算项目，预算类型，经费类型，预算项目，指标来源，支付类型，结算方式，经办机构，是否审批，是否支付确认，制单人，审批人，用途，开始日期，结束日期，年度，账套）	直接支付金额
gk _ sqzf（预算单位代码，付款账号，收款账号，预算科目，目级科目，预算项目，预算类型，经费类型，预算项目，指标来源，账户类型，结算方式，经办机构，是否审批，是否支付确认，登记人，审批人，用途，开始日期，结束日期，年度，账套）	授权支付金额
gk _ zjyksb（单位代码，预算科目，目级科目，专项用途，预算类型，指标来源，支付类型，经办机构，用途，开始月，结束月，经费类型，审批状态，年度，账套）	直接支付用款计划申报金额
gk _ sqyksb（单位代码，预算科目，目级科目，专项用途，预算类型，指标来源，支付类型，经办机构，用途，开始月，结束月，经费类型，审批状态，年度，账套）	授权支付用款计划申报金额
gk _ zjyk（单位代码，预算科目，目级科目，专项用途，预算类型，指标来源，支付类型，经办机构，用途，开始月，结束月，经费类型，审批状态，年度，账套）	直接支付用款计划核定金额
gk _ sqyk（单位代码，预算科目，目级科目，预算项目，预算类型，经费类型，指标来源，账户类型，经办机构，是否审批，用途，开始日期，结束日期，年度，账套）	授权支付用款计划核定金额
gk _ byje（预算单位代码，付款账号，预算科目，目级科目，预算项目，预算类型，经费类型，指标来源，账户类型，结算方式，经办机构，开始日期，结束日期，年度，账套）	备用金抵扣金额
gk _ qsje（付款账号，收款账号，预算单位代码，预算科目，目级科目，预算项目，预算类型，经费类型，预算项目，指标来源，账户类型，结算方式，经办机构，是否审批，是否支付确认，用途，登记人，审批人，开始日期，结束日期，年度，账套）	清算金额
gk _ gkbyje（预算单位代码，付款账号，收款账号，费用性质，操作方式，用途，开始日期，结束日期，年度，账套）	国库备用金

续表

Gk _ gksrje（年度，账套，开始日期，结束日期，预算科目，记账标志，征收机关，预算资料，所属国库，预算级次，收款国库，目的国库）	国库收入金额
jz _ bxje（单位代码，费用类型，用途，开始日期，结束日期，年度，账套）	费用报销金额
jz _ byje（单位代码，费用性质，操作方式，费用类型，经费渠道，部门，开始日期，结束日期，年度，账套）	备用金
jz _ srcp（单位代码，科目代码，统管部门，对方科目，实体部门，摘要，开始日期，结束日期，年度，账套）	收入传票金额
jz _ zccp（单位代码，科目代码，统管部门，对方科目，实体部门，开始日期，结束日期，年度，账套）	付款传票金额
jz _ zzcp（收款单位，付款单位，用途，开始日期，结束日期，年度，账套）	转账传票金额
jz _ jfjr（上级单位，拨付单位，拨入方式，经费渠道，预算性质，用途，开始日期，结束日期，年度，账套）	经费拨解拨入金额
jz _ jfjc（拨出单位，拨给单位，预算科目，预算项目，预算类型，预算性质，经费渠道，拨款类别，拨款性质，结算方式，经办机构，用途，开始日期，结束日期，年度，账套）	经费拨解拨出金额
jz _ hzbr（上级单位，预算单位，拨入方式，预算科目，预算类型，预算性质，经费渠道，实体部门，实体收入科目，用途，开始日期，结束日期，年度，账套）	经费汇总拨入金额
jz _ hzbc（拨出单位，拨给单位，预算科目，预算项目，预算类型，预算性质，经费渠道，拨款类别，拨款性质，结算方式，经办机构，实体部门，实体科目，用途，开始日期，结束日期，年度，账套）	经费汇总拨出金额
zc _ cgjh（单位代码，采购目录代码，预算科目，资金来源，月份，年度，账套）	采购计划金额
zc _ cght（单位代码，采购目录代码，中标单位代码，资金来源，月份，年度，账套）	采购合同金额
zc _ htsl（单位代码，采购目录代码，中标单位代码，月份，年度，账套）	采购合同数量
zc _ hbje（单位代码，付款账号，收款单位，预算科目，资金来源，月份，年度，账套）	资金划拨金额
zc _ sqsl（单位代码，地区代码，单位往来，月份，年度，账套）	支付申请数量
zc _ zjzfje（单位代码，收款单位，预算科目，资金来源，月份，年度，账套）	资金支付金额

3. 普通金额类函数。

参数含义：C——科目、m——月份、b——部门、y——年份、d——账套号、DQH——地区号、DWDM——单位代码、ZY——摘要、HT——合同号、I——项目，见附表2－3。

附表 2-3

JFE（C，m，b，y，d）	某科目借方发生额
DFE（C，m，b，y，d）	某科目贷方发生额
JJE（C，m，b，y，d）	某科目借方净额
DJE（C，m，b，y，d）	某科目贷方净额
JLJE（C，m，b，y，d）	某科目借方累计发生额
DLJE（C，m，b，y，d）	某科目贷方累计发生额
JLJJE（C，m，b，y，d）	某科目借方累计净额
DLJJE（C，m，b，y，d）	某科目贷方累计净额
J_QCYE（C，m，b，y，d）	某科目借方期初余额
D_QCYE（C，m，b，y，d）	某科目贷方期初余额
J_QMYE（C，m，b，y，d）	某科目借方期末余额
D_QMYE（C，m，b，y，d）	某科目贷方期末余额
JZJE（C1，C2，m，b，y，d）	科目 1 对科目 2 的借方结转净额
DZJE（C1，C2，m，b，y，d）	科目 1 对科目 2 的贷方结转净额
LJJZJE（C1，C2，m，b，y，d）	科目 1 对科目 2 的累计借方结转净额
LJDZJE（C1，C2，m，b，y，d）	科目 1 对科目 2 的累计贷方结转净额
JQCYEHJ（C，m，b，y，d）	明细科目借方期初余额合计
DQCYEHJ（C，m，b，y，d）	明细科目贷方期初余额合计
JYEHJ（C，m，b，y，d）	明细科目借方期末余额合计
DYEHJ（C，m，b，y，d）	明细科目贷方期末余额合计
WLJFE（C，DQH，DWDM，b，m，y，d）	某往来单位在某科目的借方发生额
WLDFE（C，DQH，DWDM，b，m，y，d）	某往来单位在某科目的贷方发生额
J_WLLJE（C，DQH，DWDM，b，m，y，d)	某往来单位借方累计发生额
D_WLLJE（C，DQH，DWDM，b，m，y，d)	某往来单位贷方累计发生额
GRJFE（C，grdm，m，y，d)	某往来个人科目的借方发生额
GRDFE（C，grdm，m，y，d)	某往来个人科目的贷方发生额
J_QCGRYE（C，grdm，m，y，d)	某往来个人科目的借方期初余额
D_QCGRYE（C，grdm，m，y，d)	某往来个人科目的贷方期初余额
J_GRYE（C，grdm，m，y，d)	某往来个人科目的借方期末余额
D_GRYE（C，grdm，m，y，d)	某往来个人科目的贷方期末余额
JFE_ZY（C，ZY，m，b，y，d)	某科目按摘要筛选借方发生额
DFE_ZY（C，ZY，m，b，y，d)	某科目按摘要筛选贷方发生额
JLJE_ZY（C，ZY，m，b，y，d)	某科目按摘要筛选借方累计发生额
DLJE_ZY（C，ZY，m，b，y，d)	某科目按摘要筛选贷方累计发生额
JFE_HT（C，HT，m，b，y，d)	某科目某往来合同的借方发生额
DFE_HT（C，HT，m，b，y，d)	某科目某往来合同的贷方发生额

续表

JLJE _ HT（C，HT，m，b，y，d）	某科目某往来合同的借方累计发生额
DLJE _ HT（C，HT，m，b，y，d）	某科目某往来合同的贷方累计发生额
QCYE _ HT（C，HT，m，b，y，d）	某科目某往来合同的期初余额
QMYE _ HT（C，HT，m，b，y，d）	某科目某往来合同的期末余额
E _ JLJE（C，m，b，y，d）	季度借方累计额
E _ DLJE（C，m，b，y，d）	季度贷方累计额
E _ LJJZJE（C1，C2，m，b，y，d）	季度累计借方结转净额
E _ LJDZJE（C1，C2，m，b，y，d）	季度累计贷方结转净额
E _ SLJSL（C，m，b，y，d）	季度收累计数量
E _ FLJSL（C，m，b，y，d）	季度发累计数量
E _ LJJZSL（C1，C2，m，b，y，d）	季度累计借方结转数量
E _ LJDZSL（C1，C2，m，b，y，d）	季度累计贷方结转数量
E _ LJE _ XM（I，C，m，b，y，d）	项目某科目某部门季度累计发生额

注意事项：

● 以上函数中参数 M、B、Y、D 为选项，可以不输入，M 不输入则默认为当前月，Y、D 不输入则默认为当前账套当前年度。例如，下列格式均合法：

=JFE（501）：表示取 501 科目本月借方发生额；

=JFE（501，11）：表示取 501 科目 11 月份借方发生额；

=JFE（501，Month（） -1）：表示取 501 科目上月借方发生额；

=JFE（501，，02）：表示 501 科目、代码为 02 的部门的本月借方发生额；

=JFE（501，，02，1997，03）：表示 03 套账、1997 年 501 科目、代码为 02 的部门的本月借方发生额。

● 函数中的参数可以输入绝对数，可以从其他单元内取，例如输入：

=JFE（521，B3）：其中 B3 为单元名，即月份从 B3 单元内取出。

如果有些代码和单元名重复，那么可以用引号“（或 '）分隔，例如输入：

=JFE（521，3，'B1'）：其中'B1'为部门代码；

=JFE（521，3，B1）：表示部门代码取自 B1 单元。

● 如果函数中要使用参数 Y，而不需要输部门代码，那么 B 参数必须留空，即多增加一个逗号，例如：

=JFE（101，2，，1995）：如果写成 = JFE（102，2，1995），则 1995 将会被认做部门代码。

● 参数中的代码、摘要可以带有统配符“?”，例如：

=JFE（1? 1）：表示科目代码第 2 位为任意字符均可，式中含义为取 101、111、121、131 等科目本月借方发生额之和。

● 函数 JZJE、DZJE、LJJZJE、LJDZJE 是为了生成损益表、现金流量表而专门设立的，参数中第二个 C 为对方科目代码，对于损益表，该科目通常是指本年利润、生产成本；对于现金流量表，该科目就是现金、银行科目，公式如：

=DZJE（521，321）：表示取521科目贷方结转给321科目的金额；

=LJDZJE（501，101）：表示对方科目为现金的501科目的贷方累计发生额。

• 函数JYEHJ、DYEHJ用法较为特殊，它们分别表示某科目的下级科目借方余额合计、贷方余额合计；如果此科目是单位往来科目而没有下级科目，则分别表示所有有借方余额的往来单位的余额合计、所有有贷方余额的往来单位的余额合计。

4. 数量类函数。

参数含义：C——科目、m——月份、b——部门、y——年份、d——账套号、I——项目、ZY——摘要、DQH——地区号、DWDM——单位代码（见附表2-4）。

附表2-4

SFE_WLSL（C，DQH，DWDM，b，m，y，d）	某往来单位科目收数量
FFE_WLSL（C，DQH，DWDM，b，m，y，d）	某往来单位科目发数量
SLJE_WLSL（C，DQH，DWDM，b，m，y，d）	某往来单位科目累计收数量
FLJE_WLSL（C，DQH，DWDM，b，m，y，d）	某往来单位科目累计发数量
QCJC_WLSL（C，DQH，DWDM，b，m，y，d）	某往来单位科目期初结存数量
QMJC_WLSL（C，DQH，DWDM，b，m，y，d）	某往来单位科目期末结存数量
QCSL（C，m，b，y，d）	期初数量
QMSL（C，m，b，y，d）	期末数量
SSL（C，m，b，y，d）	收数量
FSL（C，m，b，y，d）	发数量
SLJSL（C，m，b，y，d）	收累计数量
FLJSL（C，m，b，y，d）	发累计数量
JZSL（C1，C2，m，b，y，d）	借方结转数量
DZSL（C1，C2，m，b，y，d）	贷方结转数量
LJJZSL（C1，C2，m，b，y，d）	借方累计结转数量
LJDZSL（C1，C2，m，b，y，d）	贷方累计结转数量
SSL_ZY（C，ZY，m，b，y，d）	按摘要筛选收数量
FSL_ZY（C，ZY，m，b，y，d）	按摘要筛选发数量
SLJSL_ZY（C，ZY，m，b，y，d）	按摘要筛选收累计数量
FLJSL_ZY（C，ZY，m，b，y，d）	按摘要筛选发累计数量

5. 外币类函数。

参数含义：C——科目、m——月份、b——部门、y——年份、d——账套号、I——项目、DQH——地区代码、DWDM——单位代码（见附表2-5）。

附表 2-5

J_QCWLYE_WB（C，DQH，DWDM，b，m，y，d）	某往来单位科目外币借方期初余额
D_QCWLYE_WB（C，DQH，DWDM，b，m，y，d）	某往来单位科目外币贷方期初余额
J_WLYE_WB（C，DQH，DWDM，b，m，y，d）	某往来单位科目外币借方期末余额
D_WLYE_WB（C，DQH，DWDM，b，m，y，d）	某往来单位科目外币贷方期末余额
WLJFE_WB（C，DQH，DWDM，b，m，y，d）	某往来单位科目外币借方发生额
WLDFE_WB（C，DQH，DWDM，b，m，y，d）	某往来单位科目外币贷方发生额
J_WLLJE_WB（C，DQH，DWDM，b，m，y，d）	某往来单位科目外币借方累计额
D_WLLJE_WB（C，DQH，DWDM，b，m，y，d）	某往来单位科目外币贷方累计额
J_QCYE_WB（C，m，b，y，d）	某科目外币借方期初余额
D_QCYE_WB（C，m，b，y，d）	某科目外币贷方期初余额
J_QMYE_WB（C，m，b，y，d）	某科目外币借方期末余额
D_QMYE_WB（C，m，b，y，d）	某科目外币贷方期末余额
JFE_WB（C，m，b，y，d）	某科目外币借方发生额
DFE_WB（C，m，b，y，d）	某科目外币贷方发生额
JJE_WB（C，m，b，y，d）	某科目外币借方净发生额
DJE_WB（C，m，b，y，d）	某科目外币贷方净发生额
JLJE_WB（C，m，b，y，d）	某科目外币借方累计发生额
DLJE_WB（C，m，b，y，d）	某科目外币贷方累计发生额
JLJJE_WB（C，m，b，y，d）	某科目外币借方累计净发生额
DLJJE_WB（C，m，b，y，d）	某科目外币贷方累计净发生额
FSE_XM_WB（I，C，m，y，d）	某项目某科目外币借方净发生额
LJE_XM_WB（I，C，m，y，d）	某项目某科目外币贷方净发生额

6. 项目核算类函数。

参数含义：C——科目、m——月份、y——年份、d——账套号、I——项目（见附表 2-6）。

附表 2－6

QCYE _ XM（I，C，m，y，d）	某项目某科目期初余额
QMYE _ XM（I，C，m，y，d）	某项目某科目期末余额
SNLJ _ XM（I，C，y，d）	某项目某科目的上年累计
JFE _ XM（I，C，m，y，d）	某项目某科目的本月借方发生额
DFE _ XM（I，C，m，y，d）	某项目某科目的本月贷方发生额
JLJE _ XM（I，C，m，y，d）	某项目某科目的本年借方累计发生额
DLJE _ XM（I，C，m，y，d）	某项目某科目的本年贷方累计发生额
ZLJ _ XM（I，C，m，y，d）	某项目某科目的总累计额
QCJC _ XMSL（I，C，b，m，y，d）	某项目科目期初结存数量
QMJC _ XMSL（I，C，b，m，y，d）	某项目科目期末结存数量
SNLJ _ XMSL（I，C，b，m，y，d）	某项目科目上年数量累计
SFE _ XMSL（I，C，b，m，y，d）	某项目科目收数量
FFE _ XMSL（I，C，b，m，y，d）	某项目科目发数量
SLJE _ XMSL（I，C，b，m，y，d）	某项目科目收数量累计
FLJE _ XMSL（I，C，b，m，y，d）	某项目科目发数量累计
ZLJ _ XMSL（I，C，b，m，y，d）	某项目科目数量累计

7. 预算函数。

参数含义：C——科目、m——月份、b——部门、y——年份、d——账套号、I——项目（见附表 2－7）。

附表 2－7

J _ KMYS（C，m，y，d）	某科目借方预算
D _ KMYS（C，m，y，d）	某科目贷方预算
J _ KMLJYS（C，m，y，d）	借方科目累计预算
D _ KMLJYS（C，m，y，d）	贷方科目累计预算
J _ BMYS（C，m，B，y，d）	某科目某部门借方预算
D _ BMYS（C，m，B，y，d）	某科目某部门贷方预算
J _ BMLJYS（C，m，B，y，d）	借方部门累计预算
D _ BMLJYS（C，m，B，y，d）	贷方部门累计预算
J _ XMYS（C，m，I，y，d）	某科目某项目借方预算
D _ XMYS（C，m，I，y，d）	某科目某项目贷方预算
J _ XMLJYS（C，m，I，y，d）	借方项目累计预算
D _ XMLJYS（C，m，I，y，d）	贷方项目累计预算

8. 固定资产系统取数函数。

固定资产函数从“固定资产管理”模块取数，参数含义：L—— 固定资产类别、

YY——固定资产变动原因、ZC——转出部门、ZR——转入部门（见附表 2 - 8）。

附表 2 - 8

GD _ YZ（m，L，b，y，d）	取某一类固定资产原值
GD _ SL（m，L，b，y，d）	取某一类固定资产数量
GD _ YZJ（m，L，b，y，d）	取某一类固定资产月折旧额
GD _ LJZJ（m，L，b，y，d）	取某一类固定资产累计折旧
GD _ JZZB（m，L，b，y，d）	取某一类固定资产减值准备
GD _ ZJJZ（m，L，b，yy，y，d）	取某一类固定资产折旧净增
GD _ YZJZ（m，L，b，yy，y，d）	取某一类固定资产原值净增
GD _ ZJYZ（m，L，b，yy，y，d）	取某一类固定资产增加原值
GD _ ZJZJ（m，L，b，yy，y，d）	取某一类固定资产增加折旧
GD _ JSYZ（m，L，b，yy，y，d）	取某一类固定资产减少原值
GD _ JSZJ（m，L，b，yy，y，d）	取某一类固定资产减少折旧
GD _ YZZY（m，L，b，Z 或 ZR，y，d）	某一类固定资产原值转移

9. 工资核算系统取数函数。

工资函数从“工资核算系统”模块取数，参数含义：N —— 员工号，X —— 工资款项序号，C —— 员工类别代码、m——月份、b——部门、y——年份、d——账套号（见附表 2 - 9）。

附表 2 - 9

GZ _ YGXM（N，m，y，d）	根据工号取员工姓名
GZ _ KXMC（X，m，y，d）	根据款项序号取某款项名称
GZ _ KX（N，X，m，y，d）	取某员工某款项金额
GZ _ KXHJ（X，b，c，m，y，d）	取某款项某部门、某类型某月总额
GZ _ RENS（b，c，m，y，d）	取工资模块员工的人数

10. 银行代发工资系统取数函数。

银行代发工资函数从“工资统发管理系统”模块取数，参数含义：

N —— 员工号，X —— 工资款项序号，C ——员工类别代码，DWDM——单位代码，YGLX——员工类型代码，JFQD——经费渠道（见附表 2 - 10）。

附表 2 - 10

DF _ YGXM（N，m，y，d）	取代发工资模块员工姓名
DF _ KXMC（X，m，y，d）	取某工资款项名称
DF _ KX（N，X，m，y，d）	取某员工某款项金额
DF _ KXHJ（DWDM，b，YGLX，X，JFQD，m，y，d）	取某款项某部门、某类型某月款项总额
DF _ RENS（DWDM，b，YGLX，X，JFQD，m，y，d）	取代发工资模块员工人数统计

11. 现金类函数。

现金类函数是专属于现金流量表，为了在编制现金流量表方便起见，本报表系统特别提供现金类函数，它是从“账务系统”中直接取数。参数含义：DFKM——对方科目、XMDM——项目代码（见附表 2－11）。

附表 2－11

CA _ IN（dfkm，m，b，y，d）	现金收入
CA _ IN _ ACC（dfkm，m，b，y，d）	现金收入累计
CA _ OUT（dfkm，m，b，y，d）	现金支出
CA _ OUT _ ACC（dfkm，m，b，y，d）	现金支出累计
CA _ CASH _ IN（xmdm，m，b，y，d）	某项目的现金收入
CA _ CASH _ OUT（xmdm，m，b，y，d）	某项目的现金支出
CA _ CASH _ IN _ ACC（xmdm，m，b，y，d）	某项目的现金收入累计
CA _ CASH _ OUT _ ACC（xmdm，m，b，y，d）	某项目的现金支出累计

12. 辅助核算函数。

用于处理账务财政辅助核算项相应报表的取数（见附图 2－7）。

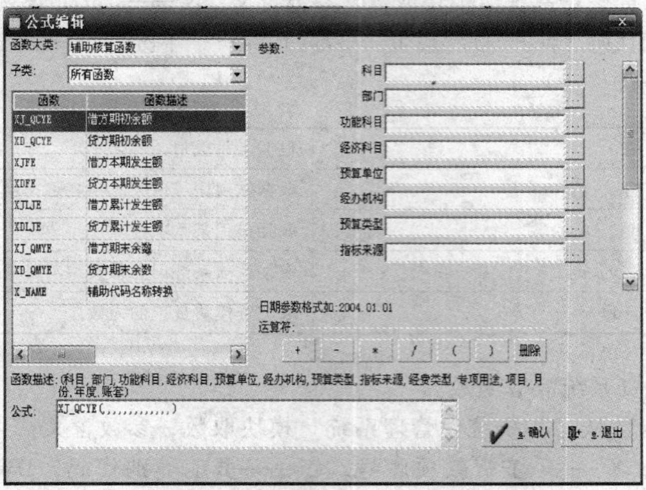

附图 2－7

（二）编制现金流量表

由于每个单位的实际情况不一样，实际工作中发生的业务比较复杂，对于每项现金流量的核算公式的举例不可能包括所有的发生额，下面的公式只是为了说明软件取数公式的原理，因此只能作参考。单位必须以实际情况进行公式设置。

1. 项目核算法。采用“账务处理系统”中的辅助核算——项目核算功能，将现金流量表的所有现金项目设置成项目，将这些项目的相关科目指定为现金类科目（现金、银行存款、其他货币资金）。在输入凭证时，凡是录入现金类科目时需要再录入相应的现金流量项目；在报表处理时调用函数 LJE _ XM（ ）取得数据。具体操作步骤说明如下：

第一步，将现金流量表中需计算的栏目在“账务处理系统”中的“项目核算设置”菜单中设置为项目。

第二步，在现金流量项目预定义完成后，在报表处理模块中按照标准的现金流量表格式新增现金流量表（本系统提供现金流量表表样）。

第三步，定义现金流量表计算公式，函数为 LJE _ XM（，）。

报表公式参考如下（假设 1001——现金，1002——银行，1009——其他货币资金）：

（1）销售商品，提供劳务收到的现金：

= lje _ xm（01，1001）+ lje _ xm（01，1002）+ lje _ xm（01，1009）- lje _ xm（13，1001）- lje _ xm（13，1002）

（2）收到的租金：

= lje _ xm（02，1001）+ lje _ xm（02，1002）+ lje _ xm（02，1009）

（3）收到的增值税销项税额和退回的增值税额：

= lje _ xm（03，1001）+ lje _ xm（03，1002）+ lje _ xm（03，1009）

（4）收到的除增值税以外的其他税费返还：

= lje _ xm（04，1001）+ lje _ xm（04，1002）+ lje _ xm（04，1009）

（5）收到的其他与经营活动有关的现金：

= lje _ xm（05，1001）+ lje _ xm（05，1002）+ lje _ xm（05，1009）

（6）购买商品、接受劳务支付的现金：

= - lje _ xm（06，1001）- lje _ xm（06，1002）- lje _ xm（06，1009）+ lje _ xm（14，1002）+ lje _ xm（14，1001）

（7）经营租赁所支付的现金：

= - lje _ xm（07，1001）- lje _ xm（07，1002）- lje _ xm（07，1009）

（8）支付给职工以及为职工支付的现金：

= - lje _ xm（08，1001）- lje _ xm（08，1002）- lje _ xm（08，1009）

（9）支付的增值税款：

= - lje _ xm（09，1001）- lje _ xm（09，1002）- lje _ xm（09，1009）

（10）支付的所得税款：

= - lje _ xm（10，1001）- lje _ xm（10，1002）- lje _ xm（10，1009）

（11）支付的除增值税、所得税以外的其他税费：

= - lje _ xm（11，1001）- lje _ xm（11，1002）- lje _ xm（11，1009）

（12）支付的其他与经营活动有关的现金：

= - lje _ xm（12，1001）- lje _ xm（12，1002）- lje _ xm（12，1009）

（13）收回投资所收到的现金：

= lje _ xm（15，1001）+ lje _ xm（15，1002）+ lje _ xm（15，1009）- lje _ xm（14，1001）- lje _ xm（14，1002）

（14）分得股份或利润所收到的现金：

= lje _ xm（16，1001）+ lje _ xm（16，1002）+ lje _ xm（16，1009）

(15) 取得债券利息收入所收到的现金：

= lje _ xm (17, 1001) + lje _ xm (17, 1002) + lje _ xm (17, 1009)

(16) 处置固定资产、无形资产和其他长期资产而收到的现金净额：

= lje _ xm (18, 1001) + lje _ xm (18, 1002) + lje _ xm (18, 1009)

(17) 收到的其他与投资活动有关的现金：

= lje _ xm (19, 1001) + lje _ xm (19, 1002) + lje _ xm (19, 1009)

(18) 购建固定资产、无形资产和其他长期资产所支付的现金：

= - lje _ xm (20, 1001) - lje _ xm (20, 1002) - lje _ xm (20, 1009)

(19) 权益性投资所支付的现金：

= - lje _ xm (21, 1001) - lje _ xm (21, 1002) - lje _ xm (21, 1009)

(20) 债权性投资所支付的现金：

= - lje _ xm (22, 1001) - lje _ xm (22, 1002) - lje _ xm (22, 1009)

(21) 支付的其他与投资活动有关的现金：

= - lje _ xm (23, 1001) - lje _ xm (23, 1002) - lje _ xm (23, 1009)

(22) 吸收权益性投资所收到的现金：

= lje _ xm (24, 1001) + lje _ xm (24, 1002) + lje _ xm (24, 1009)

(23) 发行债券所收到的现金：

= lje _ xm (25, 1001) + lje _ xm (25, 1002) + lje _ xm (25, 1009)

(24) 借款所收到的现金：

= lje _ xm (26, 1001) + lje _ xm (26, 1002) + lje _ xm (26, 1009)

(25) 收到的其他与筹资活动有关的现金：

= lje _ xm (27, 1001) + lje _ xm (27, 1002) + lje _ xm (27, 1009)

(26) 偿还债务所支付的现金：

= - lje _ xm (28, 1001) - lje _ xm (28, 1002) - lje _ xm (28, 1009)

(27) 发生筹资费用所支付的现金：

= - lje _ xm (29, 1001) - lje _ xm (29, 1002) - lje _ xm (29, 1009)

(28) 分配股利或利润所支付的现金：

= - lje _ xm (30, 1001) - lje _ xm (30, 1002) - lje _ xm (30, 1009)

(29) 偿付利息所支付的现金：

= - lje _ xm (31, 1001) - lje _ xm (31, 1002) - lje _ xm (31, 1009)

(30) 融资租赁所支付的现金：

= - lje _ xm (32, 1001) - lje _ xm (32, 1002) - lje _ xm (32, 1009)

(31) 减少注册资本所支付的现金：

= - lje _ xm (33, 1001) - lje _ xm (33, 1002) - lje _ xm (33, 1009)

(32) 支付的其他与筹资活动有关的现金：

= - lje _ xm (34, 1001) - lje _ xm (34, 1002) - lje _ xm (34, 1009)

第四步，凭证处理人员根据职业判断完成现金流量表项目的核算。在日常的凭证输入过程中，只要遇到预先定义为“现金及现金等价物”的科目，如 1001、1002、1009 时，计算机会自动提示该发生额应归集到哪一个现金流量表项目中去。

这样每一涉及到现金流量项目的发生额均归集到恰当的项目中去。

第五步，编制现金流量表。在年末需编制现金流量表时，只要用鼠标点击现金流量表——整表计算，计算机就会在非常短的时间内完成本年度的现金流量表的计算和编制，真正作到快捷而准确。

2. 对方科目取数法（现金函数）。对方科目取数法是现金流量表编制另一种有效的方法。本方法的应用建立在账务核算的科目体系均符合现金流量表的编制要求的基础上。年末，财务人员根据职业判断，将某一项目对应的本年内所有的现金流量利用本报表提供的函数公式进行一次性归集计算。

该方法是直接用八个现金类函数计算取数，它们分别是：CA_IN ()、CA_IN_ACC ()、CA_OUT ()、CA_OUT_ACC ()、CA_CASH_IN ()、CA_CASH_OUT ()、CA_CASH_IN_ACC ()、CA_CASH_OUT_ACC () 函数计算取数。使用这些函数取数，可以帮助您按所选择的科目、月份、年度等获得所需要的现金收入及现金支出发生额，所以能够方便地取得现金流量数据。

用以上八个函数的操作方法如下：

首先，必须在报表主界面中的功能设置菜单，如附图 2-8 中进行的现金科目集设置、业务科目集设置。

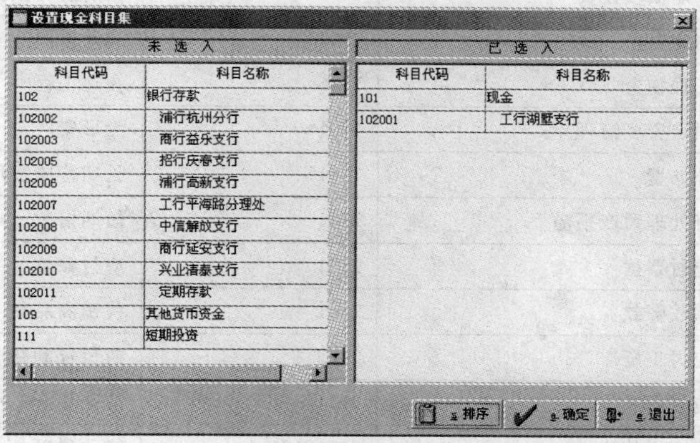

附图 2-8 现金科目集设置窗口

在现金科目集窗口，把属于现金类的科目从未选入方移入已选入方，选入后点“确定”，这样在后面选用现金类函数时，系统会把所有选入现金科目集的科目与所选的科目同时发生的金额取出来。

业务科目集设置的目的：当有多个科目对应现金类科目，而这些科目的数据合计又是您所需要取出的，那么只要把这些科目设置在同一个项目内，取数时只要用现金类函数中的 CA_CASH_IN ()、CA_CASH_OUT ()、CA_CASH_IN_ACC ()、CA_CASH_OUT_ACC () 这四个涉及项目的现金类取数公式，这样比较方便、准确，不需要把这些数据一个个取出来，再重新相加。注意：一个科目只能归入一个科目集，如果已被选入科目集的科目，在下一次设置新的科目集时，左边的科目中不会显示该科目。

进行业务科目集设置时，首先弹出业务科目集设置窗口，在此窗口显示的项目，必须是在账务中的“项目设置处”选择“现金类项目”，否则是不会在本窗口显示的。

接着假设某企业部分科目设置（股份制企业）如附表2－12所示。

附表2－12

1001	现金	1002	银行存款
1009	其他货币资金	1101	短期投资
1102	短期投资跌价准备	1111	应收票据
1121	应收股利	1122	应收利息
1131	应收账款	1132	坏账准备
1141	预付账款	1161	应收被贴款
1191	其他应收款	1201	在途物资
1211	原材料	1231	低值易耗品
1241	库存商品	1251	委托加工物资
1261	委托代销商品	1271	受托代销商品
1281	存货跌价准备	1291	分期收款发出商品
1301	待摊费用	1401	长期股权投资
1411	长期债权投资	1421	长期投资减值准备
1501	固定资产	1502	累计折旧
1505	工程物资	1506	在建工程
1601	固定资产清理	1701	无形资产
1702	开办费	1801	长期待摊费用
1901	待处理财产损溢	2101	短期借款
2111	应付票据	2121	应付账款
2131	预收账款	2141	代销商品款
2151	应付工资	2153	应付福利费
2161	应付股利	2171	应交税金
217101	应交增值税	21710101	进项税额
21710102	销项税额	21710103	已交税金
217102	应交消费税	217103	应交营业税
217104	应交所得税	217105	未交税金
217106	耕地占用税	2172	其他应交款
217201	应交教育费附加	2181	其他应付款
2191	预提费用	2201	长期借款
2211	应付债券	2221	长期应付款
2231	递延税款	2241	住房周转金
3101	股本	3111	资本公积

续表

3121	盈余公积	3131	本年利润
3141	利润分配	4101	生产成本
4105	制造费用	5101	主营业务收入
5102	其他业务收入	5105	折扣与折让
5201	投资收益	5203	补贴收入
5301	营业外收入	5401	主营业务成本
5402	主营业务税金及附加	5405	其他业务支出
5501	存货跌价损失	5502	营业费用
5503	管理费用	5504	财务费用
5601	营业外支出	5701	所得税
5801	以前年度损益调整		

用现金类函数取数方法参考如下（例如，现在设置为：整个单位全年的经营活动现金流量的编制方法）：

（1）销售商品、提供劳务收到的现金：

=CA_IN_ACC（5101,,,,）+CA_IN_ACC（21710102,,,,）+CA_IN_ACC（2131,,,,）

（2）收到的税费返还：

=CA_IN_ACC（217101,,,,）+CA_IN_ACC（217102,,,,）+CA_IN_ACC（217103,,,,）+CA_IN_ACC（217104,,,,）+CA_IN_ACC（217201,,,,）

（3）收到的其他与经营活动有关的现金：

=CA_IN_ACC（5301,,,,）+CA_IN_ACC（1191,,,,）

（4）购买商品、接受劳务支付的现金：

=CA_OUT_ACC（1201,,,,）+CA_OUT_ACC（1211,,,,）+CA_OUT_ACC（1231,,,,）+CA_OUT_ACC（1251,,,,）+CA_OUT_ACC（21710101,,,,）

（5）支付给职工以及为职工支付的现金：

=CA_OUT_ACC（2151,,,,）+CA_OUT_ACC（5503,,,,）

（6）支付的其他与经营活动有关的现金：

=CA_OUT_ACC（5601,,,,）+CA_OUT_ACC（5503,,,,）

其他投资活动与筹资活动的现金流量的取数也按上面的方式设置。上述设置的公式中，碰到“管理费用”等的科目，用户在科目设置时就应该按明细设置具体，以便在现金流量取数时方便使用。

3. 对方科目取数法（其他函数）。如果不使用现金函数取数，也可设置现金流量表，参考如下：

（1）销售商品，提供劳务收到的现金：

=LJDZJE（5001，1002）+LJDZJE（21710102，1002）+LJDZJE（2131，1002）

（2）收到的税费返回：

=LJDZJE（217101，1002）+LJDZJE（217102，1002）+LJDZJE（217103，1002）+LJDZJE（217104，1002）+LJDZJE（217201，1002）

（3）购买商品、接受劳务支付的现金：

=LJJZJE（1201，1002）+LJJZJE（1211，1002）+LJJZJE（1231，1002）+LJJZJE（1251，1002）+LJJZJE（21710101，1002）

（4）支付给职工以及为职工支付的现金：

=LJJZJE（2151，1002）+LJJZJE（5503，1002）

（5）支付的其他与经营活动有关的现金：

=LJJZJE（5601，1002）+LJJZJE（5503，1002）

五、远程传递

报表远程传递一般用在有上下级关系、分布地域较广的多个单位之间，包括上级单位直接将下级单位所在服务器中的报表抽取出来（所谓汇入）、下级单位将自己的报表直接上传至上级单位服务器（所谓传出）、同一服务器中账套间传送、通过磁盘传送等方法，用户可根据实际条件选择之一。

由于在报表传递之后，在上级单位的账套中必须存放所有下级单位的报表，以便查询、汇总、分析，所以每一张表必须有一个特征相互区分，该特征就是“下级单位代码”。

下级单位代码由4位数字或字母组成，对于上级单位，则必须在主界面的总菜单的“报表功能\报表传出与汇入\下级单位代码设置”中设置所有的下级单位，为每一个下级使用单位分配一个唯一的代码；而每一个下级单位首先必须获得分配的代码，然后在“报表功能\报表传出与汇入\本单位代码设置”中设置。

如果需要直接通过远程传出/汇入报表，那么传出/汇入方还须在“报表功能\报表传出与汇入\网络服务器连接参数设置”中设置对方服务器连接参数，以便登录到上级/下级单位服务器。

（一）报表传出

执行“报表功能\报表传出与汇入\报表传出”菜单功能，进入报表传出方式窗口。报表传递有三种方法：（1）通过磁盘传送；（2）同一服务器中账套间传送；（3）通过其他服务器传送。下面分别加以介绍：

1. 通过磁盘传送。首先选中“传至磁盘文件”选项，同时相应的一些设置参数被激活，如文件形式、文件存放路径、文件名。然后在“请输入文件路径”框中输入存放的目标路径，在此用户只能选择本地的磁盘或软盘作为存放路径，否则系统将提示出错。

2. 同一服务器中账套间传送。首先选中“报表传出方式”窗口中的“传至其他账套”选项，随后可以看到在下面的窗口中将会显示本核算单位中其他的所有账套，从中选中需传至的目标账套，“确认”，系统又弹出供用户选择需要上报的报表，最后按“确认”键即告完成。

3. 通过其他服务器传送。首先选中“报表传出方式”窗口中的“其他服务器（包括远程）”选项，随后可以看到在下面的窗口中将会显示已设置好的上级单位服务器的连接参数，双击其中的一行，这时软件就开始远程连接，当连接成功后，左侧窗口中将列出上级单位服务器中的所有账套，选择上级单位所规定的账套，双击之，弹出报表选择窗口，请选择需要上报的报表，“确认”即可。

（二）报表汇入

报表传入的操作是在报表汇入操作窗口中进行的，操作原理基本上与报表传出相类似，差异就是在报表传入操作窗口有编辑批处理与运行批处理两个按钮。

1.“编辑批处理”：对于不同的账套，在设置报表汇入时可以设置您需要的报表，当选择所需要的报表后进行保存，下月再需要这些报表时不需要再进行重新选择，而只要点一下运行批处理就行了。

2.“运行批处理”：对批处理中设置需要传入的报表。

（三）下级单位报表上报情况

统计下级单位报表上报的情况。

（四）网络服务器（包括远程）连接参数设置

在报表的传出、汇入时，需要通过网络服务器进行数据传输。网络服务器连接参数设置提供网络服务器列表，用户可通过“增加”新增服务器，也可对已有服务器参数进行“修改”和“删除”操作。

具体参数说明请查阅“系统服务菜单/账套选择”章节的介绍。

六、报表管理

（一）报表功能

1. 报表分组设置。由于不同经济性质、不同行业的企业、单位的经济活动各有自身的特点，因此，会计报表的种类和内容也不尽相同。在本系统中，各企业、单位可根据需要，按照不同的标准在“报表分组设置”中对报表进行分设组别。分组码为一位宽度的数字或英文字母，如 A 组、B 组，每组表相对独立，当然也可以不分组。

2. 报表类别设置。用于对报表设置类别，例如“01. 资产负债表”、“02. 损益表”等等，可以用数字或字母自行定义其他各种报表。

3. 修改当前报表表名、日期。用来修改前面提到过的诸如报表分组、表名、日期、拥有者等属性。所谓当前报表，指的是报表列表中以高亮条显示的报表。

4. 将窗口中的报表复制到其他月份。用于成批复制报表，当新的月份或新的年度到来时，软件并不会自动生成新月份或新年度的报表，需要在此进行复制。

在复制前，可进行一些选项设置，如是否“覆盖同名表”，对于新复制成的报表是“立即成批计算”，还是“清除计算结果”。

5. 表间平衡关系。该菜单中分设了“设置”和“校验”两个功能。

在设置表间平衡关系时，软件将自动生成一张给定格式的新表，表中有如下栏目：项目、来源 1、关系、来源 2、差额、平衡；在“来源 1”和“来源 2”中，已生成了空的 REF（）函数，只要用鼠标双击这些单元，即可挑选引用报表，在引用报表中双击需校验的单元，完成“项目”、“来源 1”和“来源 2”的引导录入，关系有“=、>、<、>=、<=、< >”这几种。

设置好了表间平衡关系，用户便可单击菜单“报表功能 \ 表间平衡关系 \ 校验”对各报表进行校验。

6. 报表平衡关系传出与导入。在报表剪辑窗口的主菜单“其他”中也有“平衡校验传出与导入”功能，它与此处的“报表平衡关系传出与导入”功能相比，两者的适用范围有所不同。前者一次只能针对一张报表，而后者可同时将多张报表的平衡关系传出与汇入，相当于是前者操作的批处理。

报表平衡校验的结果以文件的形式传出与导入，系统默认它的文件名为“banlance. ini”。

7. 汇入其他财务软件的报表。“汇入其他财务软件的报表”是一项比较独特的功能，它主要适用于以下情况：(1) 对于上下级单位，如果下级单位并不统一使用某一财务软件，通过本功能上级单位也可以将使用其他财务软件的单位的报表汇入进来，并进行汇总。(2) 对于先前使用其他财务软件、目前改用了本软件的用户，也可通过本功能将使用其他财务软件时的报表数据汇入进来，避免由于更换软件而引起数据的不完整。汇入的其他财务软件数据必须为 DBF 格式文件。

8. 同类报表汇总。对于设有上下级关系的用户，上级单位需要根据下级单位报送的会计报表，连同本单位会计报表汇总编制综合性的会计报表。

在汇总同类报表前，首先得进行一系列的设置工作，具体包括“选项”设置、设置“选择参与汇总的报表”和设置“汇总后生成的报表”。完成了对“选项”的设置，用户便可用鼠标单击“选择参与汇总的报表”选项卡，将界面切换至“选择参与汇总的报表”选项卡所对应的设置界面。

如果要将该月的两张“资产负债表”选入为参与汇总，可通过以下两种方式实现：(1) 在“未选入”框中选中该报表，然后用鼠标直接将它拖拉到“已选入”框中。注意：一次只能拖拉一张报表。(2) 首先通过“筛选”按钮筛选出所需报表，在本例中可通过“报表类型”条件筛选出这两张“资产负债表”，然后单击“全部选入”按钮将它们移至“已选入”框中。

完成该步工作后，单击“汇总后生成的报表”选项卡，在其所对应的设置窗口中输入类别、备注（也可以不输入）、单位分类码、拥有者等内容，文件名由系统自动生成，输完后点击“确认”按钮即生成汇总报表。

企业、单位一般每个月都要进行同类报表汇总工作，这样操作员每次都要重复进行上述的设置工作。为了节省设置时间、减少重复劳动，可使用“批处理”。该功能通过“同类报表汇总”窗口中的“编辑批处理”和“运行批处理”功能键实现。

在生成汇总报表前，系统会弹出“同类报表汇总批处理记录”窗口，请选择需要汇总的记录，然后按下“确认”按钮，当系统出现“共有 X 张汇总报表生成”的提示对话框时，便表明汇总结束并且成功了。

9. 上传报表管理中心。此功能用于把报表中心中的报表上传到报表管理中心模块进行报表的汇总分析，报表管理中心是针对报表多组织分析汇总的需要提供的集中管理模块。上传报表管理中心之前，需要在账套管理中对此核算单位设置与报表管理中心中一致的组织代码（详见安装/账套管理/平台管理操作手册）。通过上传报表管理中心功能，用户可以把报表自动上传相应的报表汇总分析模块，在报表管理中心模块中上传的报表会根据组织代码的关系自动进行报表汇总。

10. 查看上传日志。用于记录报表中心的报表上传到报表管理中心的情况。

（二）批处理

为了简化某些重复操作，系统专门设有“批处理”功能，批处理的内容包括：成批计算、成批打印、成批转换输出、成批删除、成批平衡校验。以上五类批处理功能的窗口和操作方法完全类似。

（三）权限管理菜单

1. 操作员权限管理。此项功能是对软件操作员（包括财务主管和一般的操作员）的使用权限进行设置。

2. 账套间报表共享权设置。该菜单可控制当前账套所在的报表是否可以被其他账套调用，并且可控制被调用的方式。

系统允许本账套的报表被其他账套用 REF（）函数调用、“报表汇入”、“报表汇出”功能调用。如果用户要控制本账套的报表是否允许被其他账套用 REF（）函数调用，请用鼠标单击该选项所对应的选项框，当选项框内为空白时，则表明系统将不执行该命令。“是否允许被其他账套用‘报表汇入’功能调用”与“是否允许被其他账套用‘报表汇出’功能调用”也按用户实际情况选择是否执行。

（四）功能设置

标准账套复制功能设置。设置标准账套功能用于集团大型企业、上下级部门之间报表的统一。

上级单位操作（将当前账套设置为标准账套）：（1）选择“启动标准账套设置”，在标准账套与从属账套中选择“设置为标准账套”，按“确认”按钮进入报表选择窗口。（2）用户可手工选取或通过“全部选入”、“全部不选”功能键对需上下级统一的报表进行选择，选择后“确认”。

此时，标准账套及报表已设置完毕，上级单位在不退出报表处理系统的情况下，可通过“系统服务/账套选择”子菜单切换至下级单位的账套，对从属账套进行设置；下级单位也可在自己的账套进行设置，方法是一样的。以下级单位自行操作为例：（1）进入报表处理系统，点击“功能设置/标准账套复制功能设置”子菜单，选择“设置为从属账套”，按“确认”，进入“从属账套设置窗口”。（2）系统提供“本地其他账套”和“远程服务器账套”，用户可根据实情选择上级单位账套，按“确认”结束。

（五）系统服务菜单

1. 备份与恢复。数据备份：是将当前账套的所有数据进行备份。为防止系统出现故障、感染病毒等不可预料的情况造成数据丢失、影响系统操作的正常进行，用户可对已有账套数据以任一时间段进行备份，也可按月进行备份。

账套恢复：恢复操作提供了把已备份的账套数据恢复到原系统的功能。本系统中恢复操作也包括一般的“数据恢复”和“按月恢复”。

2. 重建索引。在正常情况下，数据库中的数据应该和索引库中的数据严格对应，并且索引库通常是自动随数据变化而变化的；但是也有可能因为各种因素，如操作者直接修改数据库不当、磁盘读写错误等等而导致索引错乱，为此软件提供了“重建索引”功能，操作者可以随时重新建立正确的索引关系。“数据库重建索引”和“数据备份”一样，需要定期检查，以防意外的数据处理错误。

3. 年度选择。在软件运行时，如果已经有两年以上的电子账簿，那么有可能要查看前几年的报表，甚至是生成下一年的某几个月的报表。为此软件在此设立了“切换”年度的功能，可以任意切换至其他已有年度进行相应的操作。

4. 账套选择。“账套选择”功能在多账套处理中比较有用，用户可以在不退出软件的情况下进入另一个账套进行操作。

第二节

自定义报表

一、进入自定义报表

在工作管理平台中选择报表中心，进入报表中心。点击左上角的自定义报表，系统就进入到自定义报表（见附图 2－9）。

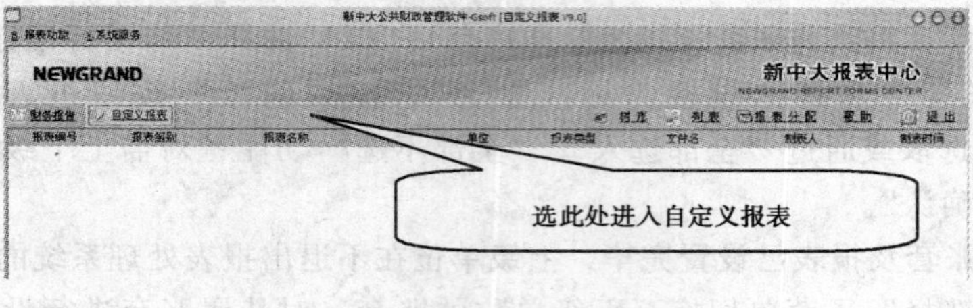

附图 2－9

二、建表

再次点击自定义报表系统会出现一个下拉菜单列表，选“建表”，系统提供两种建表方式（见附图 2－10）。

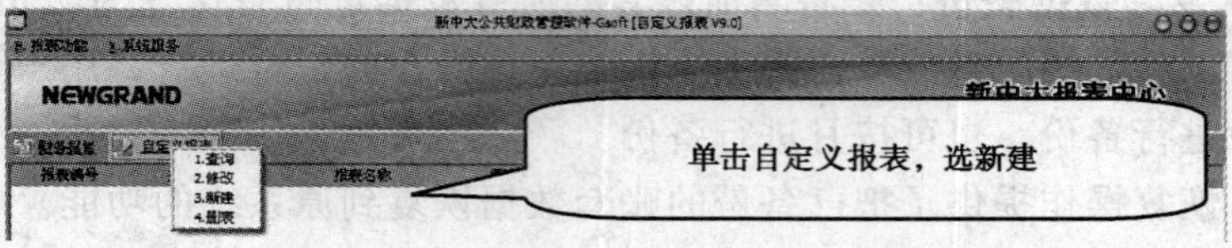

附图 2－10

在弹出的界面中输入一些报表信息，如附图 2－11 所示。

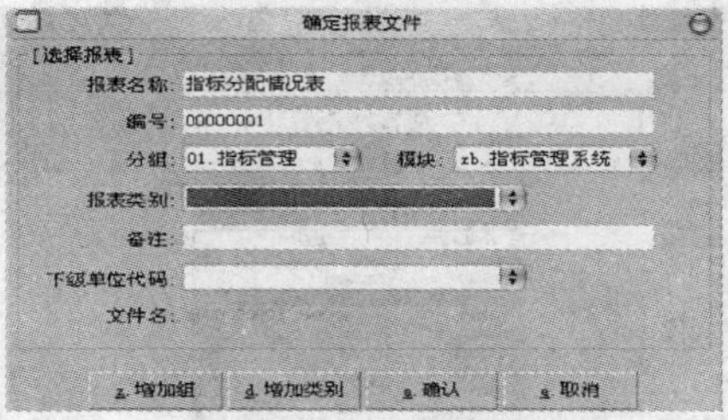

附图 2－11

三、报表定义

自定义报表不论是不是需要按单位、预算科目、预算类型、经费类型、专项用途等要素进行逐级汇总，其大致的定义方法是一致的。

在自定义报表中画好相应的报表格式（见附图 2－12）。

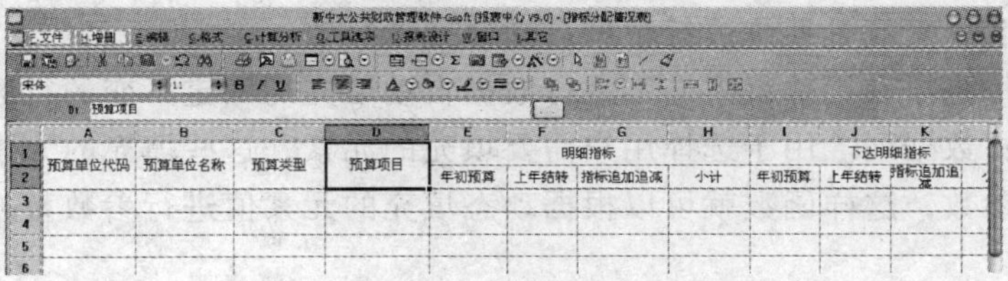

附图 2－12

在报表定义中进行报表填充内容和方式的定义。报表自动填充的内容和展示风格需要在自定义报表“报表设计”这个功能中进行定义。报表设计功能是自定义报表平台中一个相当关键的功能（见附图 2－13）。

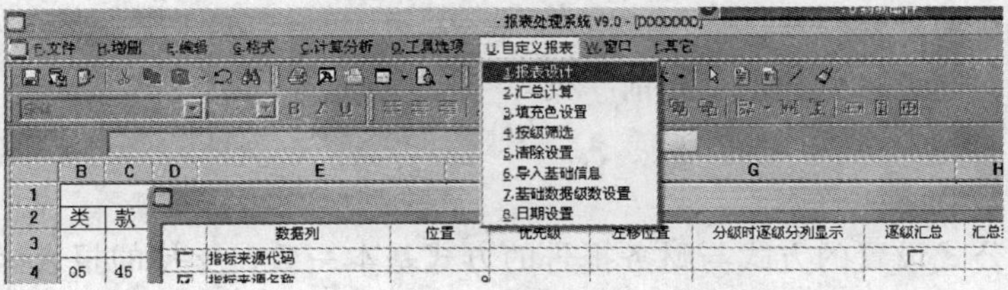

附图 2－13

第一个参数：数据内容。根据我们对各种财政报表的分析，我们把指标、拨款、国库集中支付、预算编制系统中发生的各种业务单据分别提供了对应数据定义的界面，每个定义界面有着相应的特色填充元素。所以制做相应类型的报表一定要选择相应的数据定义界面。如上列所展示的指标分配情况表数据来自明细指标和下达明细指标两张单据，但其起点在明细指标，故在数据内容中选择明细指标（见附图 2－14）。

附图 2-14

第二个参数：开始行，表尾行数。

开始行：顾名思义就是系统进行数据自动填充的行数。

表尾行数：每张报表尾部留下来不进行数据自动填充的固定不变的行数。

第三个参数：数据列。用于选择用户需要填充的元素，这些填充的元素可以做为后面报表中定义函数的参数，这样函数就可以根据动态填充的元素值进行参数替换，从而得到相应的数值。

第四个元素：位置。用于定义选择填充的元素在报表中对应的列。对于一些报表中没有的元素，但函数取数又必须要有的，可以把它定义成隐藏列处理。预算单位代码、预算科目代码、项目代码等代码类的元素必须填充在相临的列中。注意：报表平台支持预算单位名称、预算科目名称、预算项目名称等名称在同一列填充，系统将会自动根据您定义的优先级进行填充，这样的报表相对而言可能更符合财政的要求。

第五个参数：分级时逐级分列显示。只针对预算科目有效，即允许在数据填充时类、款、项分列填充显示。

第六个参数：逐级汇总、汇总到前一列。

四、公式设置

自定义报表公式设置的方式与财务报告的方式基本一致，支持的报表函数也与财务报告函数相同。但针对由系统填充的动态列，需要用户用“#” + 相应列名（如“#A”）替代，而且在函数中这个“#A”是不能带“”的，如正确格式为 = zb _ mxjeda（，#A,,,,#F,,,,″1101″,,,,,,,,,,），而 = zb _ mxjeda（,″#A″,,,,″#F″,,,,″1101″,,,,,,,,,,）是错误的。

自定义报表也支持多列合计的动态填充，公式可设为 = SUM（#A：#C），即列 A 与列 C 的合计数；也支持几列之间的加减，公式可设为 = #A - #C，即 A 列与 C 列的差。

在报表中设置完公式后，要在报表设计功能中提取公式并保存起来，这样就可以实现自定义报表的定义与计算结果能够分开处理，也就是说报表计算结果可以保存，而业务有变化时可以通过重新计算得到最新的结果。

公式相同只设第一个：如果在系统填充时出现公式所有内容相同（包括函数名称、各种参数）的重复行时，如果选上此钩，报表填充时在此列中只会设置一个公式，其他格子中不置公式。此功能针对一张报表中各列统计口径不致的情况，如下图所示的报表有些列取数需取到目级科目，而用备用金又不能明确到目级项目，只需要在预算科目层次有个总数即可。

五、计算自定义报表

（一）报表函数时间确定

预算编制报表不存在时间问题，但指标、拨款、国库集中支付其他业务模块的报表出具往往先要选择时间范围，自定义报表通过设置函数日期来选择时间范围。此处设置的时间范围在报表计算时将用来自动填充相应取数函数的时间参数（见附图 2－15、附图 2－16）。

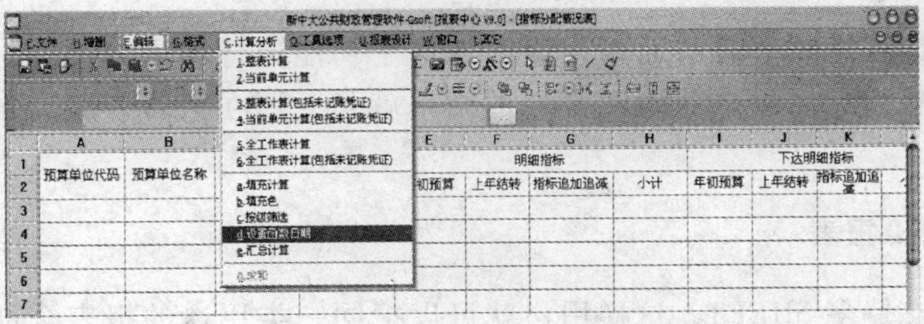

附图 2－15

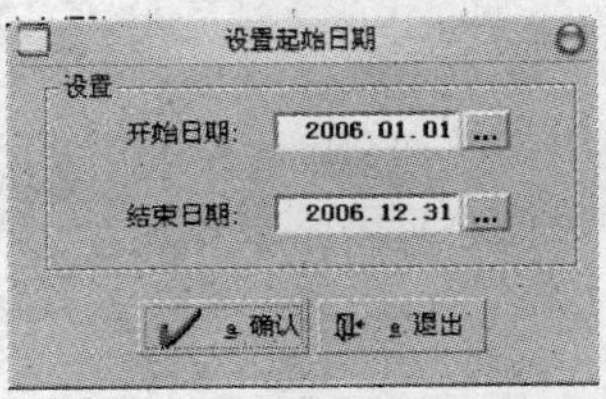

附图 2－16

（二）填充计算

时间确定后，通过汇总计算按钮来进行报表的计算。首先，需在条件窗口上选择相应的过滤条件，系统提供了预算科目、预算类型、指标来源等相应的参数，对应不同的数据内容会出现不同的条件选择窗口。条件选择界面上还有几个选项：

填充后计算：即报表在生成时会立即进行取数计算，不选此按钮系统在报表生成时不会进行计算。

计算后剔除为 0 行：可以根据用户所设过滤条件自动把符合条件的为报表行隐藏。

新旧科目体系：如果此账套的是采用财政部新收支分类改革科目的，请选用新科目体系；如果是老收支分类科目的，请用旧科目体系。

科目口径：预算功能科目、分类、类款、类款项，系统可以根据用户选择的口径，在报表填充计算时，针对预算功能科目只取到相应的级别。如用户选择类款，则系统在填充预算功能科目时会到类款，不会出现明细的类款项。

填充后舍位：此选项选中，系统会按照设定的舍位方案（如是千元、万元），系统在填充计算后自动提取舍位公式、自动进行舍位平衡。

自定义报表中心可以出具相关各个模块的报表，现在用户所需的大部分自定义业务报表都在报表中心出具，但各个业务模块操作员都有对应的数据权限，相关人员只能看其中拥有权限的那部分数据，而报表中心填充计算和汇总计算的条件选择却显示出所有的数据，导致了数据安全问题。针对此问题，软件中进行了相应的权限控制，报表中心会根据操作员姓名自动读取财政前台、账务、预算编制等模块的人员数据权限。如果相关操作员没有权限的话，则在填充条件选择时不会出现相关选择内容。如操作员没有数据权限时，系统不会再像原版本那样在条件选择中出现数据。

六、按级筛选

用户可以在计算好的报表中通过按级筛选这个功能进行相应的过滤，如只看一级汇总数，只看二级汇总数。如以下面附图表示的结果就是上图在只看一级、二级、三级后得到的。

七、多 SHEET 报表

自定义报表支持多 SHEET，这样用户就可以把同一类用途的报表合部放在一个报表文件中（如一套预算编制报表可以只需要有一个报表文件就可以啦），如附图 2－17 所示。

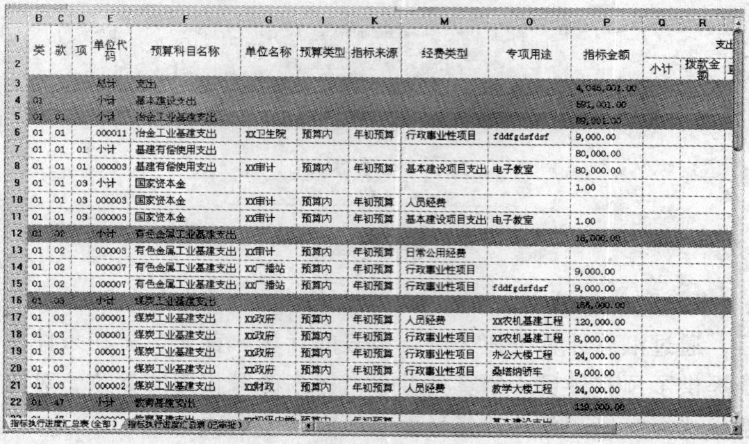

	B	C	D	E	F	G	I	K	M	O	P	Q	R
1	类	款	项	单位代码	预算科目名称	单位名称	预算类型	指标来源	经费类型	专项用途	指标金额	支出	
2												小计	拨款金额
3				总计	支出						4,046,001.00		
4	01			小计	基本建设支出						591,001.00		
5	01	01		小计	冶金工业基建支出						89,001.00		
6	01	01		000011	冶金工业基建支出	XX卫生院	预算内	年初预算	行政事业性项目	fddfgdsfdsf	9,000.00		
7	01	01	01	小计	基建有偿使用支出						80,000.00		
8	01	01	01	000003	基建有偿使用支出	XX审计	预算内	年初预算	基本建设项目支出	电子教室	80,000.00		
9	01	01	03	小计	国家资本金						1.00		
10	01	01	03	000003	国家资本金	XX审计	预算内	年初预算	人员经费				
11	01	01	03	000003	国家资本金	XX审计	预算内	年初预算	基本建设项目支出	电子教室	1.00		
12	01	02		小计	有色金属工业基建支出						18,000.00		
13	01	02		000003	有色金属工业基建支出	XX审计	预算内	年初预算	日常公用经费				
14	01	02		000007	有色金属工业基建支出	XX广播站	预算内	年初预算	行政事业性项目		9,000.00		
15	01	02		000007	有色金属工业基建支出	XX广播站	预算内	年初预算	行政事业性项目	fddfgdsfdsf	9,000.00		
16	01	03		小计	煤炭工业基建支出						185,000.00		
17	01	03		000001	煤炭工业基建支出	XX政府	预算内	年初预算	人员经费	XX农机基建工程	120,000.00		
18	01	03		000001	煤炭工业基建支出	XX政府	预算内	年初预算	行政事业性项目	XX农机基建工程	8,000.00		
19	01	03		000001	煤炭工业基建支出	XX政府	预算内	年初预算	行政事业性项目	办公大楼工程	24,000.00		
20	01	03		000001	煤炭工业基建支出	XX政府	预算内	年初预算	行政事业性项目	桑塔纳轿车	9,000.00		
21	01	03		000002	煤炭工业基建支出	XX财政	预算内	年初预算	人员经费	教学大楼工程	24,000.00		
22	01	47		小计	教育基建支出						119,000.00		

指标执行进度汇总表（全部） 指标执行进度汇总表（已审批）

附图 2－17

八、舍位平衡

财政局管理了大量的资金，所以其出具的报表一般涉及到的资金量都比较大，故在报表中以千元、万元甚至于百万元为单位显示都是很正常的，而报表原先处理方法都是直接在公式计算的基础上直接除以一个数，这样非常容易因为四舍五入的原因产生报表不平衡。舍位平衡功能是报表中心提供的一个根据符合财政部门报表出具规范的尾法处理方法（见附图 2－18）。

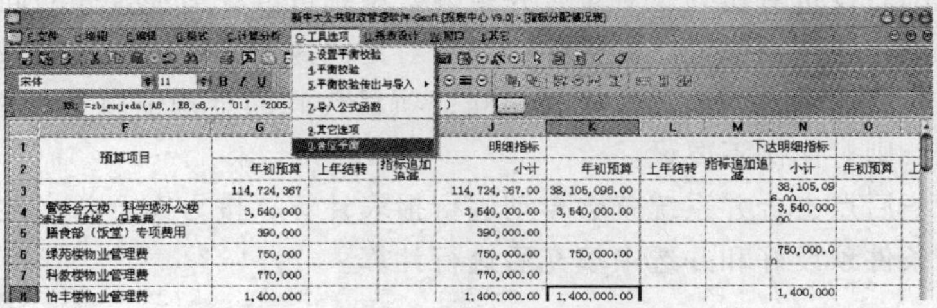

附图 2－18

在界面中通过提取功能，系统会自动生成舍位平衡所需要的公式，确定报表转换原则，是转换为万元报表还是百万元报表，再点击执行系统，就会自动把生成的报表转换为用户所需计量单位的报表，并且不会存在因尾差而造成的不平衡情况。

自定义报表单元格如果设为单元格保护，则系统不会进行舍位平衡。单元格保护属性随系统填充增加的行列的属性按照填充起始行的属性自动保留。

九、报表权限分配

报表中心在界面上提供了树形显示功能，方便用户进行报表的查询；并提供了报表分配功能，可以把报表分配给相应的操作员，并规范此操作员只能计算查询还是可以设计变动报表。首先，用户需要有报表权限分配权（见附图 2－19）。

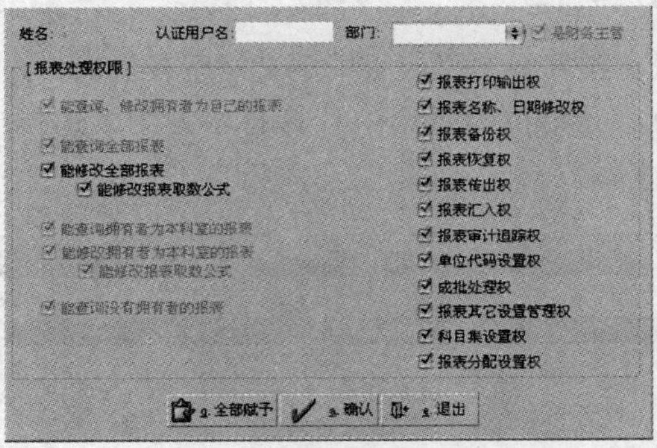

附图 2－19

点击报表分配功能进入分配功能，在操作员处选择操作员，在报表列表中选中想分配给此用户的报表，并指定是只有查看权还是既有查看又有编辑权。

十、报表合并

同类报表合并只能针对相同格式的报表进行合并。针对自定义报表这种灵活多变、格式随内容变化而变化的报表，需使用自定义报表的合并功能。

点击“自定义报表”，点“报表合并”。建立方案，有行合并和列合并，行合并是指方案中的几张报表，要求列格式相同，按行追加后生成新的合并报表。列合并是指方案中选定的几张报表，要求行相同，在报表的列合并生成的新的合并报表。

设定合并范围。设定对比列，对于合并报表，系统可以在追加合并的同时，提供按对比列的值对比，如果相同，则值汇总。例如，设定对比例为项目代码列，则系统会在执行合并方案时自动对比项目代码，如果几张报表相同，项目代码的金额值就会汇总。如只想追加，而不想追加合并，则对比例不要设。

方案设置完毕后点击合并系统就会自动进行报表计算，按方案合并，注意一定要把自定义报表中相应的条件预设好和并选中填充后进行计算。

十一、定时计算

报表中心增加报表自动定时计算功能，可用于财政或者行业主管部门针对各级领导或者大众的信息发布，可与报表权限分配和报表发布功能相结合，制定好相应发布给领导查阅的报表或者政务公开的报表。系统自动根据设制的方案或者时间自动定时计算，然后发布到政务门户上供相应有权限的人查阅。

十二、集中计算方案

针对预算编制出具的报表比较多，可使用此项批次打印方案。可以一次选择多张报表，针对每张报表的多个 SHEET 页，可以通过条件筛选预设好每个 SHEET 页的条件，用户也可以通过“打印设置”设置好打印参数。如果某些条件是针对一张报表所有 SHEET 页共用的，也可以在报表这里进行设置，这里的设置如果单个 SHEET 没设置相应条件的话，针对所有 SHEET 有效。

通常使用方面：可以在预算编制财政版中定义好所有报表，并设置好相应的报表查询打印集中方案，下发给单位版，单位通过集中计算打印方案，选择自己的单位进行计算打印（见附图 2－20）。

附图 2－20

参 考 文 献

1. 马国贤著:《预算会计》,中国财政经济出版社 2003 年版。

2. 李海波、刘学华著:《新编预算会计》,立信会计出版社 2005 年版。

3. 刘永立编著:《政府与非营利组织会计》,立信会计出版社 2006 年版。

4. Joseph R. Razek, Gordon A. Hosch & Martin Ives 著,张志超、蔡方、郭玲等译:《政府与非营利组织会计导论》,机械工业出版社 2003 年版。

5. Robert J. Freeman & Graig D. Shoulders 著,赵建勇等译:《政府与非营利组织会计》,上海财经大学出版社 2004 年版。